JN174417

公教育経営概説

［改訂版］

堀内 孜 編

学術図書出版社

序

　本書の初版を刊行したのは，2年前の2014年4月であった．この年の6月に地教行法の改正がなされ，教育委員長の廃止，新教育長の設置とその権限強化，首長による大綱策定と総合教育会議の主宰等，教育委員会制度が大きく転換された．初版刊行時には，法改正の概要は示されていたものの確定されておらず，初版ではその基本的な方向を示すに止めざるをえなかった．この改訂版は，関係章節においてこの法改正を踏まえた内容にしている．

　本書において，公教育を「国家・公権力による国民形成」と定義し，その組織経営総体を公教育経営としている．それは，国民の教育保障を課題として，教育政策形成，教育法制制定，教育行財政，学校等教育機関の経営としてなされる継起的な公権力作用であり，公権力を主体とし，国民を客体とする．

　この2年間は，「ギリシャ問題」「ウクライナ問題」が生起し，またシリア，イラク，トルコからフランス，ベルギー等においてとテロが多発し，国家と国民の関係が，政治，経済，宗教，人種・民族等において鋭く問われることになった．こうした問題が，経済統合，通貨統合から国家統合を目指すヨーロッパ，EU諸国において，国家と国民の枠組みを多様に見直すことを求めてきたが，それをどのように「国民形成課題」，公教育課題として捉えるかは，こうした状況から最も距離があるとされる日本においてこそ問われるべきであろう．

　今日の日本において，国家・公権力がどのように国民の教育意思を収斂し，いかなるレベルでどのような「国民形成」課題を設定するのかが，公教育経営の基本的課題として問われており，そのための教育行政制度や学校の経営制度の在り方が検討されなければならない．

　本書は，こうした課題認識の下に，教職員や教職を目指す者が教育制度，教育行政，学校経営を包摂する公教育経営の全体構造とそこにおける諸問題を理解する上で必要な枠組みの提示を企図するものである．公教育の歴史と制度，

公教育の政策と法制，教育行政の組織と機能，学校経営の組織と機能，の4部から構成し，今日の日本の公教育，学校教育のシステムと経営がどのような枠組み，構造，機能と実体，問題をもっているのかを概説するものである．本書をもって，現在の日本の公教育システムとその経営の全体を鳥瞰することができるものと自負するし，また個々の章で示す公教育，公教育経営の問題構造と検討課題が明らかにされることを期待している．

　また現在に至るまで，地方分権，規制緩和，情報公開そして参加を機軸に，公教育経営システムは大きく転換されてきたが，その背景や動因，新たに設定された制度や組織について理解し，今後の改革の在り方を考える上で，本書が何らかの意味をもつものとなることを願っている．

　本書は，編者の他，公教育経営学，教育行政学や学校経営学を専門とする8名によって執筆された．キャリアや研究課題は多様であるが，現在の問題状況に対する認識や上述した課題意識を共有することにおいて，本書全体を通して現在の公教育，公教育経営の在り方に一石を投ずるものとなることを願っている．

　本書の刊行をお引受けいただいた学術図書出版社からは，ほぼ同じ執筆者によってこれまでに『公教育経営学』（1996），『現代公教育経営学』（2002）を刊行してきた．本書の刊行についても，これまで以上にご尽力いただいた発田孝夫氏，杉浦幹男氏に御礼申し上げたい．

2016 年 4 月

編者　堀内　孜

目　　次

第 I 部

公教育の展開と制度

第1章

公教育の意義と公教育経営の概念

第1節　「公教育」とは何か

　「公教育」とは,「国家（公権力）による国民形成」の営みといえる.

　「公教育」は, 現在広く世界各国で制度化されている義務教育を中心とした学校教育をその中核とする社会システムであり, 近代の国民国家を基盤として成立, 発展してきた. その枠組み, 範疇は国や時代によって多様ではあるが, 理念的には何らかの意味において「公共性」を内実としており, 制度的には公権力が何らかの関与をしていることは共通している. つまり国家, 公権力が国民国家を枠組みとして, その内部で共通の知識や価値規範を共有させることをねらいとして国民を形成することを目的としている. そして同時に, この共通の知識や価値規範は, 国民社会に生きる国民個々にその生存を保証するものであり, 社会と個人の相補性を公教育が作り出してきた. このため国民国家が成立するまでの, またその過程における「国民」の知識や価値規範の共有度の大小が, 公教育に対する国家, 公権力の関与の在り方を異なるものとしてきた.

　公教育に対する私教育の関係は相対的なものであるが, それは「公」と「私」の位置関係が歴史的, 社会的に相対的であることによっている. だが古代社会から絶対主義の時代まで, つまり近代以前においては, この「公」に対する「私」は存在しておらず, ここでの「公」教育は私教育の存在を前提としない「公—私」の緊張関係を欠いたものたることにおいて, 近代以降の公教育とは本質的に異なっている. すなわち, 古代社会においては専制君主や都市市民が公の実体であり, 中世ヨーロッパではローマ教会が, そして絶対王制下では絶対

君主が公実体を構成していた．この点から，近世ドイツ諸邦において認められる王権，君主による「絶対主義公教育」のように，国家―公権力が存在する限りにおいて，その関与する教育を「公教育」と呼ぶことは可能であるが，近代国民国家における「国民形成」としての公教育が，「公―私」の関係に措定されない中での王権，君主による「臣民形成」と区別されるべきは当然といえよう．

このように公教育は，公権力が教育の私的意思に対する「公共性」を実現するものとして，「公―私」の社会関係に基礎づけられる近代社会においてはじめて成立したのである．それは近代資本制社会において国民国家の形成―確立を課題とする国家―公権力が，「国民」という枠組み，範疇を設定することによってその共通性を言語，知識や価値規範，行動規範において確立しようとしたものである．こうした歴史的な成立過程を踏まえて公教育を次のようにより包括的，具体的に定義することができる[1]．

「（近代）公教育は，学校教育を中心に，公権力が政治的・経済的に国民形成を目的として，統制，管理，経営する資本制社会の教育体制であり，国民社会の同質化を志向し，ナショナリズムを核とするイデオロギー統制，形成および国家による労働力の保全と開発を志向する労働力商品形成過程における付加価値形成を本質機能とするものである．」

第2節　公教育の理念と国民の教育主権者性

国家・公権力による国民形成としての公教育は，国家が社会発展を期するためのものであるとともに，国民個々が国民社会で生きていくための知識や社会規範を身につけるためのものでもある．この両者，社会発展と個人の成長発達は，車軸の両輪の如くバランスを取って公教育の内実や運営の在り方を規定するものであるが，日本の戦前と戦後のコントラストが示すように国により，時代によって，この両者のバランスは多様であった．だが近代公教育が，19世紀後半段階において産業社会が求める国民形成を目的として成立したとしても，2度の世界大戦を経ることによって，公教育における社会発展と個人の成長発達の関係，また国家と国民の関係は大きく転換されてきた．

公教育の中核をなす義務教育が，compulsory education―「強制教育」という語を持つように，それは国家が求める知識や価値規範を国民が受容することを

強制するものであった．そしてそれは，天皇主権下の戦前の日本を典型とするように，国民が主権者ではないことを前提としていたし，逆に多様な価値を持つ国民が主権者とされるならば，この多様性に基づき，それを調整することによって社会発展と個人の成長発達を図ることが公教育の課題とされた．

日本が，その国民社会の民主化を課題とする戦後改革において，国民主権を謳う憲法を制定し，その中で「国民は全て教育を受ける権利を有する」と，教育の国民主権者性を打ち立てたことは，戦後日本の公教育の理念と課題が大きく転換したことでもある．つまり天皇主権下における戦前日本の公教育が，個人の成長発達を課題とすること以上に，天皇制国家の発展を図ることを目的とすることによって，公教育の理念，目的，内容，方法を 1 元化し，効率的な運営を可能とすることができた．だが戦後の国民主権下における公教育が，戦前体制へのアンチ・テーゼとして「人格の完成（教育基本法第 1 条）」という個人の成長発達に重心を持つ目的を掲げたとしても，戦後の教育政策の軌跡が示すように，公教育による社会発展の必要性が減少したわけでもない．むしろ当然に社会発展と個人の成長発達のバランスをどのように図るかが常に大きな課題とされ，公教育経営におけるその政策的判断が如何に困難であるかを示してきた．

公教育が「国家による国民形成」たることは，どのような主権構造においてもいえる．また近代資本制社会は，国家＝国民という関係をその政治構造において基本としている．すなわち近代の資本制社会を基盤とする国民国家は，代議制民主主義による国民の意思の国家への収斂と国家—公権力による国民社会の維持，発展を政治課題とし，その前提として国家と国民の一致を必要としている．現代の複合国家，多民族国家に示されるように，国家に対応する国民の実体は人種的・民族的，言語的，宗教的に同質的とは限らないし，「国民」は歴史的に，また政治的，経済的に，場合によっては軍事的に人為的なものとして形成されてきた．このため「国民」の多様性に対応した国家の分裂を回避するには，国家の枠組みに「国民」を一致させることが不可欠であり，また「国民社会」を単位とする資本主義社会がそれを必要とした．

この国家と国民の一致は国家による国民形成課題として近代国民国家に共有され，それを実現するものとして公教育が成立する．そしてその形態と内実は，国民国家の成立，形成過程の特質とそれによる国家の国民形成の必要性の在り

方に規定されてきた．今日の主要先進国が 19 世紀後半のほぼ同時期に学校形態の教育制度を成立させ，3R's を基本とする基礎教育を学校の設置・整備，教員の養成，教育内容の標準化をもって国民に提供し，就学を強いたのが近代公教育であった．その後の就学率の向上，義務教育の完成，義務教育年限の延長，そして国民主権の確立による義務教育観の転換へという展開において，公教育の実体は拡張され複雑化されていった [2]．

この国民の権利としての教育，国民の教育主権者性の確認とその実質保証が現在に至るまで問われてきたが，その具体的な展開は個として多様な国民の教育意思が共通性を大きくしていく国民社会の成熟性に関わって進捗してきた．つまり一つの国民社会において，障ガイ者や外国人等のマイノリティーの教育の権利を，「受教育権」としてではなく「学習権」として保障していくには，国民社会の経済的豊かさとともに，公教育が国家による単一の目的，目標に収斂されることが必要ではない社会状況が前提とされる．現在の日本が，地方分権や規制緩和，またそのための情報公開や参加がその運営システムの改革課題とされているのはこうした文脈において理解されるし，それが必ずしも直線的に展開されてこなかったのは未だ途上にあることを示している．

道徳教育や国民の教育価値に関する問題が国の教育政策課題とされ，単一で画一的なシステムを必然とする公教育経営における国の関与の維持，増強を図ることが，個々の国民が自らの教育価値を公教育において実現していく国民の教育主権者性とどのように関わっているかについて，常に留意することが必要とされよう．

第3節　公教育とそのシステム経営の構造

「国民形成」としての公教育は，国民国家，国民社会の在り方に関わって，国家・公権力と国民との間における価値規範についての緊張を常に内包している．国民社会の成熟化によって，国民の価値規範の枠組みが大きく変化することなく維持されるようになったとしても，国家権力の内部構成と国民の教育価値観が多様化する中で，公権力が国民形成を担う構造は極めて輻輳している．つまり主権者としての国民が持つ教育価値は当然に多様であるにもかかわらず，公教育が制度的に展開されるにはそれが 1 つの政策として収斂されることが必

要である．そしてその意思決定過程にどのような力が作用するかが問われる．

　形式論理的には，主権者たる国民の教育意思が政治過程—行政過程を経る中で収斂され，変容し，公教育の実施過程に投入される．このサイクルにおいて国民に付加される教育価値が増大し，国民の教育意思が実現されるとみなされる．つまり，主権者たる国民の意思は国のレベルにおいては政治行動（選挙における投票行動）によって国会に反映され，与党と内閣，その 1 構成単位としての文部科学大臣，文部科学省の政治的，行政的意思に転化される．それは通例，与党の教育政策を基本とする教育立法として制定され，その執行が教育行政機関としての文部科学省の行財政的措置として具体化される．またそれは地方の権限に属する義務教育等については教育委員会の意思決定を枠づけし，教育委員会における解釈，裁量，措置を媒介として，学校等の教育機関の経営活動，教育活動を基準化，規範化することとなる．地方のレベルにおいても基本的には同様に，住民の教育意思は投票行動を通して地方議会や首長に投じられ，条例の制定や議会の同意に基づく首長による教育委員の任命を媒介として，地方の教育行政機関としての教育委員会の意思や行政行為に繋がっていく[3]．

　このように国のレベルと地方のレベルが輻輳しつつ，国民・住民，親の教育意思は形式的には政治過程，行政過程を通じて，個々の学校の教育過程に投入され，子どもの教育の実現として還元される構造を有している．つまり国民—親の教育意思は，政治的，行政的過程を経て，学校教育の内実として具体化されるという循環が成り立っている．このことから公教育における国民の主権者性が確保されているという論理が形式的に成り立っていることは否定できない．

　だが個別の教育意思を持ち，この循環過程の始点に位置する国民—親の立場からすれば，自分の子どもを通じて還元される実態と自分の教育意思との間には，一定の距離感や乖離が解消されないままに残されている．これは代議制民主主義が本質的に持つ限界に起因しているといえるが，独自に教育に関しては教育行政の専門性や地方分権性に裏打ちされた「直接責任性」（旧教基法 10 条）から検討すべき問題を有している．とりわけ改正教基法においてこの規定が削除され，地方教育行政に関する首長の権限が強化されようとしている中で，親，地域住民の教育行政，学校経営への参加システムを拡充，高度化することは大きな課題とされている．

　主権者たる国民の教育意思が公教育に反映される過程は，一般政治過程を経て，教育政策の策定，その立法措置，行財政としての執行，そして個々の学校の経営措置と教育活動として子どもに対象化され，国民に戻ってくることを基本としているが，この全体過程は以上のように多くの要素を繋いで構成されることとなる．そしてその始点において多様で個別的な意思は，これらの要素が繋がれるごとに集約され具体化されるが，同時に一定の範囲で国—地方，行政機関—教育機関の間で増幅される面も有している．つまり1つの法として示されたものは，さらに狭い範囲において行政的解釈，措置がなされるが，この過程においても国が地方に一定の裁量を委ねることがあり，また教育委員会と個々の学校の間においても同様のことがありうる．

　制度的な学校教育を主要な対象とする公教育の意思決定から実施までのプロセスが公教育経営の過程であり，それは教育の主権者たる国民の教育意思を始点とし，個々の学校における教育活動の結果を終点とするものである．この過程は政治過程，行政過程，個々の学校における経営過程を経て教師による教育過程に繋がれ，1つの連続した過程であると同時に，その各々を担う主体を異にしており，選択・増幅・修正といった要素を内包する国民の教育意思の変容過程でもある．それ故に，その個々の段階が理念的，制度的，実態的に固有の問題を持つものとして研究的，実践的に解明の対象とされねばならないと共に，それらの接合部分における変容を踏まえた全体を対象とする枠組みが必要される．この全体の枠組みが「公教育（システム）経営」であり，それを対象とする研究が「公教育経営学」である．

注

1.　堀内孜「公教育」，日本教育経営学会編『教育経営ハンドブック—講座・日本の教育経営 10』p.299，ぎょうせい，1986 年
2.　堀内孜「学校の社会・歴史構造からする存在理由」，吉本二郎編『学校』pp.132〜136，第一法規，1988 年
3.　堀内孜『教育経営の展開』pp.31〜32，東京書籍，2011 年

第2章

公教育の成立と公教育経営構造

第1節　近代教育の展開過程

（1）近代教育と近代公教育

　現在の公教育体制は，産業社会，資本主義社会を基盤とし，その上で国民国家，国民社会を強化，発展させるものとして成立してきたが，そのためには近代的な人間観，教育観が必要とされ，教育が私的自由なものであり，個としての人間の教育が王権や教会から自由であるという近代教育の理念を前提とした．つまり個人の私的自由に属すると確認された近代教育は，国民国家を枠組みとする国民社会の発展のために，国家の関与，国家の主導性を必要とし，国民形成を目的とする教育システムを近代公教育として重畳化する形で成立させた．

　この先進資本主義国を中心に19世紀後半に成立し，現在に至るまで世界的に普遍な教育システムとして存続してきた公教育体制は，その基盤とする国民社会の枠組みの変容によって，大きく揺らぎ始めている．この普遍性は，明治維新後にいち早く欧米諸国をモデルとして公教育制度を導入した日本を好例とするように，今日の国際社会が欧米諸国を基準として成り立っていることから，普遍的な国際社会における構成要素としての国民社会の普遍性たることを意味せざるを得なかった．現在の日本における国際化課題はこうした背景，文脈において捉えられるべきであろうし，また逆に民族や宗教を要因とする局地的紛争はこの普遍化の徹底がいかに困難かを示している．

　こうした観点から見れば，今日の国際社会において広く共有されてきた近代の教育制度としての公教育制度は，西欧近代の理念と社会原理に刻印された出

自を持っている．それを理念型において捉えるならば，宗教からの解放—教育の世俗化を最初の契機とし，近代市民社会の形成に付随する教育原理の確立，そして産業社会を基盤とする国民社会の成立による大衆教育の組織化を前史としている．以下に示すこの 3 つの段階は，公教育の制度的成立を重畳的に規定するものであり，今日の公教育体制の本質を理解する上で，十分に踏まえられねばならない．

（2）　教育の世俗化

　ヨーロッパ中世を支配したキリスト教秩序は，その社会的経済的基盤においては自由都市の勃興とルネサンスによって，またその信仰と権威においては宗教改革によって打破されたが，このことは教育の近代化にとって本質的な契機となった．つまりヨーロッパ中世における教育は，あらゆる面でキリスト教会の影響下におかれていたことから，中世キリスト教的秩序の崩壊は教育の在り方を大きく変えることになった．

　ルネサンスが「ヒューマニズムの復興」を意味し，人間存在を「神の子」から「人の子」へ転換させることを促すこととなった．このことは教育を位置づける人間関係を新たにし，それまでの束縛からの解放を可能とした．また宗教改革は，より直接的に教会の教育権を見直すこととなり，中世の教育秩序を揺るがしていった．

　ルターは神と人間の結びつきを聖書にのみ求め，人々が聖書を読めるべく義務教育の振興を，彼の教えを受け入れたドイツ諸邦を中心に中部ヨーロッパ諸国の世俗権力の下で進め，義務教育制度の成立として具体化していった．カルヴァンは新興商工業者に直接受け入れられ，そのブルジョア的，共和主義的教育はスイス，オランダ，スコットランドで発展していった[1]．

　ルネサンスや宗教改革によって引き起こされた中世キリスト教支配体制の崩壊は，都市商工業者の勢力増大を背景としており，中世政治権力との確執を一層促すこととなる．そして新たに確立される秩序は，旧来の封建勢力と新興ブルジョア勢力の均衡の上に成立した絶対主義権力によるものであった．それは封建諸勢力を基盤としつつも，その上に中央集権統治機構を打ち立て，官僚機構と常備軍によって支えられるものであった．この絶対王政の確立は，それが

「王権神授説」というイデオロギーに媒介されたとしても，教会から世俗権力への教育権の移行を促し[2]，王権の世俗的利害に基づく教育が組織化されていく．

（3）　教育の私事化

　絶対王制が基盤としていた封建勢力とブルジョア勢力の均衡は，後者の優位として次第に推移し，近代化を促していく．そして両者の対立の決着が市民（ブルジョア）革命としてつけられることとなる．絶対主義社会は，その自らの内部に勃興しつつあった市民階級とその経済的利害に応じた国家体制（中央集権国家，重商主義政策）を打ち立てることによって，封建社会から近代社会への過渡的社会たることを刻印されていたのである．

　この市民革命が，階級対立の在り方やその決着のつけ方において最も徹底的な形をとったのがフランスにおける大革命であった．つまりブルジョアジーの階級的利害が最も鮮明に表明されたのがフランス革命においてであり，この点においてフランス革命がブルジョア革命の典型となりえたのである．まさしくここにおいて，貴族，僧侶ら「第1・第2階級」の支配した旧体制（アンシャン・レジーム）の持つ「不自由・不平等・非人間性」を打破しようとしたブルジョアジー（第3階級）の革命性が，「自由・平等・博愛」として表明された．だが同時に，ブルジョア革命としてのフランス革命がその本質において求めたのは，旧体制の支配者が持っていた市民に対する特権の剥奪，市民自らを私的個人として社会的に承認すること，つまり私有財産制の確立にあったのであり，それ以上の革命の展開は否定されざるをえなかった．

　フランス革命期の教育改革も，この政治的展開と軌を一にして進められた．1789年の大革命に先だって，ブルジョアジーの教育観はルソーによって表明されていた（『エミール』1762年）．何者にも拘束されない自然人としての形成を理想とする「消極教育」である．国王・貴族や教会のための教育から市民のための教育に転換する原理は，教育を私的なものとし，親の自然権に属するとするものであった．革命議会に提出されたジロンド派の公教育案，とりわけコンドルセの考えにおいて，この原理は明確に示されていた．

　「公教育は国民に対する社会の義務である」[3]という論理に立ちながら，コンドルセはその公教育が教育の私的自由，教育の私事性を超えるものとすべき

でないとする．つまり教育をする権利は，親に付与された社会に先行する自然権であり，いかなる法律や契約にも優先する．そして親の恣意を排斥し，平等にして完全な教育を子どもに与えるために学校が必要であり，家庭の延長としての学校が公権力によって建てられるべきとする[4]．ここにそれまでの支配階級の教育専有に対するブルジョアジーからの教育宣言，教育の私事性原理を認めることができる．だがジロンド派からモンタニャール派への権力移行による革命情勢の急変があったにせよ，このコンドルセ案にみられる教育の私事性に基づく公教育制度がフランス革命期に成立することはなく，ブルジョアジーが政治権力を確立し，社会の支配者が被支配者たる大衆を教育することの必要性を認識することによって，公教育制度は具体的な課題とされるのである．

（4）　教育の大衆化

　市民革命によって確立された教育理念としての教育の私事性は，封建社会において抑圧されていた有産者，ブルジョアジーが，それまで封建階級のみが享受できていた学校形態の教育に参入することができるようになったという直接的な意味を持った．だが多くの農民や無産者大衆の教育を変えるものではなく，それは依然として生活や労働を通しての機能的教育としてなされ，学校形態の教育とは無縁であった．彼らに学校形態の教育が提供されるには，産業革命とそれに伴う一連の社会問題の顕現化からする社会秩序の維持が広く認識されることが必要であった．

　18 世紀後半にイギリスにおいて始まる産業革命は，従来の手工業生産を機械制生産に変えただけでなく，その生産によって成り立つ社会の在り方も抜本的に変えることとなった．農業生産の資本主義化によって農村における共同体的基盤が崩れ，農民は土地を追われ都市に流入した（第 2 次エンクロージャー）．作業機の発明，改良から原動機のそれへと展開した産業革命は，エネルギー源としての自然力から工業生産が解放され多くの産業都市を生みだした．都市の急激な膨張は労働者のスラムを生みだし，住宅問題，衛生問題，交通問題等，今日の都市問題の全ての原形が露呈するに至った[5]．そして児童，婦人をも対象とする 14〜16 時間にも及ぶ長時間労働による「絶対的剰余価値」の増大によって，初期産業資本主義は発展することができた．この時期の教育は，急激

な社会変化，社会発展から取り残された領域であり，イギリスにみられるように宗教団体による慈善活動や救貧法による貧民対策に委ねられることとなる．それは救貧法による授産所（ワーク・ハウス）での教育やベル，ランカスターによる助教法（モニトリアル・システム）の考えにみられるように，安上がりの慈善教育を基本としていた．

　労働時間の延長による「絶対的剰余価値」の増大には限界があり，各々の産業部門において機械制生産が実現されると，そこでの利潤創出は「相対的剰余価値」，すなわち生産性の向上による剰余価値の増大に転じていく．こうした中でその非生産性から児童労働，婦人労働は工場から排除されていくが，同時にこの生産性への着目は，その向上が労働者の読み書きや計算の能力と関わることから労働者の教育レベル，そして国民の教育レベルの経済的意味を問うこととなった．また他方で，工場で酷使されるにせよ，街頭に放置されるにせよ，貧困児童の大量の存在が大きな社会問題となり，それまでの慈善活動や救貧対策を越えて問われることとなった．児童労働は，ロバート・オーエンの実践（ニュー・ラナークの人格形成学院）やその後のチャーティスト運動をも媒介としながら，工場法によって保護の対象とされていく．

　1802年の工場法以降，数次に及ぶ立法は，成人男子の労働時間の短縮を課題としつつも，それに反対する産業資本家との妥協の産物として児童労働に目を向け，その労働時間の制限とともに労働時間中に読み書きの基礎教育を工場主に義務づけることにおいて，教育立法としての側面を持つものであった．そしてこうした児童労働の保護と労働者子弟に対する基礎教育の実施は，社会全体に児童の教育について喚起を促し，国家の教育関与を進めることになる．

第2節　近代公教育の成立動因とその本質

（1）　国民国家の形成と近代公教育

　イギリスに始まる産業革命によってもたらされた産業資本主義社会は，機械制工業による大量生産，そのための発明，改良の技術革新によって，経済的な普遍性を持つものであった．ロンドンで開かれた第1回の万国博覧会（1851年）が，イギリスのみならずドイツ，フランス，アメリカといった国々の産業技術を競い合う場となったことがこのことを示している．欧米主要国が産業革

命に成功し，原材料の供給地と市場の拡大を目指して競争を激化していくが，政治的，軍事的覇権のみならず，商品生産における経済的効率性を国民経済単位において高めていくことも，この競争から求められることとなった．このため一方で植民地獲得の帝国主義的政策が軍事的にも強化されるとともに，他方で国民経済の質的，量的向上が目指され，国家を単位とする「国民形成」が課題とされていく．

　国民社会という枠組みにおいて成り立つ国家—国民国家のみが唯一，この課題—国民形成を担いうるのであり，国家による国民形成が教育の新しい枠組みとして主要先進国に共有されることとなる．こうして成立したのが，近代公教育制度であり，その背景には日本の開国も 1 つの契機とする国際社会の形成，「世界システム」の成立があった．このため近代公教育制度は，政治的・経済的な意味における国民形成という資本主義体制から規定される目的を共有し，その効率性を各国が競い合うことになった．つまり産業革命—産業資本主義の確立は，国内市場の開拓を中心に「国民経済」の成立を意味し，さらに金融資本主義，帝国主義段階に入り，植民政策—列強間の対立を軸にした国民社会の凝縮性，効率性が競い合われるようになる．このため国民社会の質的転換を図る必要性を各国は共通して持っていたが，その具体的な課題や方法は次のように多様であった．

　＜イギリス＞

　当時のトーリー（保守）党のリーダー，ディズレーリーの言葉，「2 つの国民」が象徴したように，またバーナード・ショウが後に「ピグマリオン（マイ・フェア・レイディ）」で描いたように，急激な産業社会の発展は従来の貴族社会が持つ階層性に加えて有産者と無産者とに 2 元化される深刻な階級社会を生み出した．このためイギリスが必要としたのは階級対立の緩和であり，各種の社会福祉制度が他国に先駆けて生み出されたが，もっとも大きな転換となったのは 1867 年の選挙法の改正であった．この改正で都市労働者の過半に選挙権が与えられ，議会制度の安定的運営が図られることとなる．

　＜ドイツ＞

　普墺戦争（1866），普仏戦争（1870〜1871）に勝利したプロイセンは，その過程においてドイツ諸邦の盟主としての地位を確立し，ウィルヘルム 1 世，ビ

スマルクによるドイツ帝国を樹立し（1871），ドイツ諸邦を統一した新たな国民国家を成立させた．

　＜フランス＞

　ルイ・ナポレオン帝政下のフランスは普仏戦争に敗れるが，その混乱のさ中，パリで世界最初の労働者権力（パリ・コンミューン）が成立し（1871），激しい階級闘争を通じて新しい国民社会が模索された．内外の保守勢力の武力弾圧によってコンミューンは 2 カ月で崩壊し，その後の第 3 共和制（1875–憲法制定）によって保守的な安定化が図られていく．

　＜アメリカ＞

　19 世紀中期までにほぼ現在の連邦の地域を版図として確立したアメリカでは，その独自な国家形成過程における工業―農業の対立を下敷きとして南北戦争（1861〜1865）が起こる．工業地域の北部諸州，北軍の勝利により，工業発展を目指す新たな国民国家の枠組みが形成され，その後の発展に繋がっていく．

　＜日本＞

　開国と尊王思想の鼓舞による混乱は，260 余年に及ぶ徳川幕藩体制の終焉へと繋がり，大政奉還（1867）―明治維新として天皇親政の中央集権国家の樹立に至った．この開国から明治維新への過程は，先の「世界システム」が完成する過程でもあり，諸外国の干渉を排しながら近代的な統一国家―国民国家を形成，確立することは，明治新政府にとって死活の課題であった．

　このように各国における政治変革―社会変動は，その内容や課題において一様ではないが，安定した国民国家―国民社会を形成するものとして共通しており，新たな国際関係がこの国民国家間で形成されることとなった．そしてこの新たなる国民社会を形成するためには，2 つの課題が共有されていた．第 1 は激化する階級対立をイデオロギー的に解消することであり，直接的には植民政策を軸とする国家主義，排外主義の鼓舞をもって進められた．第 2 には，この国民社会を他国との競争に向けて強固なものとすることであり，そのためには何よりも国民としての労働能力の質を国民社会において実現することであった．すなわち質の高い労働力を広範に再生産できる国民社会の形成，確立である．

　この 2 つは，政治的，経済的課題として中央集権国家によって推進されたが，より基本的にそれを保障するものとして求められたのが，公権力が直接に「国

民」を形成すること，つまり「国民形成」としての公教育の制度化であり，ここに国家による国民形成としての近代公教育が制度として成立することになるのである.

(2) 近代公教育の制度的成立とその本質

国民全てに義務教育を課す近代公教育制度は，19 世紀後半，とりわけ 1870 年代に主要国において以下に示すように成立するが，それはこれまで述べてきた国民社会の形成，構築に向けた社会的変革を背景として理解できるものである.

＜イギリス＞

1867 年の改正選挙法による総選挙で政権についた自由党グラッドストーン内閣により，学校のない地域に地方自治体が学校を設置することを定めた「初等教育法」（フォスター法）が 1870 年に制定される.

＜ドイツ＞

ドイツ帝国の成立によって，それまで各国が所管していた学校を帝国の管理下に置くことを定めた「学校管理法」（ファルク法）が 1871 年に制定される.

＜フランス＞

第 3 共和制において，種々の教育法が制定されるが，十分な実効性を持つに至らず，それらを集約する「初等教育法」（フェリー法）が 1882 年に制定される.

＜アメリカ＞

現在に至るまで，教育に関する権限が各州に委ねられてきたアメリカにおいては，他国のような公教育制度を連邦全域で制定することはなかったが，連邦政府としての教育関与については一貫して課題とされてきた. この最初の契機とされる「連邦教育局（Department of Education）」が 1867 年に設置される.

＜日本＞

明治政府は，1871（明治 4）年に文部省を設置し主要国の学校制度を調査するが，基本的にはそれまでの教育を否定し，「国民社会」の形成―近代化を「欧米化」として推進すべく，翌 1872（明治 5）年に「学制」を制定する.

以上，概観したように，これら 5 カ国はその近代化の状況，課題を異にしつ

表 2.1 先進5国における近代公教育の成立とその背景

	社会変革	公教育制度の成立等
イギリス	選挙法改正（1867）	初等教育法（1870）
ドイツ	ドイツ帝国の成立（1871）	学校管理法（1872）
フランス	第3共和制憲法制定（1875）	初等教育法（1882）
アメリカ	南北戦争（1861-65）	連邦教育局設置（1867）
日本	明治維新・大政奉還（1867）	学制（1872）

つも，15年の間に国家─公権力の教育関与を決定づける法制的措置をとること
になったが，それは1つの「世界システム」の内部における公権力による国民
形成という課題を持つことにおいて共通していたがためであった．つまりそこ
には，次の2点が共通に内在されており，それらは制度的在り方を変えつつも
現在に至るまで「近代公教育体制」の本質として認められる．

第1は，国家による労働力の保全と開発であり，資本制社会における労働力
商品としての人間に付加価値を形成することである．つまり公教育は，資本主
義経済を基盤として国民全てに共通の教育を与えること（義務教育）を基本的
な内実とするが，それは国民が労働力商品としての一般性，共通性を国民経済
社会においてもつ必要性を前提としている．現在に至る義務教育以後の教育整
備やその公教育システムへの包摂は，労働力商品に求められる付加価値の高度
化，多様化として理解できるものである．

第2は，対外的な緊張関係が強まる中で，国民社会の同質化が求められ，ナ
ショナリズムを核とするイデオロギーの形成や統制を図ることである．国際化
した現代社会においても，国民国家の枠組みは維持され，共通言語の習得や道
徳，価値規範の形成が公教育にとって必須な内容であることに変わりはない．
日本において「日の丸・君が代」，「愛国心」の強調が，教育の国際化にとって
必要なこととして行政当局から提起されてきたことが，このことを示している．

これら2つの目的機能は，資本制国家・社会である限り，いかなる時代，社
会においても公教育に貫かれており，この点からして近代公教育は，「国家に
よる国民形成」としての国民教育であり，この国民概念，内実が時代や国家・
社会においてどのように理解されてきたかが問題とされるのである．

第 3 節　公教育の展開過程と課題

（1）　国際社会の 2 極化と国民社会

19 世紀末から第 1 次世界大戦に至るおよそ 4 半世紀間は，資本主義諸国の対外膨張が極限に達し，諸国間における政治的，軍事的関係が複雑に交錯した時期であった．日本が第 1 次産業革命を課題としつつ日清・日露戦争へと突き進んだのも，このような国際情勢を反映してのことであり，またその結果，中国は一層の植民地化を進め，その権益を巡る列強間の関係は再編成された．

ロシアにおいては，ツァー体制が崩壊への歩みを進め，西欧諸国への従属を一層強めていく．国際的な対立が帝国主義国対植民地・従属国という構図を基盤としつつも，帝国主義国家間の対立が全面展開したのは，後者における対帝国主義運動が十分に成熟せず，また資本主義社会における本質的な総資本対総労働という対立も，国家主義―国民主義イデオロギーの前に十分に先鋭化しなかったが故であった．この帝国主義戦争の典型が第 1 次世界大戦であり，各国が国民を総動員することにおいて近代公教育に託した「国民形成」としての国民教育の成功的実現を検証することとなった．

第 1 次世界大戦はヨーロッパにおける帝国主義国家の 2 極分解を意味したが，それは上述の 2 つの本質的対立を軍事的に隠蔽するものであり，大戦の終結によってそれらは顕現化せざるをえなかった．つまり 1 つは戦後処理における民族自決原則による東欧・バルカン諸国の民族国家形成であり，いま 1 つはロシア革命によるプロレタリア国家の成立である．前者は以降，アジア，アフリカ諸国の独立に通じる契機となり，後者は資本主義社会における階級対立が国際社会における体制的対立になったことにより，現代社会を切り開くものとなった．

総力戦としての第 1 次世界大戦を経ることによって，各国とも「国民形成」としての公教育の果たした意味を認識し，公教育体制を一層強固なものにせんとした．戦争によって科学技術が飛躍的に発展するように，教育もまた戦争という極限状態で示される人間の諸能力の捉え返しによって新たな展開の契機をもつことになる．各国ともその義務教育年限の延長，教育行政制度の整備，そして新たな秩序における「国民イデオロギー」の一層の強化として公教育制度の再編強化に着手したのも当然であった．そしてこの再編は「民主主義対全体

主義」と意義づけられたにせよ，第2次世界大戦という帝国主義競争の拡大再編に対して，ナショナリズムに支えられた「国民教育」の強化として展開されていく．

(2) 福祉国家における公教育

第2次世界大戦が，「民主主義」の勝利として終わり，日本やドイツなど軍国主義，全体主義を支えた教育は，民主主義理念により再編され，国際的にも大きな共通性をもつようになった．それは日本の戦後教育改革が典型であるように，公教育を国民の権利として位置づけることであり，そのための教育制度改革，教育行政改革が進められた．

だがこの公教育理念の転換はそれとしてなされたのではなく，第2次世界大戦を生み出し，戦後体制を生み出した資本主義社会そのものの変化に規定されたものであった．1929年ウォール街の株価暴落に端を発した経済恐慌は，国際経済体制を一気に崩壊せしめ，資本主義経済の硬直化─自律性の減退を一層促し，国家による有効需要の創出に依存する経済活動というケインズの「一般理論」，あるいは「ニュー・ディール」を理論的，実践的モデルとする国家独占資本主義体制を構築してきた．そしてアメリカにおけるこの実験は戦後世界各国に広がり，国家の国民経済に果たす役割は飛躍的に増大した．

この国家の役割の拡大・強化は，公権力とりわけ行政権力の肥大化を生み出し，国民生活への公権力の関与を増大していく．そして機能的に捉えられる「行政国家」は内容的に「福祉国家」となり，市民社会は国家の組織原理に包摂され，教育の公教育化，国家の教育関与は一層顕著になった．これは第2次世界大戦後の東西冷戦下の国際社会において，各国が福祉政策を競うようになったことを背景としており，国民の基本的権利を保障する国民社会という基本理念の下で「権利としての教育」が公教育理念として位置づいたことを意味した．日本を例として考えられるように，戦後改革における複線型学校体系の単線型への転換，義務教育年限の延長，教育行政機関の民主化とういう方向性は世界的に共有され，その後の就学年限の延長，就学率の向上による就学人口の増大（「教育爆発─Educational Explosion」），教育の機会均等による国民社会の平等化が，福祉国家に対応する公教育の課題として設定されてきた．

　主要先進国が戦後復興から高度経済成長へというプロセスを共有することにより，東西問題に加えて南北問題が国際経済の主要な課題とされた．その後，アメリカのヴェトナム戦争とそれによる経済的疲弊に起因する「ドル・ショック」(1971) と国際通貨体制の転換，そして「オイル・ショック」(1973) による国際的な産業構造の見直しと国際経済の流動化を経て，ソ連邦の瓦解 (1991) を象徴とする東西冷戦の終焉へと国際情勢は展開し，アメリカ，EC (EU) そして日本を 3 極とする国際経済体制が確立されたが，それは同時に NIES や ASEAN 諸国，そして中国，BRICS という経済発展段階を異にする「周辺諸国・地域」と層的構造を構築するものとなってきた．そこでは資本のみならず生産システムや労働力も「国境」を越えて移動し，共通基準（グローバル・スタンダード）の下で競争と協調を表裏一体とする経済運営が求められてきた．

　国民国家の枠組みの維持，強化を目的とした公権力による国民形成システムが公教育であるならば，国民国家の枠組みの変化は当然に公教育の在り方を変えることになる．それは国際社会の多元化，流動化を受けて，個々の国民国家がその位置と在り方を相対化し，人権や環境等，人間存在そのものに関わるより普遍的な価値の共有を指向することであり，国から地方・地域へ，そして組織から個人へと，公教育における意思決定主体を転換していくことである．この国際社会における普遍的価値と個々人の持つ価値とを一致させていくことが，今後に向けての公教育の課題であり，目標でなければならない．つまり普遍性と個別性の統一は未来社会に生きる子どもに課せられた教育課題であり，それを新たな枠組みを持つ「国民社会」，すなわち国家規範によって維持される以上に個人の共存による社会としての「市民社会」を基盤として組織化していくことが公教育経営の課題とされるのである．

注

1.　梅根悟『世界教育史』pp.179〜190，新評論，1967 年
2.　ラ・シャロッテ，古沢常雄訳『国家主義国民教育論』（世界教育学選集 73），明治図書，1973 年
3.　コンドルセ，松島鈞訳『公教育の原理』（世界教育学選集 23），p.9，明治図書，1963 年
4.　松島鈞『フランス革命期における公教育制度の成立過程』pp.254〜255，亜紀書房，1968 年

5. イギリスにおける産業革命期の 50 年間（1781-1830）に都市人口の増加は農村人口の 3 倍近くになった．（P. Deane, W. A. Cole ; *British Economic Growth 1688-1959*, p.103, Cambridge University Press, 1969）

第3章

日本の公教育の展開と公教育経営

第1節　日本の公教育制度の確立と特質

　日本の近代学校制度としての公教育制度が 1872（明治 5）年の「学制」によって開始されたこと，そしてこの「学制」が制度の型をフランスに，制度理念をイギリスに範を求めたことは知られている．日本とほぼ同じ時期に近代統一国家の形成に成功したドイツを含め，イギリス，フランス，アメリカといった主要先進諸国が公教育制度をもって国民国家を確立しようとしていたのは，この同じ 19 世紀後半であり，日本も明治維新によってこれらの国と同じ課題をもつことができた．つまりこの国民国家の形成，確立という課題を共有できたことにおいて，日本は近代学校制度，近代公教育制度の創始を企図し，そのモデルを先進欧米諸国に求めることができたのである．

　この 5 カ国の中で，近代化の種々のメルクマールにおいて最も後発国であった日本が，他の先進諸国をモデルとして公教育制度を確立することは，鉄道や電力の導入と同様に近代化を図る上で最も有効な方策であった．だが鉄道や電力といった「モノ」と異なり，社会制度としての公教育制度は，とりわけ「国民形成」を目的とする公教育制度は，その基盤となる社会状況によって運用の在り方と産出される国民の在り方，質は大きく異なってくる．現在に至る中で，主要先進国の両端に位置するイギリスと日本を対比すれば，国民国家形成と公教育制度の確立における日本の特異性が明らかである．

　2 度の市民革命によって形成されてきた市民社会を基盤に，産業革命による産業社会を実現し，そこでの階級対立の止揚を一方の課題とし，他方で植民地

獲得競争と新興資本主義国家との経済競争に勝ち抜く課題から，イギリスは公教育制度を1870年初等教育法によって成立させた．だが1832年の補助金交付から勅任視学官制度と教会団体の設置するボランタリーな学校への公的関与を模索しながら，1867年の選挙法改正とそれを受けた総選挙で成立したグラッドストーン内閣の下でこの初等教育法が成立した経緯がある．「宗教のるつぼ」といえる当時のイギリスにおいて公教育でどのように宗教教育を扱うかの解答を見出すのに難渋したとはいえ，近代市民社会の基盤の上で国家の教育関与の制度的確立として公教育制度の成立をみたのである．

　日本の場合は，江戸時代後期に商業資本の蓄積や前資本主義的経済制度の構築がみられ，また寺子屋の普及により欧米諸国を凌駕する識字率を誇っていたものの[1]，明治維新による政治変革は封建階級内部の権力移行に止まり，天皇制中央集権国家を上からの近代化によって構築する中で公教育制度の創設が企図された．アヘン戦争に至る列強諸国の植民地獲得競争の射程に日本が入り，開国—内乱—大政奉還という過程を経て日本の明治維新による近代化が展開されるが，激しく対立してきた英仏両国を軸に，「南下政策」を進めてきたロシア，最初に開国を迫ったアメリカと，列強諸国が日本を巡ってパワー・ポリティクスを展開する中で，日本は植民地化を免れることができたといえる．日本が列強諸国の圧力の下で開国し，そのバランス・オブ・パワーをもって近代化を進めることにより，「世界システム」の環が繋がったのである．だがこうした状況下で，日本において「国民」の意識や観念が成立していたわけではなく，独立を維持し列強諸国に対抗するには，強大な国家権力の確立とその下での近代化を進めることが求められた．

　政治権力だけでなく，その下における国民の意識においても強く封建性が保持される中で近代的なシステムを構築することが求められ，それを担うべく立憲体制や産業革命に先立って公教育制度の確立が課題とされたのである．社会規範や個人の価値規範を市民社会において醸成し，その一定の共通基盤の上に，国家が新たな状況において求める「国民」としての緩やかな枠組みを作ろうとしたイギリスに比べ，日本は社会規範や個人の価値規範の自生的形成を待つことなく，国家が強固な国家規範をそれらに代えて直接的に公教育によって構築しようとしたのはこのためである．だがそのために欧米先進諸国の制度をモデ

ルとせざるをえなかったが，当然にそのいずれもが日本の実態や課題に合致するものでなく，それらをモザイク状に組み合わせる試行錯誤を余儀なくされた．この過程が「学制」（1872 − 明治 5 年）―教育令（1879 − 明治 12 年）―改正教育令（1880 − 明治 13 年）―再改正教育令（1885 − 明治 18 年）となり，それに終止符を打ったのが初代文部大臣森有礼による 4 学校令（1886 − 明治 19年）であった．

　森は天皇制を基盤とする明治国家の確立を，立憲体制の構築によって予見しつつ，先進諸国の教育制度から公教育の本質を国民精神の確立と見抜き[2]，日本においては天皇制を枠組みとした独自な公教育システムが必要であると理解した．それは天皇制国家による国家の価値規範を強固な枠組みとし，それを絶対化することによって教育目的を純化し，その中で近代化を促進するための効果的，効率的な内実を学校教育によって実現するシステムである．森の暗殺後，この日本的公教育システムは「教育勅語」（1890 − 明治 23 年）による国家主義的価値規範を枠組みとして確定し，その内部における基礎教育の確立（義務教育の無償化：1900 − 明治 33 年，義務教育 6 年制：1907 − 明治 40 年），実業教育の振興として構築されていく．また明治憲法の制定，帝国議会の開設により立憲体制が確立され，法治体制が構築されるが，この中で教育の意思決定は財政領域を除いて天皇が直接担うものとされた（勅令主義）[3]．これは公教育が国家による価値規範の形成を担うものであり，主権者たる天皇の意思が直接反映されるべきとの考えに基づくものである．

　この明治中期―後期に構築された日本の公教育とその経営システムは，戦前を通じて強化，確立され，日本の急速な近代化に貢献してきた．だがそれは，国家が社会のみならず国民個人の価値規範も一元的に意思決定し，純化された目的を遂行することにおいてであり，「富国強兵」「殖産興業」というこの目的の実現に向けた公教育が経済的，軍事的な近代化を促進したとしても，近代的価値をもった国民社会を形成することとは無縁であった．戦前の日本において公教育が，天皇制国家における「臣民形成」としての「国民形成」を効率的に実現し，もって日本を欧米先進諸国に伍する経済国家，軍事国家にしたことがアジア諸国への侵略と太平洋戦争に繋がったとすれば，戦前の公教育のシステムとその経営の在り方が批判的に総括されることは当然である．そして普遍的

には，国民形成を担う公教育が国家と国民，社会からどのような意思をいかなるシステムをもって受け止め，何を実現するかという，その経営の在り方，公教育経営の在り方が課題設定されるのである．

第2節 戦後教育改革・地教行法体制と公教育経営

第2次世界大戦の敗戦は日本に壊滅的な打撃を与えたが，同じく敗戦国となったドイツと異なり，日本国政府は存続し，連合国の占領を受けながらも「敗戦処理」に当たった．このことは「敗戦処理」と新たな国家体制構築について，日本国政府と連合国軍総司令部（GHQ）との間で「交渉」「駆け引き」がなされたことを意味し，その最大の課題が「国体」をいかに維持するかであった．その結論が日本国憲法であり，主権者であった天皇が「国民の総意に基づく」「象徴」となり，国民が主権者となった．この日本国憲法は大日本帝国憲法に基づく帝国議会の議決を経て，天皇の御名御璽をもって公布されたのである．

この敗戦による戦後改革の2つの側面が戦後日本の，とりわけ戦後の公教育体制とその経営システムの在り方を方向づけることになった．つまり，第1は主権構造の転換，国民主権の確立であり，第2は戦前と戦後の「連続」である．後者は天皇制の継続，行政府の継続であり，また「日の丸」「君が代」の継続でもあった．

教育における戦後改革は，戦前の軍国主義教育の否定・排除，アメリカ教育使節団の報告，日本国憲法の制定，教育基本法・学校教育法の制定と連なり，教育勅語の失効決議もなされた．そして教育委員会法や社会教育法等による教育制度の整備が図られ，「教育基本法体制」としての戦後教育が展開された．

戦後の日本の公教育は，憲法における国民主権と「受教育権」（第26条）を基盤とし，（旧）教育基本法が示す「直接責任制」「諸条件の整備確立」（第10条）を枠組みとしてもつ「法律主義」によって経営されるものとされた．そしてこの公教育の「主体」は，戦後の日本が国民主権国家たることによる「国家＝国民」であり，普通選挙による代議制民主主義と地方自治制度によって民意が反映される公権力—中央政府と地方政府が公教育の経営主体とされた．またアメリカをモデルとする教育委員会を地方教育行政機関とし，「民主性・地方分権性・専門性（一般行政からの独立）」を教育行政の基本原理とすることによ

り，義務教育学校の経営を中心に住民公選・住民自治による教育委員会が大きな権限をもつものとなった．

そして公教育において形成されるべき「国民」は，教育基本法第 1 条が「教育の目的」として示すところの価値を担う「人格の完成」に向けた民主的国民であり，戦前の天皇制国家下における臣民形成としての国民形成を否定することにおいて，国民形成理念とそれを実現するシステム，公教育経営システムとが一体的に捉えられていた．この点において，戦後改革期の公教育理念とその経営システムとは調和的な一体性をもっていたといえる．戦後およそ 10 年間の日本の課題が「戦後復興」であり，それは経済的な意味においてだけでなく，文化的精神的な意味においてもいいうることであり，戦後の教育改革理念，「教育の民主化」とそのための様々な具体的方策もそれなりの現実性をもつものであった．

だが公教育の目的たる国民形成の基軸が「人格の完成」－国民個々の成長発達に引き寄せられることが，経済的に疲弊し，社会的インフラが壊滅的状況にあった敗戦後の日本の実態から著しく乖離していたことは確かであった．朝鮮戦争とそれによる特需景気によって日本の経済が戦前水準を回復し，サンフランシスコ講和条約，日米安保条約の締結（1951 －昭和 26 年）によって，東西対立が激化する中，西側陣営に組み込まれる形で国際社会に復帰した日本は，より具体的な政治的，経済的課題から国民形成の枠組みを必要とした．そして政治的には「55 年体制」が構築されることにより，激しい東西対立を基盤としながらも政権党が「安定的に」この枠組みの転換を企図することができたといえる．

それが教育委員会法を廃して制定された地方教育行政の組織及び運営に関する法律（1956 －昭和 31 年：地教行法）と学習指導要領の改訂（1958 －昭和 33 年）であった．戦後改革は主権構造を転換させることにおいて，日本の国家－国民関係を再構築させることになったが，戦後日本の国民社会の自律性を涵養するには至らなかった．一方で天皇制の維持を柱に戦前の権力構造が温存され，戦後復興から経済発展へと日本の発展課題が転換する社会状況において公権力主導の国民形成課題が明確にされたことがその背景にあった．戦前の「富国強兵」という国民形成課題は，戦後において日本が東西対立の厳しい中で西

側陣営の一員としてその位置を定めることによって,「経済発展―高度経済成長」という経済に純化した国民形成課題に転換されたが,公教育経営における国家―国民関係の機軸は戦後改革期を跨いで「継続」されることになった.

地教行法は戦後教育行政改革の3原理,「民主性・地方分権性・専門性(一般行政からの独立)」のいずれをも修正するものとなったが,その基軸は国・文部省の権限を地方・教育委員会の権限を包摂するものとして位置づけることにあった(指導・助言権,措置要求権,教育長任命承認権).このことが「地方分権性」と「専門性」原理のねじれを生み出し,中央集権化が文部省と教育委員会の,また都道府県と市町村の階層化を生み出し,この階層構造内部で専門性が上下関係をもち,各々の行政レベルにおける一般行政との関係における専門性ではなく,教育行政機関間の問題に変質したのである(有権解釈,通達行政).またこのことは,教育委員の公選制において主要に担保されていた教育行政の民主性の後退とも結合せざるをえないものであった.公教育経営における中央集権化は,公教育目標,国民形成課題設定の中央政府による一元化とその効率的遂行を意味するものであるが,このことはその意思決定に地方政府や地方機関を出来うる限り関与させず,それに従わせることであり,地方において多様でありうる地域住民の参加は当然に排除すべきことであった.教育行政を首長の担う一般行政から独立させる専門的,価値的な領域とすることにおいて,教育委員会制度を存続させつつ,その意思決定権限を中央政府に集約させ,そこでの教育行政の「専門性」を上下関係をもつ階層構造に収斂させることが地教行法体制として構築されたのである[4].

戦後教育改革の機軸であった公教育経営の国民主権者性は,地方分権による教育委員会制度の導入とそこでの義務教育に関する大幅な意思決定権限の付与,そして住民参加―教育委員の公選制によって,教育行政,公教育経営が国民,住民に直接責任を負えるシステムによって保障されるものであった.代議制民主主義制度下における公教育経営の意思決定は,主権者たる国民の教育意思が投票行動によって政治過程に投入され,この政治的意思決定が行政過程に転じられ,個々の学校における経営活動,教育活動を通して子どもの変容,成長発達に帰結される,という構造をもって形式論理的に国民の主権者性を保障している.だがこのシステム,プロセスが国の枠組みに一元化され(地方分権性の

否定）、教育課題が政治過程において他の領域の課題と混在され（専門性の否定）、ひいてはこの意思決定が国民、住民に直接責任を負えない（民主性の否定）こととなり、公教育、公教育経営における国民主権者性の実質が喪失されるものとなったのである。

1958（昭和 33）年の学習指導要領改訂は、教育課程の経験主義パターンから系統主義パターンへの転換と、それに基づく「法的拘束力」の付与（経験主義パターンをとった 1947 － 昭和 22 年、1951 － 昭和 26 年の学習指導要領は教育課程の「モデル」たりえても、この「経験」が異なる地域、学校に共通する「基準」にはなりえず、法的な性格は付与できない）を特徴としてもつが、それは公教育経営システム全体を転換させる文脈に位置している。つまり公教育による国民形成の内実を国の設定する目標実現に向けて統一し、統制することを可能とするのがこの改訂の意味するところであった。

公教育を展開する上で、つまり国家が国民形成を図る上で、その国民形成課題が国家—公権力にとって明確であり、またそれが具体的な達成目標をもつものとされるならば、その中身—教育内容と入れ物—経営システムの統御が必要とされる。1960 年代の高度経済成長を予見しつつ、1950 年代後半にこの両面の転換が図られたのである。明治中期における日本の近代化課題に対して天皇制国家がその主権構造の下に構築した「教育勅語体制」と、民主化され国民主権となった戦後におけるこの地教行法体制とでは、基本的な枠組みが当然に異なるとしても、公教育経営において国民に直接責任をもつ公教育の国民主権者性の在り方からは、それを否定することにおいて共通するもの含んでいると言わざるをえない。

1950 年代後半において戦後の公教育の内容と経営システムが転換され、構築された地教行法体制は、1960 年代高度経済成長期の教育の量的拡大と高度化を牽引していく。戦後のベビーブーマー、「団塊の世代」が高校から大学に進学し、その絶対数だけでなく経済成長による国民所得の増大—家庭の可処分所得の増大による進学率の向上は「教育爆発」と呼ばれる状況を生み出した。またアメリカの「スプートニク・ショック」は「教育の現代化」と呼ばれる科学教育の高度化、開発を促し、日本においても学習指導要領の改訂（小学校—1968 年、中学校—1969 年）をもって理数科を中心に教科内容の高度化、量的拡充が

図られた．この経済規模の拡大に合わせた教育の拡充は，国家の国民形成課題
の明確化を求め，「教育の計画化」が公教育への財的資源配分を軸に立てられ，
「教育投資論」として理論的に根拠づけられた．

　日本における経済の拡大―高度成長が石炭から石油へのエネルギー転換によ
る石油化学産業によって牽引され，その負の産出が「公害」として広範に蓄積
されていく．教育の高度化，拡充は，同様にその負の産出として現在の「いじ
め」「不登校」に至る「学校教育の病理問題」を広範に生み出していく．経済活
動によって生み出された「公害」は，その防止技術の開発と経済構造の転換に
よって防止し，解消することができたが，教育における「公害」に対する「防
止技術」の開発は容易ではなく，ましてや「公教育構造の転換」についてはそ
の見通しも定かではない．それは公教育が国民形成であり，国民国家と国民社
会の構造転換を課題とすることにおいてのみ見通せるからである．

第3節　現代社会の変容と公教育経営の転換課題

　1970年代初頭の国際経済の変動（1971年－「ドル・ショック」，1973年－
「第1次オイル・ショック」）に対して，日本はその産業構造を大きく転換する
ことによって乗り切り，1980年代にはアメリカ，当時のECと並んで国際経済
の3極の1つに位置づけられるに至った．1人当たりのGDPやODA実施額
等，いくつかの指標において日本は「経済大国」として喧伝され，その企業経
営も「日本的経営」として賞賛された．この1980年代後半は，日本が国際社
会においてその経済的地位を確立することにより，戦後体制を様々な面から問
い直すことが政権側で企図され，公教育体制についても「戦後教育の総決算」
を図るべく中曽根内閣の下に臨時教育審議会（臨教審）が設置され全面的な見
直しが図られた．この臨教審は3年間（1984年～1987年）の審議において，
「教育の自由化」を軸に論議され，その最終第4次答申において「生涯学習社会
への移行」「変化への対応」「個性重視」を教育改革の機軸として打ち出し，そ
の後の教育改革の枠組みを示すものとなった[5]．臨教審以降，「教育政策をめぐ
る権力構造が，それまでの保革の対立から供給者と消費者の対立に替わったこ
と」[6]と認識され，臨教審答申は教育改革を新自由主義的方向に牽引していく
嚆矢となった．

　このように臨教審は，戦後の公教育認識を転換する契機となったが，その過程で「いじめ」に対する緊急声明が出されたように，他方における学校の病理的問題がより一層深刻になり，「いじめ」や「不登校」といった学校の具体的，現実的課題への対応からする公教育改革の必要性も示すものとなった．臨教審が開かれた 1980 年代後半は，「情報化」「国際化」として示される社会変化が急速に進み，産業社会を基盤とする公教育―学校システムがこの社会変化に適応できないものとなったことが，学校教育病理の拡大深化によって明らかにされた．

　情報革命や経済の国際化の進展は西側資本主義諸国の優位性を確立し，戦後の東西体制を瓦解へと導く．1989 年の「天安門事件」「ベルリンの壁打ち壊し」を象徴として，東欧諸国の体制崩壊が起こり，1991 年にはソ連邦の解体に至り，東西冷戦体制が終焉する．この国際情勢の一大転換は，東西体制に組み込まれていた日本の国内体制・政治にも大きな影響を与えることとなった．

　この国内の政治体制は，いわゆる「55 年体制」として，東西対立を枠組みとする保革の 2 極構造として構築されてきたが，その基盤が喪失されることによって転換を余儀なくされた．それは政党や労働運動の分裂・再編を生み出し，1993（平成 5）年の総選挙によって細川非自民連立政権の樹立に至る．

　その後，現在に至るまで，政党の分裂統合再編や経済の混迷を経ながらも，日本の社会は一定の経済水準を保ち，地方分権や規制緩和を促進し，情報公開や国民・住民の政治・行政への参加を制度的にも整備し，成熟した社会への転換を図ってきた．国際的には東西対立の解消後，一方におけるソ連邦をはじめ東側諸国の民族国家への分裂再編と同時に EC（欧州共同体）が EU（欧州連合）に転換・拡大し，国民国家の枠組みが再編されてきた．また東西 2 極の解消がアメリカ 1 極に収斂され，アメリカの牽引するグローバライゼーションに世界各国が組み込まれ，南北対立を激化させてきた．

　こうした内外の変動は，国家が国民社会単位において課題解決を図る構造に変容をきたし，国家がこの「課題」に向けて国民形成を図る公教育の在り方についても見直しが必至となった．公教育とそれを担う学校が，国民国家の枠組みにおいて国民社会を基盤として国民形成を担う上で，国家がその国民形成課題を明確にもつことが前提であった．だが日本の社会が「豊か」になり，「成

熟」することにより，かつての「富国強兵」や「経済発展」のように，国家が国民を統括する 1 元的な目標をもって国民形成―公教育経営を図ることは困難となっただけでなく，必要でもなくなった．とりわけ公教育システム，学校教育システムが，近代の産業社会を基盤とする国民国家において求心的な国民形成を図るべく国家による規範や基準をもって経営されてきたことが，「豊か」になり「成熟」しつつある社会や国民に適合しなくなり，多様な教育病理を生み出してきた．公教育，学校教育の制度やその経営システムを多様化し，弾力化する方向で様々な改善，改革が試みられてきたが，その枠組みとなる国民国家と国民社会の関係が変容し，それを見据えた新たなシステムの構築が必要とされてきた．

この公教育，学校教育の経営システムの転換の機軸は，それが社会運営システムの一環たることにおいて，他領域のシステムのそれと基本的には共通している．つまり 1990 年代以降の日本が国際関係，国際状況の変化から国民国家の枠組み変容を求められ，その経済，財政，金融そして行政といった社会運営システムの転換を，地方分権，規制緩和，情報公開そして住民・国民の政治・行政への参加を機軸に進めてきたのであり，これらの機軸は公教育経営システム転換の機軸としても位置づけられてきた．これらは「国と地方」「官と民」「公権力と国民」の関わり方やその方法についてのものであり，それが公教育経営を含む社会運営のシステムの転換に共通するということは，公教育それ自体やその経営の「目的」「目標」の転換が課題とされただけではなく，「国家と国民」の関係の転換が求められたことを意味している．

国民国家が国際化することによって「国家と国民」関係が変容し，「国家による国民形成」としての公教育の枠組み，主客関係―主客構造，また主体構造や客体構造の見直しが必至とされてきたのである．国民国家が国際社会に包摂され，国民社会内部における国民形成がこの両者の接合の在り方によって規定される状況となったといえるが，この接合の在り方や接点の位置については，各国の経済規模やその状況，国際社会での地位等々によって様々である．だが東西対立が解消された 1990 年代以降の国際社会が，南北関係・南北問題を軸に動態化されてきており，一方において「環境」や「人権」といった地球規模でその「普遍性」「普遍的価値」が追求される問題と，他方において国境の枠

組みをもって拡大し続ける経済格差の是正，解消問題が鋭く対立してきたのである．この中で「豊かさ」と「成熟」を基盤としつつある日本が，どのような「国民形成」を「誰が誰に対して」「どのように」していくのかが問われてきた．

　先に挙げた社会運営システム転換の 4 つの機軸が，いずれもこの問いに対する解答の方向性を示しているとすれば，それらの具体的な在り方を追求すると共に，それらを結合して描くことのできる全体像を提示することが不可欠である．そしてそこでは，国家と国民の枠組みや位置関係をよりダイナミックに捉えると同時に，現在の公教育経営システムがどのような機能を担い，いかなる構造でそれを発現しているのかについて精緻に把捉し，その変革，転換の可能性を示すことが公教育経営学の課題として求められている．

注

1. R. P. ドーア，松居弘道訳『江戸時代の教育』p.268，岩波書店，1970 年

2. 高橋俊乗『日本教育文化史（三）』p.145，講談社，1978 年

3. 堀内孜「教育法制の構造」，堀内孜編『現代教育行政の構造と課題』pp.82〜83，第一法規，1987 年

4. 堀内孜「公教育経営における国，都道府県，市町村の関係と学校の自律性」『都市問題研究』第 51 巻第 10 号，pp.23〜25，1999 年 10 月

5. 堀内孜「地方教育行政の制度改革の展望」，堀内孜編『地方分権と教育委員会制度』pp.309〜310，ぎょうせい，2000 年

6. 市川昭午『臨教審以後の教育政策』p.15，教育開発研究所，1995 年

第4章

公教育制度の原理と構造

第1節　学校制度の発展と類型

（1）　教育制度と学校制度

　人間は，その集団，組織，社会の成員間において，知識，技能，技術，慣習，慣行，思考様式，規範といったものを受け継ぎ，生活を高めてきた．親から子へ，大人から子どもへ，より知識や技能，技術を持ったものからそうでないものへ，これらは受け継がれ，その過程で新しいものが付け加えられ，改善，改良がなされ，人間社会は高度化し，その生活は質的に高められてきた．こうした社会における授受が広義の教育であり，それは無意図的なものから意図的なものへ，非計画的なものが計画的なものへ，そして特段の組織を想定しないものから組織的なものへと発展してきた．

　この意図性，計画性，組織性を持つ教育の枠組み，つまり教育の目的を実現するための過程が明定された社会的な組織の枠組みが教育制度であり，その中核に教育を実施する教育機関の制度がある．この教育を直接，実施する教育機関の中心が「教育の専業機関」としての学校であり，学校の制度が教育制度の中核を担っている．だが直接的な教育の実施機関は学校だけではなく，公民館や博物館，図書館等の社会教育機関や資格等を付与する各種の団体の講座やセミナーも含まれ，学校教育制度に対する社会教育制度を構築している．またこれらの直接的な教育制度を社会的に位置づける，つまり設置や運営，規制や奨励，援助に関わる間接的な教育に関わる制度，教育行政制度，教育財政制度が成り立ってきた．

近代の国民国家の枠組みにおいて，国家・公権力が主導する教育，近代公教育の制度は，それまでの教育制度とは決定的に異なり，個別の学校ではない社会的なシステムとしての学校システムを法制的に運用するトータルな社会システムとして成立し，展開されてきた．それは「国民形成」という目的に向けて基準化，規範化された学校制度を軸に，それを社会的に位置づけ運用するための教育行政制度，教育財政制度を合わせたものであるが，別の角度から教員制度や教員養成制度，また学校経営制度等をもって構成することができる．

このように公教育制度の中核に社会システムとしての学校制度が位置し，その全体の運用が公教育経営システムの経営，公教育経営であり，その制度は教育行政制度，教育財政制度，学校経営制度を包摂するものである．

（2）　学校の発展過程と学校制度類型

1）　上構型学校系統と下構型学校系統

先進主要国はもとより，現代における多くの国が学校制度を高度に整備してきた．この現代の主要先進国の学校制度をみると，初等教育，中等教育，高等教育の各段階に対応する学校が整備され，子ども達が幼稚園から小学校，そして大学まで学校教育を受ける連続した過程を理解することができる．このため学校は初等段階の小学校から順次，中等段階，高等段階へと整備，発展してきたように考えられるかもしれないが，歴史的にはこの逆に「高等教育」段階の学校から，その予備門としての「中等教育」段階の学校，そして全ての子どもを対象とする「初等教育」段階の学校へと整備されてきた．

古代社会において文字の発明と支配のための術の伝承の必要性から学校が成立したように，また学校—school の語源が「閑暇」を意味するギリシャ語のスコーレ（schole）であるように，生活や生産の場における機能的な教育が意図的，計画的，組織的な教育として学校という場においてなされるようになるには，そこで伝達，伝承される内容（知識，技術，文化）と，時間的，空間的に生産の場から離れてそれを担う実体（有閑階級としての支配階級），そしてそのための手段（文字）が必要とされた[1]．こうした古代社会の学校から，社会の発展—知識，技術，文化の蓄積による中世における大学へと，学校はより高度で専門的な学識を伝授する場へと展開していく．11 世紀にボローニャ大学，パ

リ大学，オックスフォード大学等が，古典的な学芸（リベラル・アーツ）から神学，法学，医学という専門職業に結びついた学問の場として中世ヨーロッパで成立し，そこで必要とされるギリシャ語，ラテン語，ヘブライ語といった古典語を習得するために，その「予備門」として文法学校（グラマー・スクール）が整備される．このように学校は，その時代，社会における「最高学府」から成立し，そのための「予備門」たる学校がその下に構築されるという歴史的過程をたどってきた．こうした上級学校から下級学校へと構築されてきた学校系統が「下構型学校系統」と呼ばれるが，このように学校制度は「社会的階級を反映する学校の系統的区別」[2] を歴史的前提として上から下に作られてきた．

こうした支配階級の学校系統に対して，庶民を対象とする学校は全く別の系統を持って成立してくる．近代に入り，商工業と貨幣経済が発達することにより，庶民が読み書き能力を持つことの必要性が次第に高まり，これに対応する学校が初歩的な内容を庶民に教える場としてできてくる．既に制度的に確立していた支配階級のための学校に対して，基礎的な読み書き算（3R's）を庶民に教える学校は，上に伸びる形で発達していく．つまり初歩学校，小学校の上にそれを補強する学校，高等小学校あるいは各種の職業学校が設置されていくが，それらは支配階級の子弟に教養を与える下構型学校系統とは交わることなく別途に形作られてきた．こうした意味において，この庶民対象の学校を「上構型学校系統」と呼ぶが，それはその目的，対象において下構型学校系統とは本質的に異質なものであり，近代公教育制度の成立以降この両系統の統一を如何に図るのかが学校制度にとって最大の課題とされてきたのである．

2) 複線型，分岐型，単線型

学校制度を類型的に捉える時に，下構型学校系統と上構型学校系統とがどのように組み合わされているかの視点が必要である．つまり近代以降において上構型学校系統が成立してくると，それまでの下構型学校系統との間で何らかの関係が生じてくる．この関係の在り方から類別されるのが「複線型」，「分岐型」，「単線型」の学校制度の3類型である．複線型は下構型学校系統と上構型学校系統とが相互に関係づけられないままに並立したもの，単線型はこの両者が1つの段階をもった階梯に統一されているもの，そして分岐型はこの2つの中間形態をもつものである．もちろん，今日の各国の学校制度は歴史的，社会

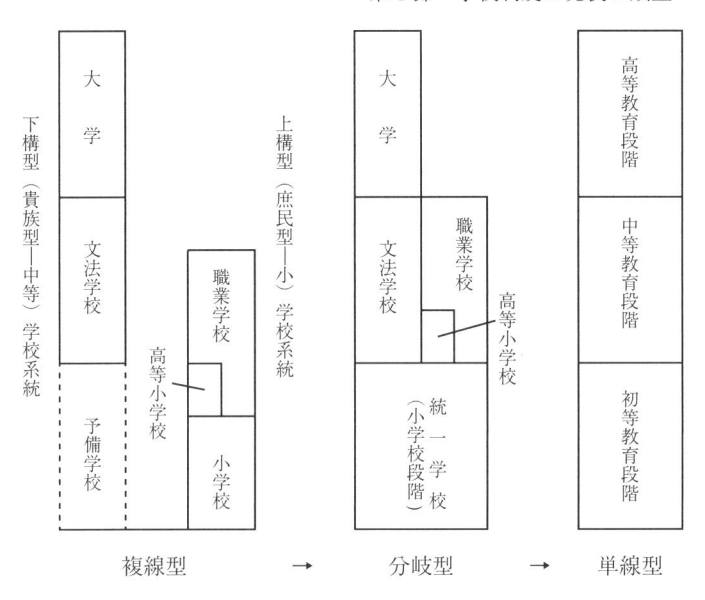

図 **4.1**　学校制度の類型

的条件によって複雑な形態をとっており，この類型は理念型として理解されるべきであろう．

　複線型学校制度は，「系統性が段階制の前提となっている学校制度」[3] であり，学校制度自体がエリート型と庶民型の 2 元的系統性をもつものである．そしてこれは第 1 次世界大戦前後に起こった「統一学校運動」によって両者の初等段階が共通化されるまで，ヨーロッパ諸国に広くみられた．この意味で複線型学校制度はヨーロッパ型学校制度ともいわれる．そして統一学校運動が示したように，学校制度の階層的分岐を維持することが社会的階級対立を助長するとの批判が次第に大きくなり，2 つの学校系統を統一することが学校制度の民主化として進められていく．だが今日においても，ヨーロッパ諸国で中等教育学校の 2 系統性が完全に統一されておらず，その背景にある社会的階層性との関係も含めて課題を残している．また近年の日本において，中等教育学校の設置や，高校制度の多様化から，その「複線化」という用語が使われているが，高等教育機関との接続関係から「複線型学校制度」の「複線」とは区別することが必要であろう．

　これに対して「段階性が系統性の前提となっている」[4] のが単線型学校制度である．この制度は単一の階梯をもつ学校制度が編制され，全ての国民が同一レベルの学校に就学できることに特徴がある．複線型学校制度が発達する歴史的基盤をもたなかったアメリカで発展したことからアメリカ型学校制度といわれる．この単線型学校制度においては，学校制度が単一の枠組みをもつことから，その階梯をどのような段階で区切るかが問題とされ，その1つの段階内において職業分化や教育内容の専門分化に応じた系統性が成り立つことになる．

　歴史的にみると，教育の民主化，機会均等の進捗によって，学校制度は複線型から単線型へ移ってきたが，その媒介的中間形態として初等教育段階を共通にして中等教育段階から高等教育に繋がるものと職業教育に繋がるものに分岐する学校制度をもってきた．先に述べた統一学校運動によって，この複線型学校制度と単線型学校制度の中間形態として実現されたのが分岐型学校制度である．ヨーロッパ諸国においては，おおむね両大戦間に複線型から分岐型への移行が，そして第2次世界大戦後に分岐型から単線型への移行が計られたといえるが，未だ問題を残している．

第2節　公教育の組織化原理

(1)　教育の機会均等と公教育の組織化原理

　公教育が国家・公権力による国民形成であることは，そこに国家・公権力が実現すべき国家像やそれを担う国民の在り方が想定されることになる．それは具体的な教育政策として設定されるが，日本の公教育の創成期における「富国強兵」や「殖産興業」，また戦後改革期における「民主化」のように大きな国家目標がそれらの枠組みとなる．そしてそれを実現するために，公教育を展開する上での国家・公権力と国民の関係が示されてきた．戦前の日本においては，「教育勅語」が臣民としての国民に天皇制国家への従属を求め（「天壌無窮ノ皇運ヲ扶翼スヘシ」），戦後においては「教育基本法」が教育の目的として「人格の完成」をめざし，そのために「日本国憲法」で「すべて国民は，法律の定めるところにより，その能力に応じて，ひとしく教育を受ける権利を有する」（第26条）ことを宣言した．

　戦後，国民主権が確認されることによって，国家・公権力がその「人格の完

成をめざして」国民の教育を受ける権利を保障することが法定され，ここに教育の国民主権者性の下，公教育における国家・公権力と国民の関係が再定立された．国家・公権力は国民が「人種，信条，性別，社会的身分，経済的地位又は門地によって，教育上差別されない」（教育基本法第 4 条）よう学校教育の整備を中心に公教育を組織することが課せられた．この全ての国民に，その能力に応じて教育を受けること，学習することを保障することが，現在に至る公教育制度の基本理念であり，そのための諸条件を整備することが求められてきた．戦前の人種，信条，性別，社会的身分，経済的地位や門地による学校種別や就学の機会の差別の撤廃はもとより，新たな憲法，教育基本法体制においての同和教育，障ガイ者教育，外国人教育として「教育の機会均等」の実現が図られてきた．

　この「教育の機会均等」の実現に向けた公教育制度の組織化原理が「義務性，無償性，中立性」の 3 原理である．この 3 つは，相互に関係づけられるものであるが，公教育制度の成立，確立過程においては，中立性，義務性，無償性の順序で展開されてきた．

（2）　中立性

　近代市民社会における私事性原理の下で捉えられた教育を，国家・公権力が「国民」全てを対象に制度化するためには，多様な思想，信条，宗教，価値観をもつ国民に対して，国家・公権力がこうした内面的価値について「中立」であることを承認されることが不可欠であった．つまり公教育の組織化原理として中立性が必要とされるのは，公教育が多様な価値観を前提とする国民社会で，国民の共通性を形成し，高めることを目的とするからであり，特定の政治的，宗教的勢力の影響を制度的に排除することを明示しなければ国民に受け入れられないからである．そしてこの前提として，階級社会たる資本制社会において国家・公権力が政治的に中立であるとする装置，議会制度，代議制民主主義制度が必要であった．国家・公権力が「国民の代表」によって構成されるということを，形式的にではあれ国民が承認しなければ，その政治的な意思決定，政策によって運営される公教育が国民に受入れられることはできない．

　公教育が，国家・公権力によって制度化され，運営される上で，その実施さ

れる教育の価値を国民が受容するには，その国民社会の宗教状況，政治形態，行政機構に応じて，それが理念的，形式的にではあれ，中立であると認められることが必要であったし，その具体的な展開において多くの緊張や論議，対立を生み出してきた．公教育制度の組織化，運用において問題とされる中立性は，宗教的，政治的，行政的なものであるが，その問題のされ方や保障の仕方は国により，時代によって異なっている．

キリスト教国であるヨーロッパ諸国において，価値的な「人間形成」に関わる教育を公教育として国家・公権力に委ねることが国民に受け入れられるには，宗教的中立性の確認が必須の条件であった．カソリックとプロテスタント，また各宗派によって違いはあるものの，「教育」は人間の内面に関わる「人間形成」と不可分であり，元来それは教会の領分とされていた．このため多様な信仰を持つ国民全てを対象に国家・公権力が公教育を制度化するには，公教育の範疇を価値的な教育（education）と知育（instruction）に区別し，後者のみを公教育の対象とするか（フランス），学校を宗派毎に設置するか（ドイツ），各宗派の共通する内容を宗教教育として行うか（イギリス），ということが必要であった．

「還俗した中世」といわれた状況を基盤とし近代化を課題とした非キリスト教国，日本は，極度な国家権力の主導性の下であったにせよ，例外的に大きな宗教的葛藤を持たずに公教育制度を樹立できたが，他国以上に政治的中立性が公教育において問題とされてきた．天皇制体制下の戦前においては，天皇主権，国家主導の公教育経営として，その政治的中立性が問われること自体がありえなかったが，戦後の日本国憲法，教育基本法制下では，教育の国民に対する直接責任性（旧教育基本法第10条）が求められ，代議制民主主義制度において教育政策が多数決原理によって決定される中で，国民の教育主権者性をいかに確保するかが課題とされてきた．とりわけ東西対立，「55年体制」の下，教育の政策決定についての「文部省対日教組」というイデオロギー対立が争論的に問われてきた．学校教育において，子どもの政治的，公民的価値をどう形成するかは，その国民社会の成熟度を基盤として考えられるものであり，先鋭なイデオロギー対立をそのまま反映させない仕組みが必要とされる．

この公教育における政治的中立性の確保は，代議制民主主義制度下で教育政

策が多数決原理によって決定されることと本質的には矛盾し，政治とその執行としての行政，また行政と教育機関たる学校，学校内部における教員の専門性，自律性の関係において重畳的に保障されることが必要である[5]．戦前の「勅令主義」の否定，反省から戦後は教育の法律主義の徹底が図られ（憲法第 26 条），公教育の全ての政治的意思決定が法律に基づくことを求められた．その下で，教育行政機関は恣意的な価値判断を排して行政行為を執行するという「技術的中立性」をもつことが理念とされたが，一方における政権の長期化とそれによる政策のイデオロギー性の付着，他方における教育政策領域の拡大からする「行政委任」の在り方が問題とされてきた．

　また近年，教育行政の大きな論点とされてきた地方教育行政における首長と教育委員会の権限関係，教育行政の「一般行政からの独立」理念や，学校経営の自主性，自律性確立課題，教員の教育権や専門職性が，この公教育経営における政治的中立性，教育行政の中立性に関わって検討されねばならない．

（3）　義務性

　公教育の組織化原理としての「義務性」は，公教育が「国民形成」であることから当然に導出される原理である．つまり公教育が国民全てに共通の知識，技術，規範等を付与することをねらいとすることから，国民全てがこの教育を受けることを義務づけることが必要とされる．現在でも「義務教育」が英語で「強制」「必修」を意味する「compulsory education」との語であることがこのことを示している．だが公教育が，国家・公権力が国民に「強制」するものとして創始されたとしても，同時に国民が国民社会で生きていく上での必須な知識，技術，規範等を公教育において獲得することは必要であり，主権構造の変化，転換からこの「義務」の主客関係が転換したことも確かである．

　現在，国民主権下での日本で，国民は教育を受ける権利をもち（憲法第 26 条），広く国家，社会がそれを保障する義務を負っている．つまり，国家・公権力，広く社会が国民の教育を受ける権利，また学習する権利を遂行することを保障する義務として，公教育の組織化原理としての「義務性」が捉えられるのである．この義務性は，義務教育制度によって担保され，具現化されるが，それを実質化するには先の教育の中立性の国民による承認が前提となる．また社

会の発展によって，国民が国民社会で生きるために必要とされる共通の基礎的教育の内容，範囲も拡大し，この義務教育の年限は初等段階から前期中等段階まで拡充されてきた．

　義務教育が社会的に制度化されるためには，義務教育を享受する学齢児童生徒に対する保障措置が必要であり，それは次の3つから構成されると考えられている．

① 　親の子に対する就学義務

② 　国・公権力の学校設置義務，教育条件整備義務

③ 　社会の教育保障義務

　第1の親の子に対する就学義務については，憲法において「保護する子女に普通教育を受けさせる義務」を定め（第26条2項），民法において親，親権者は「この利益のために子の監護及び教育をする権利を有し，義務を負う」（第820条）と規定され，学校教育法では具体的に6歳から15歳まで学校に就学させる義務を定めている（第17条）．第2の学校設置義務については，義務教育を担う小学校，中学校の設置を市町村に義務づけ（第38条，第49条），憲法において義務教育の無償を定めている（第26条2項）．この教育条件整備義務は，学校の設置や無償教育の提供に止まらず，教員の養成や配置，施設設備の拡充整備，安全措置等，教育の人的，物的，財的諸条件に関わって理解されるものである．第3の社会が負う義務は，学齢児童生徒が学校に就学することを妨げないことを社会に求めるものであり，その具体は労働基準法において6歳から15歳までの子どもの就労禁止として規定されている（第56条）．

　義務教育の「義務」は，国民社会がどのような内容，水準をもつものかの認識に関わっており，この「義務」を国家・公権力や社会が国民，子どもに課すという面と，その逆の面との度合によって，義務教育終了の要件をどう設定するかという点から次の3つの類型で設定されてきた．

① 　課程主義

② 　年数主義

③ 　年齢主義

　第1の課程主義は，社会の教育水準が十分ではなく，国家がその到達を強く必要とする場合に子どもが義務教育で修得する内容を認定して終了を認める方

式である．従ってその水準に達しない場合は「留年―原級留め置き」も認められることとなる．この方式はかつての社会主義圏の国やカソリック国に認められるが，後者は教会や家庭での教育を国家・公権力の設置する学校での教育と共に義務教育として認め，そこでの修得内容を認定することの必要性から取られているものである．第 2 の年数主義は，6 年間とか 3 年間とかの義務教育を受ける年数，期間を設定し，この期間が終われば義務教育が終了するとするものである．明治期の教育令（1879 −明治 12 年）において学齢期間中の就学期間が 16 カ月とされたのがこの方式の例であり，年齢に関わらず一定の期限の就学を求めるものである．第 3 の年齢主義は，6 歳から 15 歳を義務教育年齢とするように，一定の年齢に達すれば義務教育が終了するとするものである．戦後の日本もそうであるように，ある年齢までを学齢期とし，社会的にそれを保障することが期されている．日本の現行学校教育法制では，義務教育の「修業年限」を小学校 6 年，中学校 3 年の 9 年としているが（学校教育法第 32 条，47 条），親の就学義務は 6 歳から 15 歳としている（学校教育法第 17 条）．このことから年数主義と年齢主義とが混在しているように捉えられるが，「不登校」等によって 9 年間の義務教育課程が修了できなくとも，15 歳になれば親の就学義務は終了することになり，年齢主義の義務教育となっている．

（4）　無償性

　公教育制度の組織化原理としての無償性は，義務制，義務教育制度と密接に関わっている．つまり国民全てが義務教育として学校教育を受けることは，それが国民形成を担い，国民社会の維持，発展に不可欠であり，個人の利益が認められるにしても，それ以上に国民社会の利益が認められ，それに要する経費は個人ではなく社会全体で賄うことが必要であり，妥当であるとされる．日本の公教育制度確立期において，義務教育の授業料非徴収―無償化（1900 −明治 33 年）によって就学率が 90％ を超え，義務年限の 4 年から 6 年への延長が図られた．

　このように教育の無償性は，国民形成としての公教育にとって義務性とともに社会的に求められる原理であるが，同時に公教育を個々人の成長，発達を保障するための権利として捉えた場合に，この権利を保障する原理，理念とされ

る．この観点からすれば，公教育における無償措置は義務教育はもとより，就学前教育や義務教育後の高校，大学まで広げられて考えられるものとなる．現に社会保障，福祉的観点からや少子化対策，子育て支援として義務教育以外の教育への財政支援がなされているが，「高校無償化」において家庭の「所得制限」の可否が与野党で論議されたように，教育の無償化の理念，原理が社会的に定まっているわけではない．

　教育の無償化は，歴史的に① 学校建築費，教員給与費の公費支弁（学校の運営費は授業料として個人負担），② 授業料の無償（① に加え，共通の学校運営費を公費支弁とするが，子ども個人に帰す教材・教具の経費は個人負担），③ 教材・教具の公費負担（教科書の無償配布，貸与や共通に学校で使う教具，教材を公費で充当），と進められ，さらに④ 給食費や「学校徴収金」として個人負担とされているものが無償の対象として考えられてきている．

　現在の日本では，③ の段階から④ の一部（給食費の材料費を除いたもの，医療費や通学費の一部）へと進められているが，その理念，考え方が十分に整理されているわけではない．憲法で「義務教育は，これを無償とする」（第26条2項）とされているが，この無償の範囲は明記されず，以降の政策に委ねられ，教育基本法では「国又は地方公共団体の設置する学校における義務教育については，授業料を徴収しない」（第5条4項）ことに止められている．その後，教科書無償措置（1963 – 昭和38年）や上述の展開がなされてきたが，近年の教科書採択に関わった「無償停止」のように政策側の無償原理の理解が決して憲法レベルにおいて十分とはいえず[6]，教育の機会均等理念，国民の受教育権保障の観点から無償の在り方が検討されることが必要である．

第3節　主要国の学校制度

（1）比較の視点

　公教育制度における学校は，義務教育を担う学校制度を核に，就学前教育学校から高等教育機関まで，また普通教育機関や特別支援教育機関，職業教育機関等の種別を包摂し，相互に接続，連関した体系を作っている．これが学校体系である．

　学校体系は，就学前教育，初等教育，中等教育，高等教育といった各学校の

垂直的な接続（アーティキレーション）関係を表す段階性と，普通教育と職業教育，普通教育と特別支援教育といった水平的な学校の目的種別の統合（インテグレーション）関係を表す系統性とによって示される．

　どの国においても，公教育としての国民形成の中枢を担う義務教育学校が学校体系の中心に位置し，普通教育機関としての義務教育学校との関係で学校体系が構築されている．この義務教育の年限や初等，中等の区分，就学前教育機関や義務教育後の教育機関との接続関係が各国の学校体系を比較する上での1つの視点である．その年限は，日本と同じ9年間が標準的であるが，10年間（フランス）や11年間（イギリス，ロシア）と戦後，延長する動きもみられた．社会の発展，高度化によって義務教育において修得すべき内容が増大し，義務教育年限の延長の検討が一般的に認められてきたが，日本の教育改革論議において，その短縮も検討されたように，情報化の進展や生涯学習の振興等によって学校の役割が相対的に低下し，教育の場や機会また教育内容が多様となってきたことから，義務教育を限定的に捉える見方も出されてきた．

　第2の視点は，日本のように全国全く同一の学校制度をとっているとは限らない国があり，学校制度がどのように多様になっているかということである．連邦国家であり，教育制度の設定が州に委ねられているアメリカでは，義務教育年限や初等教育，中等教育の区分が州によって異なっている．またイギリスやフランスでみられるように，学校段階と義務教育年限が一致しない制度をもつ国もあり，「日本的に」制度の「単一性」をもっては把捉できない多様性に留意することが必要である．

　第3は，同じ年齢段階においても複数の学校が設置されることがあり，アーティキレーションとインテグレーションの両面において検討する視点である．これは日本においても中等教育制度の多様化が課題とされ，高等専門学校や中等教育学校が設置されたことについてでもあるが，ヨーロッパ諸国の場合は分岐型学校制度から単線型学校制度への移行が完全に完了されていない状況と重なっており，学校制度の多様化との関係が輻輳していることからも検討が必要である．

(2) 各国の学校体系 [7]

1) 日本

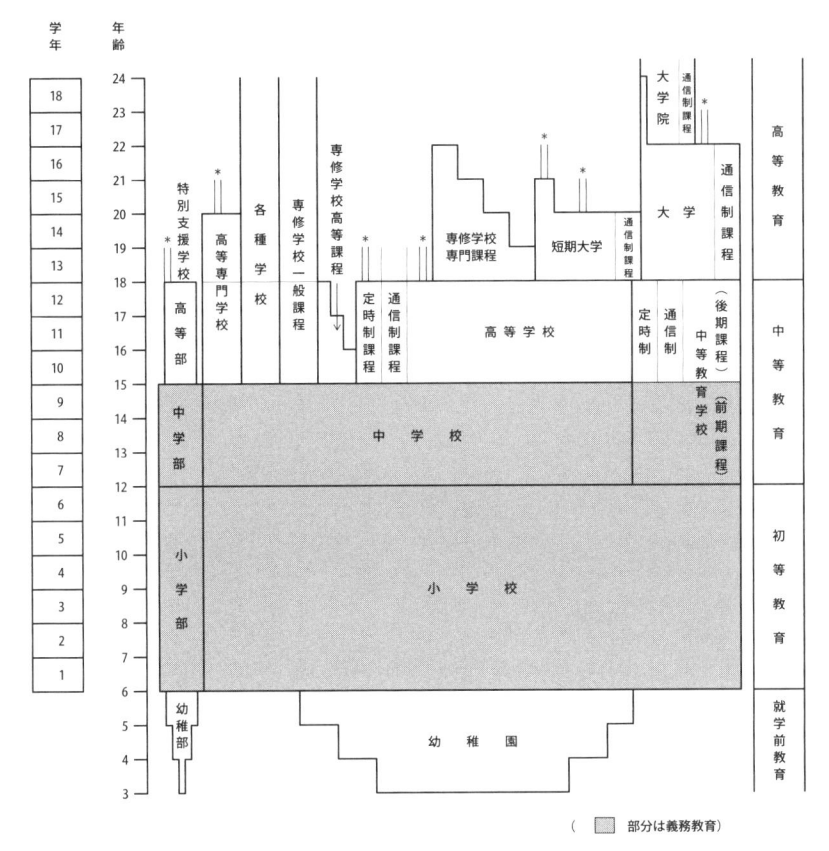

（　▨ 部分は義務教育）

(注)
1. ＊印は専攻科を示す。
2. 高等学校，中等教育学校後期課程，大学，短期大学，特別支援学校高等部には修業年限1年以上の別科を置くことができる。

2）アメリカ合衆国

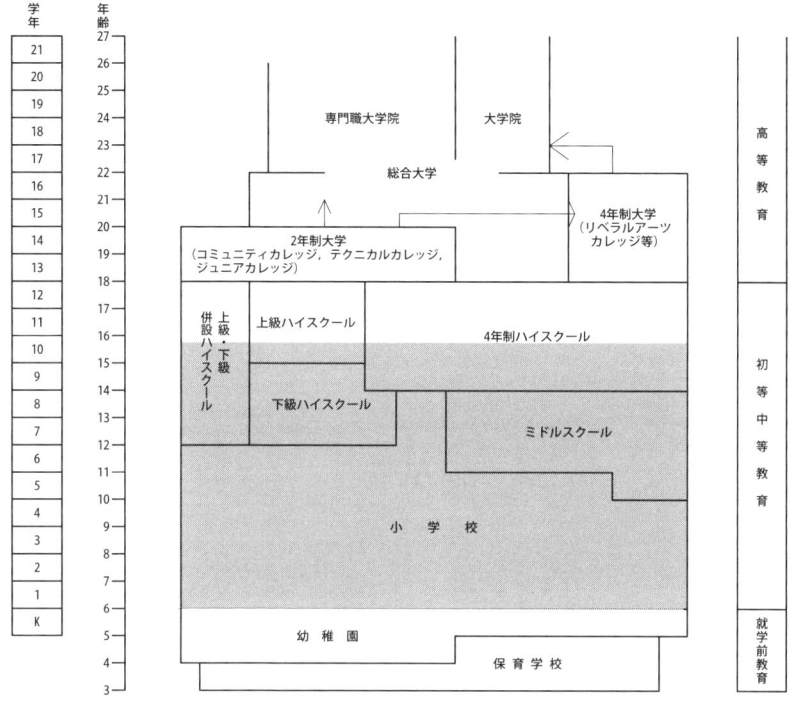

（　▨　部分は**義務教育**）

就学前教育　：就学前教育は，幼稚園のほか保育学校等で行われ，通常3〜5歳児を対象とする。

義　務　教　育　：就学義務に関する規定は州により異なる。就学義務開始年齢を7歳とする州が最も多いが，実際にはほとんどの州で6歳からの就学が認められており，6歳児の大半が就学している。義務教育年限は，9〜12年であるが，10年とする州が最も多い。

初等中等教育　：初等・中等教育は合計12年であるが，その形態は6−3(2)−3(4)年制，8−4年制，6−6年制，5−3−4年制，4−4−4年制など多様である。沿革的には，今世紀初めには8−4年制が殆どであったが，その後6−6年制，次いで6−3(2)−3(4)年制が増加し，最近はミドルスクールの増加にともない，5−3−4年制が一般的である。このほか，初等・中等双方の段階にまたがる学校もある。2010年について，公立初等学校の形態別の割合をみると，3年制又は4年制小学校6.8%，5年制小学校34.1%，6年制小学校15.0%，8年制小学校8.5%，ミドルスクール17.8%，初等・中等双方の段階にまたがる学校8.4%，その他9.3%であり，公立中等学校の形態別の割合をみると，下級ハイスクール（3年又は2年制）9.3%，上級ハイスクール（3年制）3.0%，4年制ハイスクール50.2%，上級・下級併設ハイスクール（通常6年）10.1%，初等・中等双方の段階にまたがる学校20.0%及びその他7.4%となっている。なお，初等・中等双方の段階にまたがる学校は初等学校，中等学校それぞれに含め，比率を算出している。

高　等　教　育　：高等教育機関は，総合大学，リベラルアーツカレッジをはじめとする総合大学以外の4年制大学，2年制大学に大別される。総合大学は，教養学部，専門職大学院（学部レベルのプログラムを提供している場合もある）及び大学院により構成される。専門職大学院（学部）は，医学，工学，法学などの職業専門教育を行うもので独立した機関として存在する場合（専門大学，専門職大学院大学）もある。専門職大学院（学部）へ進学するためには，通常，総合大学又はリベラルアーツカレッジにおいて一般教育を受け（年限は専攻により異なる），さらに試験，面接を受ける必要がある。2年制大学には，ジュニアカレッジ，コミュニティカレッジ，テクニカルカレッジがある。州立の2年制大学は主としてコミュニティカレッジあるいはテクニカルカレッジである。

3）イギリス

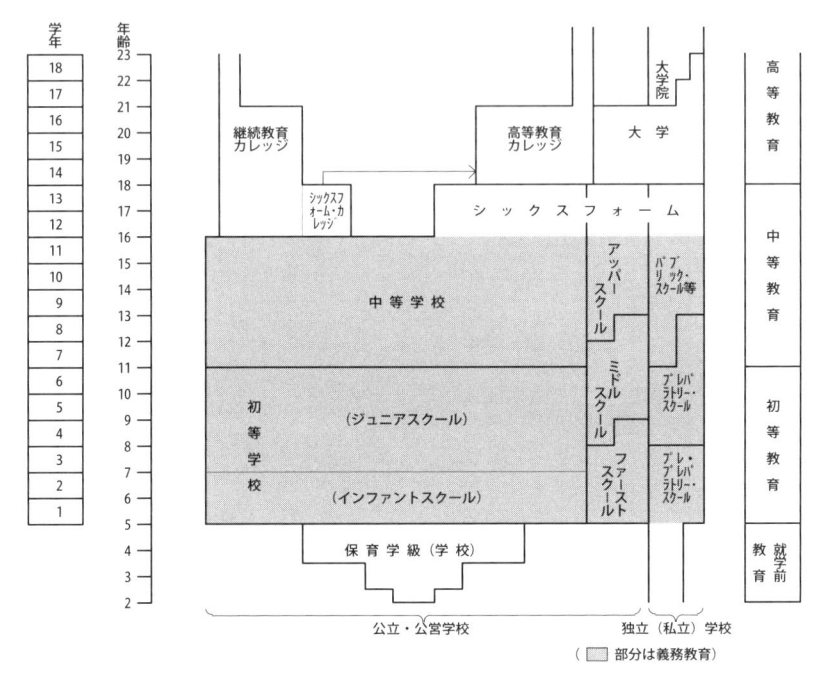

就学前教育：保育学校及び初等学校付設の保育学級で行われる。

義 務 教 育：義務教育は5～16歳の11年である。

初 等 教 育：初等教育は，通常6年制の初等学校で行われる。初等学校は，5～7歳を対象とする前期2年（インファント）と7～11歳のための後期4年（ジュニア）とに区分される。両者は1つの学校として併設されているのが一般的であるが，一部にはインファントスクールとジュニアスクールとして別々に設置しているところもある。また一部において，インファント（スクール）・ジュニア（スクール）に代えてファーストスクール（5～8歳，5～9歳など）及びミドルスクール（8～12歳，9～13歳など）が設けられている。

中 等 教 育：中等教育は，通常11歳から始まり，7年間続く。最後の2年間は義務教育後となるが，就職者もパートタイムの教育・訓練が義務づけられている（2014年～）。公立・公営の中等学校は原則無選抜だが，選抜制の学校（グラマー・スクール）とモダン・スクールに振り分ける地域も一部にある。義務教育後の中等教育の課程・機関としては，中等学校に設置されているシックスフォームと呼ばれる課程及び独立の学校として設置されているシックスフォーム・カレッジがある。ここでは，主として高等教育への進学準備教育が行われる。初等・中等学校は，経費負担などの観点から，地方（教育）当局が設置・維持する公立・公営学校及び公費補助を受けない独立学校の2つに大別される。近年，公費により維持されるが設置・運営面で独立校に近いアカデミー（公営独立学校）が増えている。独立学校には，いわゆるパブリック・スクール（11，13～18歳）やプレパラトリー・スクール（8～11歳，13歳）などが含まれる。

高 等 教 育：高等教育機関には，大学及び高等教育カレッジがある。これらの機関には，第一学位（学士）取得課程（通常修業年限3年間）のほか，各種の専門資格取得のための短期の課程もある。1993年以前は，このほか，ポリテクニク（34校）があったが，すべて大学となった。また，継続教育カレッジにおいても，高等教育レベルの高等課程が提供されている。

継 続 教 育：継続教育とは，義務教育後の多様な教育を指すもので，一般に継続教育カレッジと総称される各種の機関において行われる。青少年や成人に対し，全日制，昼・夜間のパートタイム制などにより，職業教育を中心とする多様な課程が提供されている。

4）フランス

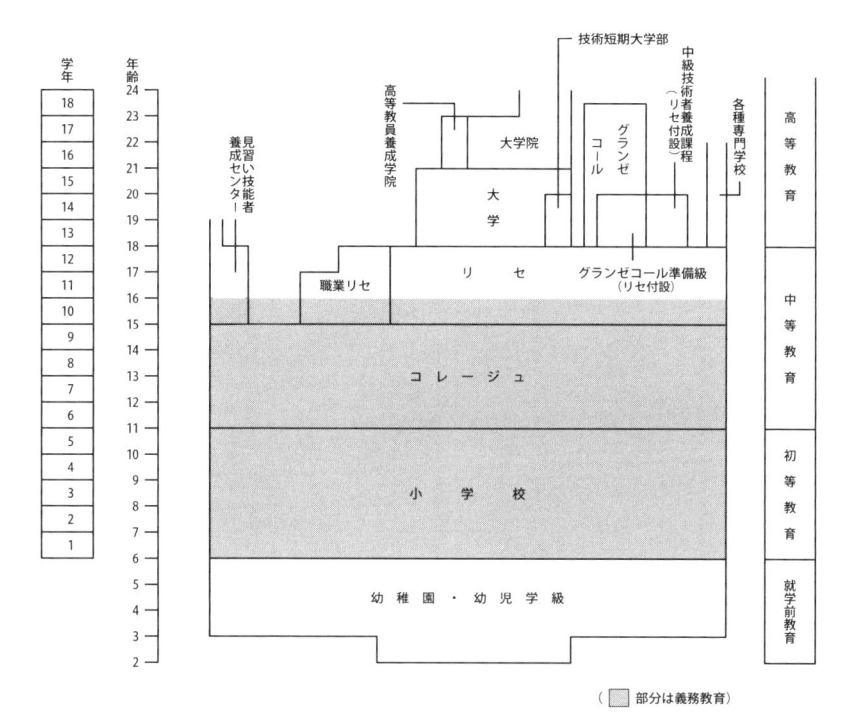

（ ▨ 部分は義務教育）

就学前教育：就学前教育は，幼稚園又は小学校付設の幼児学級・幼児部で行われ，2～5歳児を対象とする。

義 務 教 育：義務教育は6～16歳の10年である。義務教育は年齢で規定されている。留年等により，義務教育終了時点の教育段階は一定ではない。

初 等 教 育：初等教育は，小学校で5年間行われる。

中 等 教 育：前期中等教育は，コレージュ（4年制）で行われる。このコレージュでの4年間の観察・進路指導の結果に基づいて，生徒は後期中等教育の諸学校・課程に振り分けられる（いわゆる高校入試はない）。後期中等教育は，リセ（3年制）及び職業リセ等で行われる。職業リセの修業年限は2～4年であったが，2009年度より2～3年に改められた。

高 等 教 育：高等教育は，国立大学（学士課程3年，2年制の技術短期大学部等を付置），私立大学（学位授与権がない），3～5年制の各種のグランゼコール，リセ付設のグランゼコール準備級及び中級技術者養成課程（いずれも標準2年）等で行われる。これらの高等教育機関に入学するためには，原則として「バカロレア」（中等教育修了と高等教育入学資格を併せて認定する国家資格）を取得しなければならない。グランゼコールへの入学に当たっては，バカロレアを取得後，通常，グランゼコール準備級を経て各学校の入学者選抜試験に合格しなければならない（バカロレア取得後に，準備級を経ずに直接入学できる学校も一部にある）。教員養成機関として高等教員養成学院がある（2013年までは教員教育大学センター）。

5）　ドイツ

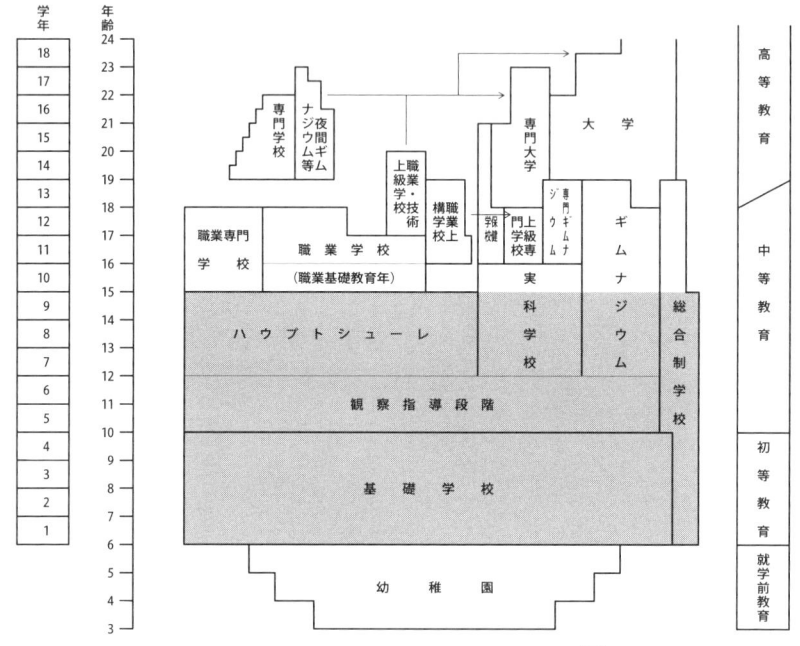

（　▨ 部分は義務教育）

就学前教育：幼稚園は満3歳からの子供を受け入れる機関であり，保育所は2歳以下の子供を受け入れている。

義務教育：義務教育は9年（一部の州は10年）である。また，義務教育を終えた後に就職し，見習いとして職業訓練を受ける者は，通常3年間，週に1～2日職業学校に通うことが義務とされている（職業学校就学義務）。

初等教育：初等教育は，基礎学校において4年間（一部の州は6年間）行われる。

中等教育：生徒の能力・適性に応じて，ハウプトシューレ（卒業後に就職して職業訓練を受ける者が主として進む。5年制），実科学校（卒業後に職業教育学校に進む者や中級の職に就く者が主として進む。6年制），ギムナジウム（大学進学希望者が主として進む。8年制又は9年制）が設けられている。総合制学校は，若干の州を除き，学校数，生徒数とも少ない。後期中等教育段階において，上記の職業学校（週に1～2日の定時制。通常3年）のほか，職業基礎教育年（全日1年制），職業専門学校（全日1～2年制），職業上構学校（職業訓練修了者，職業訓練中の者などを対象とし，修了すると実科学校修了証を授与。全日制は少なくとも1年，定時制は通常3年），上級専門学校（実科学校修了を入学要件とし，修了者に専門大学入学資格を授与。全日2年制），専門ギムナジウム（実科学校修了を入学要件とし，修了者に大学入学資格を授与。全日3年制）など多様な職業教育学校が設けられている。また，専門学校は職業訓練を終えた者等を対象としており，修了すると上級の職業資格を得ることができる。夜間ギムナジウム，コレークは職業従事者等に大学入学資格を与えるための機関である。

なお，ドイツ統一後，旧東ドイツ地域各州は，旧西ドイツ地域の制度に合わせる方向で学校制度の再編を進め，多くの州は，ギムナジウムのほかに，ハウプトシューレと実科学校を合わせた学校種（5年でハウプトシューレ修了証，6年で実科学校修了証の取得が可能）を導入した。

高等教育：高等教育機関として，大学（総合大学，教育大学，神学大学，芸術大学など）と専門大学がある。修了に当たって標準とされる修業年限は，通常，大学で4年半，専門大学で4年以下とされている。また近年，国際的に通用度の高い学士・修士の学位取得課程（修業年限はそれぞれ3年と2年）も大学や専門大学に設置されている。

6)　中国

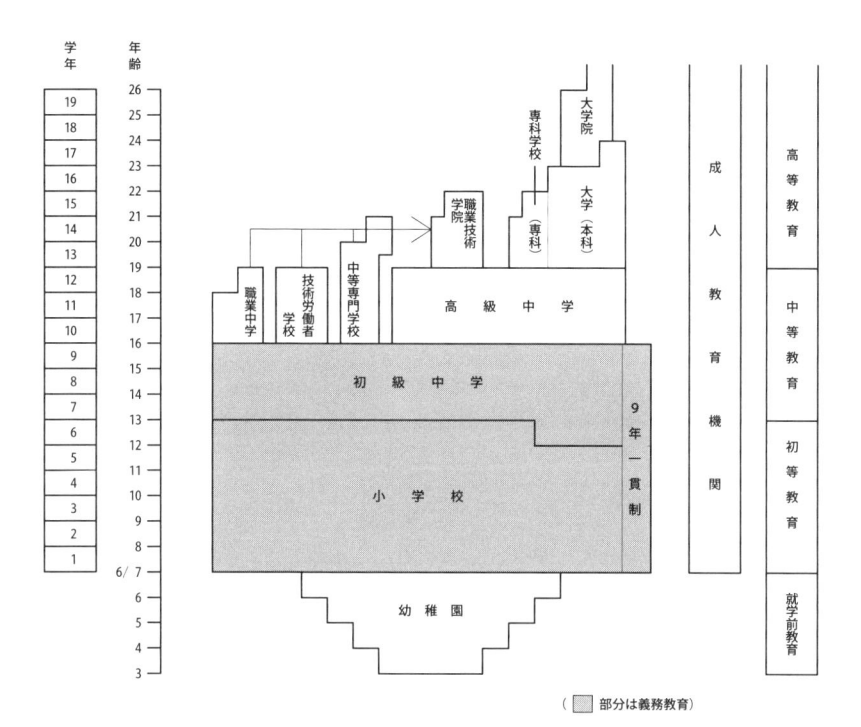

（ ▨ 部分は**義務教育**）

就学前教育：就学前教育は，幼稚園（幼児園）又は小学校付設の幼児学級で，通常3〜6歳の幼児を
　　　　　　対象として行われる。
義 務 教 育：9年制義務教育を定めた義務教育法が1986年に成立し，施行された。実施に当たっては，
　　　　　　各地方の経済的文化的条件を考慮し地域別の段階的実施という方針がとられている。
　　　　　　2010年までに全国の約100％の地域で9年制義務教育が実施されている。
初 等 教 育：小学校（小学）は，6年制である。義務教育法には入学年齢は6歳と規定されており，
　　　　　　従来の7歳から6歳へ移行中であるが，一部の都市で6歳又は6歳半入学が実施されて
　　　　　　いるのみで，7歳入学の地域がまだ多い。6歳入学の場合，各学校段階の在学年齢は7
　　　　　　歳入学の場合よりも1歳ずつ下がる。現在農村部を中心にかなりの地域では5年制とな
　　　　　　っているが，これらの地域では今後，6年制に延長する方針が示されている。
中 等 教 育：初級中学（3〜4年）卒業後の後期中等教育機関としては，普通教育を行う高級中学（3
　　　　　　年）と職業教育を行う中等専門学校（中等専業学校，一般に4年），技術労働者学校（技
　　　　　　工学校，一般に3年），職業中学（2〜3年）などがある。なお，職業中学は，前期中等段
　　　　　　階（3年）と後期中等段階（2〜3年）に分かれており，一方の段階の課程しか持たない
　　　　　　学校が存在する。図中では前期中等段階の規模が非常に小さいため記述していない。
高 等 教 育：大学（大学・学院）には，学部レベル（4〜5年）の本科と短期（2〜3年）の専科とが
　　　　　　あり，専科のみの学校を専科学校と呼ぶ。また，近年専科レベルの職業教育を行う職業
　　　　　　技術学院（従来の短期職業大学を含む）が設置されるようになった。大学院レベルの学
　　　　　　生（研究生）を養成する課程・機関（研究生院）が，大学及び中国科学院，中国社会科
　　　　　　学院などの研究所に設けられている。
成 人 教 育：上述の全日制教育機関のほかに，労働者や農民などの成人を対象とする様々な形態の
　　　　　　成人教育機関（業余学校，夜間・通信大学，ラジオ・テレビ大学等）が開設され，識字
　　　　　　訓練から大学レベルの専門教育まで幅広い教育・訓練が行われている。

7）韓国

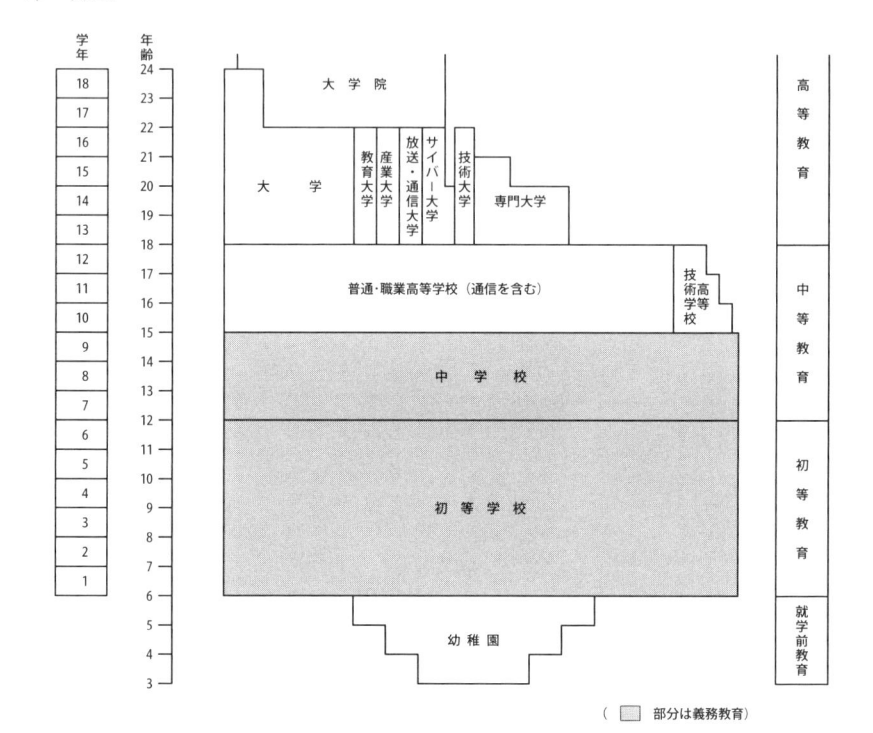

（　▨ 部分は義務教育）

就学前教育：就学前教育は，3〜5歳児を対象として幼稚園で実施されている。

義 務 教 育：義務教育は6〜15歳の9年である。

初 等 教 育：初等教育は，6歳入学で6年間，初等学校で行われる。

中 等 教 育：前期中等教育は，3年間，中学校で行われる。後期中等教育は，3年間，普通高等学校と職業高等学校で行われる。普通高等学校は，普通教育を中心とする教育課程を提供するもので，各分野の英才を対象とした高等学校（芸術高等学校，体育高等学校，科学高等学校，外国語高等学校，国際高等学校）も含まれる。職業高等学校は，職業教育を提供するもので，農業高等学校，工業高等学校，商業高等学校，水産・海洋高等学校などがある。

高 等 教 育：高等教育は，4年制大学（医学部など一部専攻は6年），4年制教育大学（初等教育担当教員の養成），及び2年制あるいは3年制の専門大学で行われる。大学院には，大学，教育大学及び成人教育機関である放送・通信大学，サイバー大学，産業大学の卒業者を対象に，2〜2.5年の修士課程や3年の博士課程が置かれている。

成 人 教 育：成人や在職者のための継続・成人教育機関として，放送・通信大学，サイバー大学，産業大学，技術大学（夜間大学），高等技術学校，放送・通信高等学校が設けられている。

注

1. 堀内孜「学校制度」，高木英明編『教育制度』pp.45〜46，協同出版，1991 年

2. 安藤堯雄『教育制度学総論』p.280，葵書房，1963 年

3. 松井一麿「学校制度」，伊藤秀夫・吉本二郎編『教育制度学序説』p.141，第一法規，1965 年

4. 同上

5. 堀内孜『公教育経営の展開』pp.35〜37，東京書籍，2011 年

6. 堀内孜「教科書の採択権と無償原理―『八重山教科書問題』で問われること」『教職研修』475 号，2012 年 3 月

7. 各国の学校系統図は，文部科学省『「諸外国の教育統計」平成 26（2014）年版』より転載

第 II 部

公教育政策と教育法制

第5章

公教育の意思決定システム

第1節　教育政策形成のメカニズム

(1)　全体構造と今日的な問題状況

　日本の公教育は，国民の教育意思から始まり，国会を経由し，政権与党―内閣―文部科学省を通じて教育政策にまとめられ，再び国会での立法を経て，それに基づいた文部科学省―教育行政機関による行財政的措置により具体化されていく．地方では，中央の方向づけを受けつつ，国民の意思が住民の意思によって補強・修正され，地方公共団体における首長―議会―教育委員会で当該地方の教育政策にまとめられ，必要に応じ条例や規則等の制定・改廃を経て，さらに地方教育行政機関の解釈，裁量，措置を媒介に行政行為に具体化されていく．こうした公教育の組織化過程において，種々のファクターが介在し，直接・間接に教育政策の形成，立法に影響を及ぼし，行財政的措置を左右して行政行為を方向づけ，公教育を規定してきたし[1]，政権の指向性と絡んで，今，揺らぐ状況にある．

　自由民主党（以下，自民党）単独政権が崩壊し，いくつかの連立政権を経て対立軸が複雑化してきた．民主党政権が成立し日本教職員組合（以下，日教組）もその支持に動いたものの，再び自民党政権が復活した．しかも，経済状況の好転や支持率の高さを背景とした安倍首相の靖国神社参拝問題や「特定機密の保護に関する法律」の強行成立などにより，むしろ連立政権内の軋みも窺える．しかし，野党各党の流動的な再編状況のなかで，「教育再生」を掲げ教育委員会制度の抜本的な改革を打ち出している安倍―自民党政策に対抗しうる明確な策

が，他からは示されないでいる[2].

（2）官僚制機構

　今日の不安定な政治状況にも関わらず安定した行政が展開されているのは，政権の如何によらず各省庁が従来の姿勢を堅持しているからである[3]. 国会答弁においても，各省庁の事務次官や局長が立つことも多い．それだけ，官僚主導の在り方であったといえる．

　確かに教育はイデオロギーや経済発展と密接に関係し，そのため政治的関心から自由ではなく，文部省—文部科学省は政治的圧力を受け妥協もしてきた．たとえば，社会党委員長を首班とした村山内閣において「日の丸・君が代」を「国旗・国歌」として認知し，社会党の支援団体である日教組はそれに合意し，文部省と日教組の長年の対立は「解消」された．しかし，「三流官庁」と揶揄されながらも，戦後の分権化された在り方を次第に修正し中央統制機能を強め，教育行政に総合行政としての性格を加えて，文部省−文部科学省の役割強化を果たしてきた文部官僚たちの功績は省庁存続から見ると大きい[4].

　戦後の教育政策の形成において，文部官僚の果たしてきた役割を詳述するだけの紙幅はないが，国庫負担法と内藤誉三郎（庶務課長のちに文相），教育 2 法と斉藤正（地方課長のちに文部事務次官），地教行法と木田宏（同左），人確法と岩間英太郎（初中局長のちに文部事務次官）など，彼らの立案段階において果たした役割だけでなく施行後の影響力の大きさと文部省における地位がうかがえる．文部科学省に再編後も，多くの文部官僚たちが，教基法改正や学教法改正等に関わり，その後に影響を残してきている[5].

　また，地方との関係については，通達や通知，指導といった面とともに，直接的には文部官僚の派遣（出向）と文部科学省復帰の交流を通じて窺うことができる．一般に，中央官僚（キャリア組）は入省間もない時期に地方の関連部局に派遣され，一定の経験を積んだのち本省に呼び戻される，一種の「研修」がなされている．文部官僚の場合も，附属機関だけでなく，都道府県や指定都市の教育委員会に派遣されて課長級の職位に就任するケースも多い．課長級や課長補佐級を教育長として派遣するケースもある．

　文部科学省退職後，高級官僚は教育関係の公益法人等の会長，理事等の要職

に就くケースもしばしば見られる．学校法人の理事長や学長になることも多い．大学教授への転出も見られる．近年では，比較的若手が国立教育政策研究所に研究官として出向する例も増えている．地方派遣も含めてこれらの転出は，一面で「天下り」の様相を示しているが，そうした側面だけでなく，地方や関係団体から文部科学省へのルートの確保，また文部行政の側面援助という機能も発揮しているといえる．とりわけ，大学の学長・教授や研究職ポストに転出した文部科学省出身者は，教育関係審議会や協議会等の委員しかも座長や会長等の中心的役割，あるいは伝達講習会や中央研修会の講師，行政解釈に基づいた解説書・啓蒙書の執筆を担うことが多く，教育政策を補強する一面も見出すことができる．

（3）　自民党と文教族

　自民党単独政権下において，与党の文教政策の立案にあたったのは自民党政務調査会の文教部会と文教制度調査会であった．これらの組織に所属した議員は文教族と呼ばれ，文部省に対して強い圧力をかけていった．しかし，他の「族」と同様，文教族は当初から文部省にとって重たい存在だったわけではなかった．

　岩間英太郎が「私の官房長時代には，…　若手の議員さんにも文教行政に力を貸していただこうじゃないかと，いろいろお願いして，河野洋平さん，西岡武夫さん，藤波孝生さんなどが大挙，文教部会に入ってきた．…　若い人たちが熱心で，だんだん力をつけてきて，文教部会で活躍し始めたんです．」と述べ，「初めは応援団のつもりでお願いしたのが，党主導型になってきた」と言っているように[6]，教育投資論や教育爆発などによって教育問題への関心が高まっていった 1960 年前後を境に，「票（金）にならない」と言われた文教政策に若手議員が集まり，その後，次第に経験を深め専門的知識を身につけ，党内での実権も備えて政治力を発揮するようになっていったのである．

　この文教族の特質は，スポーツや宗教，教科書会社，私学団体など関係する利害団体との関わりも少なくないが，政治体質としては「教育への夢・使命感」「清潔」といった評価が与えられてもいる．また，それだけにイデオロギー性が強く日教組との対立は鮮明であった．しかも，早稲田大学雄弁会出身者も多く

理論的で凝集性も高かった．しかし，世代間ギャップやタカ派とハト派の相違も抱え，そのため，一時期，文教族の若手議員を中心に「新自由クラブ」が結成されもした．新党運営の失敗からやがて河野や西岡など多くの議員が復党したものの，1990 年代，自民党分裂においては自民党残留組と離党組に分かれることになった．こうした文教族の在り方は，当時の文部省にとって党対策や根回しの上で相当な労力を必要としたのであり，対応の「誤り」は政策の頓挫に止まらず責任者の人事問題（更迭や昇進の遅れ）になって跳ね返っていった．その積み重ねの中で，文部省は保守化傾向を強め，政治化し，文教族の積極的姿勢は増していったとも考えられる [7]．

　現政権下では，積極的な教育政策の推進を受けて，文教族はより勢いを強めている．

（4）　財務省と予算折衝

　教育政策は，予算の裏付けを得てはじめて実効性を有する．日本の場合，予算編成は，建前としては内閣の仕事でありながら，戦前のシステムを受け継いで実質は財務省しかも主計局に委ねられている．その意味では，文教族による文部科学省への圧力も文部科学省の政策決定・予算編成も，財務省主計局の査定に懸かっているといえる．

　財務省は，マクロ過程においては政権党との連携・妥協を図りながら，各省庁との間ではできるだけ中立性を確保するべく，予算査定においては前年度ベースで漸変主義をとり，全体のバランス調整を図っていく．したがって，予算折衝において攻防が繰り広げられるのは新規事業についてである．ただし，その事業内容については責任省庁の判断に委ね，もっぱら節減主義で対処しようとする．それを乗り越えていくのは，その政策の必要性と合理性を説得する論理や知識である．この点を，世論やマスコミ，審議会答申や関係団体の陳情・意見書などがサポートしていく仕組みなのである．ただし，民主党政権下では議員主導による徹底した予算見直しがなされ，エビデンスの曖昧な事業や地方や民間が担うべき事業は悉く撤回させることになった．それは地方にも波及し，「脱官僚」や「事業仕分け」は流行語にもなっていった．

（5） 審議会と関係団体

　審議会とは，国あるいは地方公共団体において設置される学識経験者等によって構成される合議制の協議機関であり，求めに応じて意見や答申をまとめ，行政上の意思決定を補佐する役割を有している[8]．ただし，「審議会」とは一般的総称であり，実際には調査会・協議会・会議・委員会等の種々のものを含み，性格面からは，調査・審議的な諮問機関，審査・検定的な意思決定機関，意見表明・企画立案を担う補助機関などに区分しうる．

　このような審議会の設置は，教育行政の専門性や教育行政機関の住民代表性の弱さを補完するものと理解しうる．教育の高度化や専門分化にともなって，また社会経済の複雑化や住民要求の多様化にともなって，高度な専門的判断や行政施策に対する事前の合意形成など，既存の教育行政機関では適切に対処しえない状況が広がってきているのである．その意味では，確かに教育行政の専門化，民主化に貢献しているといえようが，その人選と運営の在り方いかんによって，根回しや談合の場として「行政の隠れ蓑」的機能を発揮したり，特定の者の利害だけが尊重される事態を招くとの指摘もなされてきた[9]．

　臨教審では，官僚主導の審議会運営を嫌い，オープンな審議を目指して広報や「審議経過の概要」報告に積極的に取り組み，委員によって答申案が作成された．また，審議会や協力者会議などの削減を提言していった[10]．こうした行政簡素化の指向を受けて，文部科学省に置かれていた多くの教育関係審議会は中央教育審議会に統合され，その下にいくつかの分科会が設置されるなどして，教育課題の広範さと専門性に対応している．

　他方，教育委員会関係や社会教育関係などの団体もある．また，国立大学協会（国大協）や日本教育大学協会（教大協），短大や私学などの機関加盟による各学校段階や種類別の団体，校長や教頭などの職位別の団体や教職員組合もある[11]．これらの団体は日教組と同様に，一定の地域ブロックや場合によっては都道府県さらには県内ブロックの単位で支部を結成し，それらの全国組織としてのまとまりを形成している．財界人によって組織される団体も，教育には多く提言をなしてきた[12]．こうした団体の中央での会合に，文部科学省の事務次官，担当係官が出席することも多く，場合によっては文部科学大臣や文教関係の議員が出席することもある．地方でも，教育委員会関係者や議員の臨席が見

られる．そのためこうした会合が，中央でも地方でも，伝達の場となりまた陳情の場にもなる．

第2節　法制面から捉えた国レベルの公教育政策の立案と決定

（1）　公教育政策と三権分立

　戦後の公教育政策は，日本国憲法の精神に則り，民主主義と地方分権を基本原則として法律主義の下で展開されている．このことを前提に，上述した政治的な過程とは別に，法制面から国レベルの公教育政策の成立と展開を捉えるならば，総じて次のようにいえる．

　国家規模の公教育政策は，国会での審議と議決による立法過程を経て，内閣の下で文部科学省をはじめとする関係省庁の行政機関によって執行されることを原則にしている．ただし，立法過程においては，憲法等の法規などに反していないかどうかを内閣法制局が審査し，立法後は，最高裁判所等の裁判所が違憲立法審査をはじめ法令との適合性についての裁定を担う，というように，議院内閣制という枠組みの問題[13]を有しつつも，三権分立の仕組みを形式上，担保しているのである．以下，この仕組みを詳細に見ていこう．

（2）　内閣と閣議

　内閣は，自らに属する行政権（憲法第65条1項）を，国会に対し連帯責任を負って行使する（同条3項）．議院内閣制であるから，内閣総理大臣は国会議員の中から国会の議決を経て指名され（同法第67条），内閣総理大臣は，国務大臣を過半数が国会議員となるように任命する（同法第68条1項）．内閣総理大臣は，内閣を代表して議案を国会に提出し，一般国務及び外交関係について国会に報告し，並びに行政各部を指揮監督する（同法第72条）という権限を有して内閣の中心に位置し，文部科学大臣が文部科学省の主任の大臣として文部科学行政を分担管理するように，各国務大臣は，主任の大臣として行政事務を分担管理する（内閣法第3条1項）．なお，内閣総理大臣を首相と通称することもある．

　内閣は，合議体として閣議によって職権を行う（内閣法第4条1項）[14]．閣議は，内閣総理大臣が主宰する（同2項）が，どんな案件でも国務大臣は閣議

開催を内閣総理大臣に求めることができる（同 3 項）．内閣総理大臣は，行政各部の指揮監督の方針や主任の大臣の間における権限についての疑義に対して，閣議にかけて決定する（同法第 6 条・7 条）．

　なお，内閣の事務局に当たるのが内閣官房であり（同法第 12 条 1 項），国務大臣の中から内閣官房長官が充てられる（同法第 13 条 1 項・2 項）．内閣官房長官は，内閣官房の事務を統轄し，所部の職員の服務につき，これを統督する（同 3 項）．

　こうした合議制を通じて総合的な公教育施策が形成されるという側面が認められるものの，文部科学省による直接的な施策とともに，上述した臨教審をはじめ，近年の教育再生会議や教育再生実行会議など，内閣が設置した諮問機関が果たしてきた役割は大きい [15]．

(3)　公教育政策の議決・立法過程

　国会は，「国権の最高機関」であり「国の唯一の立法機関」である（憲法 41 条）．つまり，「全国民を代表する選挙された議員」で組織された国会（同法 43 条）が，主権者である国民の意思を代弁する役割を負い，国民の意思に基づいて審議し議決し法律を定めるのである．国会は，衆議院と参議院からなり（同法 42 条），いずれに属する議員でも法案を提案できる（議員立法．あるいは衆法・参法）．なお，行政機関である内閣も法案を国会に提出できる（閣法．あるいは内閣提出法案・政府提出法案）．

　議員立法の場合は，議員は，法律案の策定にあたって秘書や議院法制局，関係省庁の職員等と協議し，法案の妥当性や必要性を吟味する．そして，議院法制局の審査，さらに所属政党内の法案審査手続きを経て国会に発議する．予算を伴わない法案の発議には，衆議院では 20 人以上，参議院においては 10 人以上の議員の賛成，予算を伴う法案の発議には，衆議院においては 50 人以上，参議院においては 20 人以上の議員の賛成を要する．

　一方，閣法の場合は，審議会等の提言を受け，所管省庁が第一次案を作成して関係省庁や与党ともすりあわせながら原案を作成する．この間に，審議会等への諮問や公聴会での意見聴取が行われることもある．原案は内閣法制局の予備審査を経て適宜修正され，主任の国務大臣からの閣議開催要請を受けて内閣

官房は内閣法制局に最終審査を諮り，その審査を経て閣議に諮られ，閣議決定を経て内閣総理大臣は国会に法案を提出する．

　法律案が提出された議院（先議の議院）の議長は，その法律案を専門の委員会に付託する．教育法案の場合は，衆議院では文部科学委員会，参議院では文教科学委員会であることが通例である．委員会では，まず，主任の国務大臣が法律案の提案理由説明を行い，審査に入る．審査が終局すると委員長は表決に付す．そして，法律案の審議は本会議に移される．本会議での討論の後，議長から委員会表決の結果が報告され，採決される．本会議で可決されると，議長から他の議院に法律案が送付される．送付を受けた議院でも，委員会の審査，本会議の審議を経て採決される．なお，会期不継続の原則により会期中に成立しなかった議案は継続審議の議決がなされないと廃案となり，一事不再議の原則により会期中に議決された議案は同一会期中に再提案できない．こうして両院で可決された法律案は，法律として成立し，公布され，官報に告示され，施行される．

　こうした審議の流れも，実際は多様であり，法案によっては十分な時間をかけずに強行採決に至る場合もあり，野党の審議拒否などがなされる場合もある [16]．また，各政党は，それぞれの法案について支持者や支持母体，ブレーンからも要望や意見を集めており，国会の内外において直接的，あるいは間接的に論戦が展開されることもある．

（4）　裁判所と判例

　すべて司法権は，最高裁判所及び法律の定めるところにより設置する下級裁判所に属する（憲法第 76 条 1 項）とされ，また，最高裁判所は，一切の法律，命令，規則又は処分が憲法に適合するかしないかを決定する権限を有する終審裁判所である（同法第 81 条）．このため，最高裁判所は「憲法の番人」と称されることがある．最高裁判所は，唯一の終審裁判所として，訴訟に関する手続，弁護士，裁判所の内部規律及び司法事務処理に関する事項について規則を定める権限を有し（憲法第 77 条 1 項），上告及び訴訟法において特に定める抗告についての裁判権を有するのである（裁判所法第 7 条）．

　裁判の対審及び判決は，公開法廷で行われるが（同法 82 条 1 項），裁判所が，

裁判官の全員一致で，公の秩序又は善良の風俗を害するおそれがあると決した場合には，対審は，公開しないで行うことができる（同 2 項）．ただし，政治犯罪，出版に関する犯罪または憲法第三章で保障する国民の権利が問題となっている事件の対審は，常に公開となる．

　こうした司法制度の下で，教育に関する事件や紛争も取り上げられることになる．最近，最高裁判所の裁判に懸かった例として，東京都立七生養護学校（現七生特別支援学校）に勤務していた教諭らが起こしたもの（通称；「こころとからだの学習」裁判）がある．

　この事件は，国政にも波及し，性教育をめぐる論議を広く喚起することになった．マスコミ各社も多様な反応を示した[17]．

　こうした裁判所の示した法律的判断の中で，先例として他の事件に適用されうる価値を有するものを判例と呼び，それ以後の判決に拘束力や影響力を発揮する．なお，異なる判例がある場合，上級審の判例が優先し，同級審では新しい判例が優先する．

第 3 節　法制面から捉えた地方レベルの公教育政策の立案と決定

（1）　議会による条例の制定・改廃

　都道府県や市町村などの普通地方公共団体は，自らの財産を管理し，事務を処理し，行政を執行する権能を有し，法律の範囲内で条例を制定することができることになっており（憲法第 94 条），普通地方公共団体や特別区は，「法令に違反しない限り」において，条例を制定することができる（地自法第 14 条 1 項・第 283 条 1 項，以下，条数のみ記載）．

　その条件の下で，地方公共団体に属する事務であり，国の法令が何らの規制をしていない事項については，都道府県や市区町村は条例で任意の規制ができる（「横出し条例」という通称がある）．他方，既に国の法令による規制がなされている事項については，法令の執行を妨げる場合や法令と同一目的の場合には条例による規制を加えることができない原則であるが，同一目的であっても法令による規制が全国一律のものではない場合，地方の実情に応じて基準を強化するなどは許されている（「上乗せ条例」と通称されている）．

　条例の制定・改廃には，議会の議決を必要とする（97 条 1 号）．議案は，議

員ならば誰もが議会に提出できるが（112 条 1 項），議員定数の 12 分の 1 以上の者の賛成がなければならず（同 2 項），また文書で提出しなければならない（同 3 項）．

　なお，こうした議員提出の条例案だけでなく，首長に住民が直接請求することが認められている（第 74 条 1 項）．この請求を受けた首長は直ちに請求の要旨を公表し（同 2 項），直接請求を受理した日から 20 日以内に議会を招集し，意見を附けてこれを議会に付議し，その結果を直接請求の代表者に通知するとともに公表しなければならない（同 3 項）．議会は，この場合の審議に当たっては，直接請求の代表者に意見を述べる機会を与えなければならない（同 4 項）．ただし，直接請求の代表者は，署名簿を市町村の選挙管理委員会に提出し署名者が選挙人名簿の登録者であることを証明する必要がある（第 74 条の 2）．

　議会の会議は，議員の定数の半数以上の議員が出席することを必要とし（第113 条），出席議員の過半数で決し，可否同数のときは，議長の決するところによる（第 116 条 1 項）が，この場合に，議長は議員として議決に加わる権利を有していない（同 2 項）．

　議長は，条例の制定又は改廃の議決があった日から 3 日以内に，その条例を首長に送付しなければならない（第 16 条 1 項）．首長は，議長より条例の送付を受けた場合に，再議その他の措置を講じないと認めるときは，その日から 20日以内に公布しなければならず（同 2 項），条例に特別の定があるものを除くほかは，公布の日から起算して 10 日を経過した日から，制定又は改廃された条例を施行することになっている（同 3 項）．

　ただし，議会の議決について異議があるときは，当該地方公共団体の長は，地自法に特別の定めがあるものを除くほか，その議決の送付を受けた日から 10日以内に理由を示してこれを再議に付することができる（第 176 条 1 項）が，議会の再議決が，出席議員の 3 分の 2 以上の者の同意をもって同じ議決となったときは，その議決は確定する（同 2 項・3 項）．しかし，その議決が議会の権限を超えたり法令若しくは会議規則に違反すると認めるときは，都道府県知事にあっては総務大臣，市区町村長にあっては都道府県知事に対し，当該議決があった日から 21 日以内に，審査を申し立てることができる（同 5 項）．その申立てがあった場合に，総務大臣又は都道府県知事は，審査の結果，議会の議決

がその権限を超えたり法令若しくは会議規則に違反すると認めるときは，当該議決を取り消す旨の裁定をすることができる（同6項）．その裁定に不服があるときは，地方公共団体の議会又は長は，裁定のあった日から60日以内に，裁判所に出訴することができる（同7項）．

　なお，議会が成立しないときや会議を開くことができないとき，特に緊急を要するため議会を招集する時間的余裕がないことが明らかであると認めるとき，議会において議決すべき事件を議決しないとき等は，地方公共団体の長は，条例を専決処分することができる（第179条1項）．ただし，その場合，首長は，次の会議においてこれを議会に報告し，その承認を求めなければならない（同3項）し，その議案が否決されたときは，首長は，速やかに，当該処置に関して必要と認める措置を講ずるとともに，その旨を議会に報告しなければならない（同4項）．

　以上のような手続きによって，条例は制定・改廃される．こうして制定された条例のうち，全国的に注目を浴びたものに，「大阪府教育基本条例」（2012年3月28日公布・同年4月1日施行）「大阪市教育行政基本条例」（2012年5月28日公布・施行）がある[18]．

（2）　教育委員会予算の編成

　首長から独立した行政委員会の一つではあり国と異なる仕組みであるが，教育委員会に予算を独自に編成する権限がない（地自法第180条の6）．そのため，地方公共団体の長は，歳入歳出予算のうち教育に関する事務に係る部分その他特に教育に関する事務について定める議会の議決を経るべき事件の議案を作成する場合においては，教育委員会の意見をきかなければならない（地教行法第29条）．つまり，教育委員会は予算編成について意見陳述しかできないのである．もちろん，首長がそうした意見を尊重することを前提にしてはいるが，尊重の程度を具体的に法定しているわけではない．

　地方公共団体の規模にもよるが，首長が自治事務事業の一つ一つを精査し，必要性や予算の妥当性を的確に判断することは難しいため，予算要求（対予算担当課）→第一次査定（計上・保留・ゼロ）→内示（各部局）→復活折衝（対財政部）→第二次査定（同前）→復活折衝（対首長），というように複数の段階

に分けて査定作業がなされている．

　こうした査定作業を経て，首長は，予算全体について，財源状況や議会各派との議論状況等を考慮し，議会に提案する予算案を定める．決定した予算案は，議会運営委員会等議員側に説明するとともに，住民や報道機関に公表する．そして議会で議決されていくことになる．この議決過程は，上述した条例の制定・改廃と同様である．

　この予算編成過程において，首長の意思や財政部局の判断，議会の意思が加味され，教育委員会予算となって結実するのである [19]．

（3）　教育委員会規則の制定

　教育委員会は，法令又は条例に違反しない限りにおいて，その権限に属する事務に関し，教育委員会規則を制定することができる（地教行法第 15 条 1 項）[20]．

　制定に当たっては，委員長が招集する教育委員会の会議での議決が必要となるが，教育委員会は，原則として，教育長及び在任委員の過半数が出席しなければ，会議を開き，議決をすることができない（同法第 14 条 3 項）．規則の制定は，教育委員会の会議での出席委員の過半数で決し，可否同数のときは，教育長の決するところによる（同 4 項）．その会議は，公開が原則であるが，教育長又は委員の発議により，討論を行わないで，出席委員の 3 分の 2 以上の多数で議決したときなどは，これを公開しないことができる（同 7 項・8 項）．

　以上のように，条例制定に比し，教育委員会規則の制定は簡素な規定に留まっている．

第 4 節　公教育の意思決定システム構築の課題

　これまで概観してきたように，とりわけ日本において公教育の意思決定システムは，国民や住民からすれば，公教育政策の立案・決定という点から捉えるならば直接的なものではなく，選挙での投票行為や国会・議会への請願，公聴会等での意見表明，首長等や新聞等マスコミへの投書，地方裁判所への訴訟といった間接的なものでしかなく，またシステムとして系統的に構築されているものでもないのである．

　そもそも公教育経営において，個々人の教育意思をいかに集約するかは難題である．人々が有する教育意思は一様ではないし，国際的にはいささか違いがあるものの，総じてその教育意思を表明する機会が制度として十分に確立されているわけでもないからである．

　日本の場合，国の公教育政策は三権分立を前提にしながらも，国会議員の多数派与党によって政権が担われ，議院内閣制の下で内閣が組閣され，多数決による国会での審議決定を経て公教育政策が実施される．この政策立案・決定過程において確かに違憲審査等，法律との対照がなされるものの，憲法や教育基本法が定める教育条項は大枠でのものであって，個別具体の教育政策がそれらの規定に抵触することは稀なことであるし，教育基本法自体が多数派与党の賛成多数で改正されたことからしても，政治的な意思が強く公教育政策に反映することを回避することは難しい．まして，人々の個々の教育意思をその公教育政策に反映させることは至難である．

　地方の公教育政策については，教育委員会制度によって，国よりも，政治的な中立性を確保できるようになってはいる．しかし，教育委員や教育長の選任において首長や議会の意思が強く反映する仕組みであり，教育委員会には財源もなく独自の予算編成権もないため政治的な決定過程を回避することはできない．また，首長や議会も条例によって独自に公教育政策を生み出すことが可能であり，教育委員会の事業評価を行うところも広がってきているが教育委員会だけが公教育政策の担い手ではない．しかも，教育委員会制度を大きく変更する圧力も高まっていて，政治による揺さぶりが大きい．

　では，学校レベルではどうか．近年では，学校評議員制度や学校評価の普及，さらには学校運営協議会の設置の促進などを通じて，児童生徒，保護者や地域住民の教育意思が直接的に反映されうる公的ルートが整備されてきている．ただ，現行の法令や財政事情に応じる範囲という限界を有しており，個別の教育意思に応じうるだけの柔軟性はない．しかし，教育の現実は，教育者と学習者によって，「教室」に代表される教授・学習空間において創り出される．その現実的な関係において創り出される教育意思が，どれほどに公教育政策に反映されていくかが問題であり，その問題の解決に向けて，新たな教育ガバナンス体制を探究していくことが求められる．

注

1. 地方において政治的アクターがどのような動きを実際に示したのかのついては，白石裕編『地方政府における教育政策形成・実施過程の総合的研究』多賀出版，1995 年，参照．

2. 安倍政権の教育政策の具体については，佐藤学・勝野正章『安倍政権で教育はどう変わるか』岩波書店，2013 年，参照．

3. こうした事態を「官治国家」と捉え，その状況からの脱却を説く論もある．たとえば，掛谷建郎『官治国家との訣別』日経 BP 社，1996 年，参照．

4. 総合行政化の過程については，荻原克男『戦後日本の教育行政構造―その形成過程』勁草書房，1996 年，参照．

5. その具体については，寺脇研『文部科学省―「三流官庁」の知られざる素顔』中央公論新社，2013 年，参照．

6. 木田宏（監修）『証言　戦後の文教政策』p.348，第一法規，1987 年

7. 文教族の具体的な動きや自民党内部での位置づけについては，寺脇前掲書，第 7 章「文教族支配の盛衰」，pp.147〜158，参照．

8. 教育関係の審議会が果たした役割・機能については，清水俊彦編『教育審議会の総合的研究』多賀出版，1989 年，参照．

9. 審議会の有する隠れ蓑的役割への批判については，細野助博「審議会型政策形成と情報公開の意義」，『公共政策研究』第 3 号，2003 年 10 月，pp.55〜67，参照．

10. 臨時教育審議会が教育改革に果たした役割については，三上和夫『これからの教育を読む　臨教審前と臨教審後』労働旬報社，1987 年，参照．

11. 戦後日本の教職員組合の変遷と問題については，拙稿「教育経営における教職員団体」，永岡順編『現代教育経営学』（第 2 刷），pp.239〜250，教育開発研究所，1995 年，参照．

12. 経済同友会や日本経済団体連合会など財界人による団体も，教育について政策提言などをなしてきた．特に，経済同友会の提言は，以下のサイトにまとめられているので，参考になる：http://www.doyukai.or.jp/kyoiku/about/teigen.html．

13. 議員内閣制の有する問題性については，飯尾潤『日本の統治構造―官僚内閣制から議院内閣制へ』中央公論新社，2007 年，参照．

14. 内閣は，国会に対して連帯して責任を負うことから，閣議決定は，法律に特段の定めはないが，全員一致を原則にしている．そのため，首相の専横を抑止する効果もあるが，迅速な決定がなされにくいという一面もある．ただし，首相は，国務大臣を罷免できるので，反対する大臣がいた場合，罷免権を行使して対抗できる．

15. 近年の公教育政策に影響を及ぼした首相直属の審議会の一つに，教育改革国民会議をあげることができる．同会議は，2000 年 12 月に「教育を変える 17 の提案」をまとめた．

16. 野党が，「牛歩戦術」という遅速の投票行為で票決を遅らせ，「乱闘国会」を招来した法案が，「地方教育行政の組織及び運営に関する法律」案であった．

17. 裁判の詳細は，児玉勇二『性教育裁判――七生養護学校事件が残したもの』岩波書店，2009 年，参照．

18. 本条例が有する問題点については，市川昭午『大阪維新の会「教育基本条例案」何が問題か？』教育開発研究所，2012 年，参照．

19. 地方における行財政改革の動態については，日本教育行政学会研究推進委員会編『地方政治と教育行財政改革』福村出版，2012 年，参照．また，少人数学級編制に焦点づけたものとしては，青木栄一『地方分権と教育行政』勁草書房，2013 年，参照．

20. 教育委員会規則の中でも学校の実際を大きく規定するのが「学校管理規則」であり，各地の現行規則は，学校の自主性・自律性の確立の視点から見直すべき点も少なくない．

主要参考文献

- 山﨑正人『自民党と教育政策』岩波書店，1986 年
- 嶺井正也『現代教育政策論の焦点』八月書館，2006 年
- 市川昭午『教育の私事化と公教育の解体』教育開発研究所，2006 年
- 清野正哉『国会とは何か――立法・政策の決定プロセスと国会運営』中央経済社，2010 年
- 志水宏吉『検証 大阪の教育改革』岩波書店，2012 年

第6章

国民の教育意思と教育権構造

第1節　国民の教育権論の背景，特徴及び経緯

（1）　教育権とは何か

　教育権の定義について，市川は「国民の教育権とは端的に言って，教育に関する国民の諸権利を意味する．最も広義には，(a)『教育をする権利』(b)『教育を受ける権利』(c)『教育主権』を包含する」と述べ，「特に注意しなければならないのは，『教育をする権利』と『教育主権』との関係である．両者は教育主体としての国民の権利という点では同じだが，前者は一人ひとりの国民の個人としての教育権であるのに対し，後者は主権者としての国民全体の教育権である点が異なっている」と指摘している[1].

　本章では，「国民」を構成する生徒，親，教員，教育行政当局の教育意思の反映のされ方について論じていくため，教育権を「教育する権利」ないし「教育主権」の意味で主に使用する．

（2）　教育権論争の起こり

　我が国の戦後における教育権論争は，1959年に宗像誠也が「教育行政権と国民の価値観」という論文を発表したことに端を発しているとされる[2].

　その背景としては，1956年に教育委員会法が廃止され，地方教育行政の組織及び運営に関する法律（地教行法）が制定されたことが挙げられる．地教行法の制定は，戦後の教育行政改革3原則（民主化・地方分権化・専門化）を大きく転換させることを意味した．そのため，地教行法の制定は，「教育学会と法

学会の双方にショッキングな教育法の問題性を意識せしめた」[3] のである.

　また，地教行法の施行後は，「勤務評定」や全国一斉学力テスト（学テ）が実施された．こうした教育行政による学校教育に対する管理強化は，「戦後二大教育紛争として文部省対日教組という枠組みを固定化すること」[4] となった．さらに，1958 年には学習指導要領が改訂されて「告示」となった．学習指導要領の法的拘束性が明確になり，道徳教育の時間が特設されることとなった．この道徳の指導要領が出された事を契機として，宗像は戦後の教育権論争の口火を切ったとされる[5].

　以上のように戦後の教育権論争は，我が国の独立を契機として戦後教育改革の理念を軽視した施策が実現してくる中で，その反発としていわゆる進歩的陣営の中から起こってきた．その後，宗像が提起した「国民の教育権論」は，教育内容への国の関与を排除する論理の「教育の自由」論と結びつき，憲法学，行政法学，教育学などの分野で深められていった[6].

（3）　国民の教育権論の特徴

　ここでは上記のような経緯で深められてきた国民の教育権論の特徴を，その代表的な論者と思われる堀尾輝久および兼子仁の所論を引用しながら概観したい．国民の教育権論の特徴は，およそ次の 5 点にあるように思われる.

　第 1 に，国民の教育権論では，子どもを教育する権利と義務は，第 1 次的には親にあるとされる.

　第 2 に，しかしその権利と義務は，共同化され社会化され，教師に委託されているとされる．例えば，堀尾は「子どもの発達の権利を保障する義務と権利（狭義の教育権）は第 1 次的に親にある．しかし，子どもをその親の教育的配慮に委ねるということは，親権を『濫用』せざるを得ない社会的基盤が存在する中で，現実には親の偏見のなかに，あるいは，子どもを非教育的環境に放置するに等しい．そこで，親義務の共同化したものとして学校を設け，教育条件を整え，専門の教師を雇い，親の要求を社会的要求として民主的に組織して教育に反映させる機構として，教育委員会などの指導助言機関を設ける必要が出てくる」と述べている[7].

　第 3 に，一方で国民の教育権論では，教育内容についての公権力の関与が排

除されている．例えば，兼子は「近代憲法下において，子どもの学習権を保障すべき人間教育であると確認されている学校教育そのものは，国民主権と議会制民主主義による『国政』の一部ではなく，国民の個人的自由をふまえた人間社会の文化的活動にほかならない．……文化のにない手としての国民一般の教育意志を問う事はできても，それはあくまで国民個々人の教育参加の自由を通じて表示されるほかはなく，政治選挙を通じて議会の議決に束ねてしまうことは，その本質上できない」と指摘している [8].

　第 4 に，他方で国民の教育権論では，教育を受ける権利を保障するための教育条件整備が公権力に求められている．例えば，堀尾は「国家ないし地方公共団体は，親たち（国民）の支持のもとに，子どもの権利の充足のために，学校設置，学習条件の整備，長欠児家庭の説得と就学条件の確保（たとえば生活保護や教育扶助の積極的適用）の義務を負い，その義務を果たす権限をもつ」と述べている [9].

　第 5 に，以上のことから，教師が教育活動の内容を自主的に決定する権能を保障されていると考えられている．例えば，兼子は「子どもの学習権（人間的成長発達権）を保障する教育の本質上その政治権力決定権は相当に限定されたものと考えざるを得ず，したがって，包括的ないし具体的な教育内容決定権としての『教育権』は，国民主権と議会制民主制の下でも国家と教育行政機関には存せず，教育の自由などを持つ国民個々と教師の手に有るものと言うべきであろう」と指摘している [10].

（4）　教育権に関する教育裁判

　教育権論争は，具体的には教育内容を決定する権能はだれかという論点を中心に展開され，家永教科書裁判（1965 年）と学テ事件の法廷を，いわば「公開シンポジウム」の場として活発に展開されていった [11]．一連の裁判の中では，「国民の教育権論」と「国家の教育権論」が論争を繰り広げた．1970 年，「国民の教育権論」を支持する杉本判決（教科書裁判 2 次訴訟，地裁）が出された．他方で 1974 年，「国家の教育権論」を支持する高津判決（教科書裁判 1 次訴訟，地裁）が出された．そして 1976 年，「国民の教育権論」と「国家の教育権論」の両論を極端であると断じ，その折衷案ともとれる最高裁学テ判決が出された．

最高裁学テ判決では，学校の教育内容を決定する権能は，結局国にあるとされ，学力テストに違法性はないとされた．その後も論争はつづけられたが，結局教科書裁判でも最高裁において，1 次，2 次裁判とも教育内容を決定する権能は国にあるとされた．こうして教育内容決定権に関する司法判断が決着した．

（5）　国民の教育権論への批判

最高裁学テ判決によって教育内容に関する決定権能の争いに決着がつく一方で，1980 年代後半以降，国民の教育権論は次第に支持を失っていった．市川は，国民の教育権論が支持を失っていった理由として「臨時教育審議会に端を発する教育自由化論に対抗できなかったこと」および「国民教育権論自体が欠陥を有していたこと」を挙げている [12]．

教育自由化論に対抗できなかったことについては，①「七〇年代中頃から次第に顕著となったいわゆる教育荒廃現象に的確に対処することができず，あるいは学校・教員を相手取った生徒や保護者による訴訟事件に対し有効な処方を出すことができなかったこと」，②「『教師の専門性に基づいて親や子供の参加を排除する内外事項区分論の胡散臭さ』が国民各層に気付かれたこと」，③「高度経済成長に伴って国民の間に私生活優先の思想が広まり，学校教育に関してもこれを全面的に私事と考える傾向が強まっていたこと」が指摘されている．

国民の教育権論の欠陥については，① 国民の教育権論は「ダブル・スタンダードであり，二枚舌的である」こと，すなわち「国民の教育権論が，憲法・教育基本法制の解釈論としては，内面自由の確保という側面から教育内容について公権力の関与を排除し，他方，教育を受ける権利保障の側面から教育条件整備・公費支出における公権力の関与を主張するダブルスタンダードであった」[13] こと，②「制度化の問題を捨象し，行政の教育に対する積極的な役割・責任を軽視している」こと，③「国民を同一視しすぎている」こと，すなわち「国民には保護者・住民・教員などが混在して」いるが，それらのアクター間の対立は考慮に入れられていないこと，④「教員ないし教員集団による教育内容の決定が国民に責任を負うシステムが存在しない」こと等が指摘されている．

国民の教育権論の欠陥については，今橋も「国・文部省の教育内容統制，学校管理政策からの自由の法理としての『教師の教育の自由』『教育権』を主張

しているだけでは，有効でなくなってきていると言わなければならない．今日
の学校教育状況の中で，『教師の教育権』の一面的主張は，子供の学習権・一般
人権の非保障・侵害，父母の教育権・教育の自由の行使に対して，多くの場合，
否定的役割を果たしている」と指摘している [14].

第 2 節　教育権の構造

　上記のように，国民の教育権論は様々な批判にさらされてきた．しかし，一
連の論争を通じて，親の教育権，教師の教育権限，教育行政当局の教育権限に
ついての認識が深化していったことの公教育経営論にとっての意義は少なくな
い．また近年，生徒が自ら受ける学校教育に関してどのような法的地位にある
のか，について考察が深められてきている．そこで本節では，それぞれの教育
権，あるいは教育権限の法的根拠やその内容等について整理していきたい．

（1）　親の教育権

　親の教育権は，権利や義務以前の自然権的な基本的人権であるとされている．
例えば，奥平は「親が，その子どもを育てるのは，権利とか義務とか以前の自
然的な関係においてそうある，といえよう．親が自分の意志に基づいて自由に，
子を教育することができるということを含意して親の『教育の自由』，『教育権』
というとすれば，それはまず憲法以前の『自然権』である」と述べている [15].

　したがって，親の教育権は憲法上に規定はないものの，憲法によって保障さ
れていると考えられる．例えば，結城は「わが国においても，親の教育権（教
育の自由）は単に民法上の権利たるにとどまらず，自然権的な基本的人権とし
て現行憲法によっても厚く保護されていると解されます」と指摘している [16].
ただ，親の教育権が憲法上のどの部分に根拠を持っているのかについては，論
者によって見解の相違が見られる．

　第 1 に，親の教育権は子どもの教育を受ける権利を保障するための権能であ
るという説がある．例えば，兼子は「子の教育にかんする親の権能は……現
代法制では，子どもの学習権を保障する人間教育という教育固有な条理によっ
て根拠付けられているものと，条理解釈できよう」と述べている [17].

　第 2 に，親の教育権は憲法に明文されている自由権条項以外で憲法上保障さ

れている「憲法的自由」の1つであるという説がある．例えば，結城は「親の教育権は歴史的には『教育の自由』の第一次的な実態をなしてきた，ということも考慮する必要がありましょう．とすれば，その直接の根拠は『憲法上の自由』に求めるのが妥当でしょう」と述べている [18]．

第3に，親の教育権は憲法に明文されている思想・良心の自由（19条），信教の自由（20条），表現の自由（21条），学問の自由（23条），幸福追求権（13条），家族生活における個人の尊厳と両性の平等（24条）に根拠があるとする説がある．例えば，奥平は上記の「憲法的自由」説に対して，「なぜ『教育の自由』に憲法が明示的に保障しているところの思想・良心の自由，信教の自由，表現の自由，学問の自由，から切り離して，別個独立に，『憲法的自由』の世界におかねばならないのか，そうであるための実益はどこにあるのか，これも積極的に説明されるべき論点であるように思う」[19] と指摘している．また，結城は親の教育権を憲法の明文に根拠規定をもとめた場合，24条＜家族生活における個人の尊厳と両性の平等＞を挙げる論や，13条＜個人の尊重・生命・自由・幸福追求の権利＞を挙げる論があり，いずれも妥当であるが，親の教育権の第1次的かつストレートな根拠とするにはやや間接に過ぎると指摘している [20]．

以上のように，親の教育権は憲法以前の自然権的権利とされている．また，親の教育権は憲法上に規定はないが，教育を受ける権利，思想・信条の自由，幸福追求権など明文されている基本的人権の中に含まれており，明文されていない範囲においても，親の教育権は「憲法的自由」によって広範に保障されていると考えられる．

学校教育に関わる親の教育権の法的内容について，結城は次のような権利が「予定」されていると指摘している [21]．

第1に，「学校教育における親（子ども）の基礎的権利・包括的権利」としては，「知る権利・教育（行政）情報へアクセスする権利」や「適正な手続き的処遇を受ける権利＜告知および聴聞の機会を得る権利＞」などが予定されている．

第2に，「学校教育における親の消極的な権利」として，「親の教育上の自由権」と「親の教育選択権および評価権」が予定されている．「親の教育上の自由権」には「家庭教育の自由・私教育の自由」や「宗教教育の自由」などがある．「親の教育選択権および評価権」には，「学校選択権」や「学校を評価する権利」

などがある.

　第 3 に,「学校教育における親の積極的な権利」としては,「学校教育内容に関する要求権」や「教職員人事に関する要求権」などが予定されている.

　第 4 に,「学校教育における親の能動的権利」としては,「公教育運営への参加権・学校教育の共同形成権＜教育政策・教育立法・教育行政・学校の管理運営過程さらには学校の教育過程への参加権＞」や「国や地方公共団体の（教育行政）機関に対する請願権」などが予定されている.

　以上のように,親の教育権の法的内容は,学校選択や学校評価,さらには学校経営や教育行政への参加権を含む広範なものであると考えられる.

（2）　教師の教育権限

　教師の教育権の根拠については,親権委託説のほかに自由権説,専門職説,真理代理説などがあって多彩であることが指摘されている [22].例えば,兼子は「現行教育法制において学校の教師は,みずからが行う教育活動の内容を自主的に決定する権能を保障されているものと条理解釈されうる」[23] と述べ,教師の教育権の教育条理的根拠として,「真理を教えるのに必要な自由と権力的多数決になじまないこと」[24] などを指摘している.また,堀尾は「教師の教育権限の根拠も,教師の専門的力倆に対する,社会的に組織され共同化された親義務の委託にもとづくものと考えられる.その意味で,教師は,共同化され社会化された親義務の代行者だといえる」と指摘している [25].このように国民の教育権論では,親権委託説,自由権説,専門職説,真理代理説から教師の教育の自由の根拠が主張されていた.

　しかし,1.の（5）で既述したように,このような教師の教育の自由には多くの批判がなされてきた.奥平は「教師は,親の直接的な信託（私立学校の場合）もしくは間接的な信託（国公立学校の場合）,および,国民一般の抽象的な信託に基づいて存立するところの,学校設置者の agent（機関）として,子供たちと接する.教師の『教育権』は,こうした制度的な制約のもとにおいてのみ成立するものであるから,権利というよりは,権限である.とりわけ,『国民』の誰もが有するといった意味での『国民の教育権』ではなく,またそれ自体はけっして憲法上の権利でもない.憲法以下的法規範が創設する実定法上の権限

である」と指摘している [26].

　このように教師は，子どもに対して，憲法が保障する教育権を有しているのではなく，学校設置者の機関としての教育権限のみを有していると考えられる.

　なお，学校教育においては，親の教育権は教師の教育権限と緊張関係にあると考えられている. 結城は，親の教育権が学校教育の全てに関与しうる一方，「教育専門的事項」については，原則教師の教育権限が優位し，教員側に最終決定権限があるが，「教育専門的な応答義務」や「親との共同義務」も同時に果たさなくてはならず，「教育専門的事項」の中にも親・子どもの側に最終決定権がある場合もあると指摘している [27].

（3）　教育行政当局の教育権限

　学校教育においては，親の教育権は，教育行政当局の教育権限，すなわち教育主権とも緊張関係にあると考えられている. この点に関して，結城は「親の教育権は個別的国民としての親が有する基本的人権，しかも第 1 次的には国家に向けられた自由権的基本権ですから，それは，他のもろもろの基本的人権と同じく，教育主権=国家権力との絶えざる緊張関係のなかに位置しています. 換言すれば，両者は『教育権（広義）』としては原則的に等位し，同権的な緊張関係ないしは相互規制関係に立っています. ただこの場合，相互規制の度合いは学校教育事項の種類や性質によって一様ではない，ということに留意を要します. 概括的に言えば，親（子ども）の思想・良心・信教の自由といった，すぐれて内面的な価値にかかわる事柄については，教育主権は『親の教育の自由』によってかなり強度な制約を受け，その規範範囲・程度は相当に限定されたものとなると解されます. ……これに対して，たとえば，学校制度や教育行財政の基本構造の確定など，もっぱら教育の諸条件の整備にかかわる領域においては，原則として，教育主権が親の教育権に優位することになります」と指摘している [28].

　このように，教育の条件整備の領域に関しては，教育行政当局の教育権限の優位性が，ある程度は認められると考えられている.

(4)　学校教育に関わる生徒の権利

　近年では，生徒も発達段階に応じて，自ら受ける学校教育について関与したり拒否したりする権利を有することが指摘されている．例えば，結城は「今日，子どももまた法的人格を有し，憲法が保障する基本的な諸権利・自由の享有主体であることは自明なことであるが，これらの基本権は学校内においても原則的に妥当し，それは学校に対して積極的かつ能動的な権利として働くと同時に，その侵害に対しては防禦権（Abwehrrecht）としても機能することになる」と述べている[29]．

　また，子どもの権利条約は，子どもに対して「その子どもに影響を与える全ての事柄について自由に自己の見解を表明する権利」を保障している．結城によれば，この権利は「生徒に対して，生徒の法的地位・権利領域に強く触れる教育行政施策の策定・実施ないしは学校の措置・決定に際して，事前に告知および聴聞をうけ，これについて意見を表明し，もしくは弁明・防禦をするなどの機会を保障するものである」という[30]．

　学校教育に関わる生徒の権利の法的内容について，結城は次のような権利が「予定」されていると指摘している[31]．

　第 1 に，「生徒の基礎的権利・包括的権利」として，「教育を受ける権利（学習権）」や「人格権」などが予定されている．

　第 2 に，「生徒の消極的な権利」として，「生徒の自由権的基本権」と「生徒の教育上の選択権および評価権」が予定されている．「生徒の自由権的基本権」には「思想・良心の自由」や「表現の自由」などがある．「生徒の教育上の選択権および評価権」には，「教員選択権」（いわゆる問題教員を拒否する権利）や「学校や教員を『評価』する権利」などがある．

　第 3 に，「生徒の積極的な権利」として，「学校（教員）や教育行政機関に対する教育（行政）の措置要求権および取消・変更要求権」や「教職員人事・校務分掌に関する要望権」などが予定されている．

　第 4 に，「生徒の能動的な権利」として，「学校教育運営への参加権・協同的形成権」や「教育行政機関に対する請願権」などが予定されている．

　以上のように，生徒の権利の法的内容も，親の教育権のそれと同様に，教員選択，学校評価，さらには学校経営への参加権を含む広範なものであると考え

られる.

第 3 節　国民の教育意思の反映に関する現状と展望

　我が国では 2004 年に，親や地域住民が学校経営にその教育意思を反映させる制度として，学校運営協議会が創設された．しかし，学校運営協議会制度下においては，親はしばしば劣位に置かれ，その意思を学校経営や教育行政に十分に反映させることができていないことが指摘されている [32]．また，学校運営協議会は生徒が学校経営にその意思を反映させるような制度設計になっていない．

　教育権論に関する議論の積み重ねを鑑みるならば，こうした現状に対しては，学校経営において教師や教育行政の権限が不当に重視されている一方で，親の教育権や生徒の権利が不当に軽視されていると言わざるを得ない．したがって，学校経営において親の教育権や生徒の権利を実質化するための立法を制定することは喫緊の課題であると言える.

注

1. 市川昭午『教育行政の理論と構造』p.141，教育開発研究所，1975 年
2. 久木幸男・鈴木英一・今野喜清編『日本教育論争史録・第三巻　現代編（上）』p.229，第一法規，1980 年
3. 久米幸男・鈴木英一・今野喜清編，前掲書，p.223
4. 堀内孜編『現代公教育経営学』p.31，学術図書出版社，2002 年
5. 久米幸男・鈴木英一・今野喜清，前掲書，p.224
6. 久米幸男・鈴木英一・今野喜清，前掲書，p.224
7. 堀尾輝久『現代教育の思想と構造』p.341，岩波書店，1971 年
8. 兼子仁『教育法　新版』pp.213〜214，有斐閣，1978 年
9. 堀尾輝久，前掲書，p.342
10. 兼子仁，前掲書，pp.215〜216
11. 久米幸男・鈴木英一・今野喜清，前掲書，p.221
12. 市川昭午『教育の私事化と公教育の解体』pp.20〜26，教育開発研究所，2006 年
13. 羽田貴史「自由化論と公教育の課題」『教育社会学研究』(52)，pp.28〜29，1993 年
14. 今橋盛勝『教育法と法社会学』pp.354〜355，三省堂，1983 年

15. 奥平康弘「教育を受ける権利」芦部信喜編『憲法 III 人権（2）』p.393，有斐閣，1981 年

16. 結城忠『学校教育における親の権利』p.18，海鳴社，1994 年

17. 兼子仁，前掲書，p.204

18. 結城忠，前掲書，p.66

19. 奥平康弘，前掲書，p.398

20. 結城忠，前掲書，p.66

21. 結城忠，前掲書，pp.85〜90

22. 日本教育法学会編『講座教育法 2　教育権と学習権』p.245，総合労働研究所，1981 年

23. 兼子仁，前掲書，p.273

24. 兼子仁，前掲書，p.275

25. 堀尾輝久，前掲書，pp.342〜343

26. 奥平康弘，前掲書，p.417

27. 結城忠，前掲書，pp.254〜257

28. 結城忠，前掲書，pp.106〜107

29. 結城忠『生徒の法的地位』p.109，教育開発研究所，2007 年

30. 結城忠，前掲書，p.120

31. 結城忠，前掲書，pp.113〜114

32. 仲田康一「学校運営協議会における『無言委員』の所在―学校参加と学校をめぐるミクロ社会関係―」『日本教育経営学会紀要』（52），pp.96〜110，2010 年

第7章

教育法制の構造

第1節　我が国の教育法制の構造 [1]

（1）　成文法と不文法

　教育法規には，大きく分けて成文法と不文法がある．成文法は，憲法や教育基本法，学校教育法といった文章で示されている制定法である．成文法の教育法規といっても，「教育法規」という名の法律が存在するわけではない．「教育法規」とは，教育にかかわりのある法令の総称として使われる言葉である．成文法に対して不文法は，文章の形で意図的に制定されたものではないが，成文法を補完する役割を果たしている．

　不文法には慣習法，判例法，条理法などがある．

　慣習法とは，一定の慣行がその社会において長い間承認され，社会の人々にその法的拘束力が暗黙のうちに認められているものをいう．教育の領域においても，教育作用自体をすべて成文法で律することは困難であるから，慣習法の成立する余地があるとされる．

　判例法とは，裁判所の判決（判例）が蓄積され，それが事実上の拘束力をもち，法的確信をもって支持されるにいたったものをいう．教育の領域においても判例法は重要な意味をもち，判例がその後の同様な問題を解決する法的規範となっている例が多いとされる．

　条理法とは，現実の一般社会に内在する本質，あるいは正義心に基づいてみたときに法律上も必ずこのようにあるべきであると考えられるものをいう．ある問題について成文法や判例法などの法的基準が欠けている場合に，条理法は

補充的役割をもち，本質に適合した処理をするための根拠となりうるとされる．また，教育は本来，自律的，創造的な人間の形成にかかわることから，教育における条理法は，成文法の補充的役割だけでなく，成文法規の解釈にあたっての基準ともなりうる重要なものとされている．

（2）　成文法の種類

1）　国の法規

① **憲法**：　憲法は国の最高法規である．日本では日本国憲法がこれに相当する．

② **条約**：　条約は国と国，あるいは国と国際機関との文書による合意で成立する．条約が国内で批准，公布されると法律と同様の効力をもつ．例としては子どもの権利条約などが挙げられる．

③ **法律**：　法律は国会の議決によって成立する法である．例えば，教育基本法，学校教育法，地方教育行政の組織及び運営に関する法律などがある．

④ **政令**：　政令は内閣が制定する命令である．これには憲法や法律の規定を実施するために制定されるものと，法律の委任に基づいて制定されるものとがある．政令は法律では規定できない細目的な事項を規定するために設けられる．例としては，学校教育法施行令や社会教育法施行令などが挙げられる．

⑤ **省令（府令）**：　省令（府令）は，各省大臣（内閣総理大臣）がそれぞれの行政事務について制定する命令である．これには法律や政令を施行するために定められるものと，法律や政令の委任に基づいて定められるものとがある．例としては，学校教育法施行規則や高等学校設置基準などが挙げられる．

⑥ **訓令**：　訓令は，各省大臣，各委員会および各庁の長官が，その機関の所掌事務に関し，所管の諸機関や職員に対して発する命令である．これは下級機関を拘束するが，国民を拘束するものではない．

⑦ **通達**：　通達は，各省大臣，各委員会および各庁の長官が，その機関の所掌事務に関し，所管の諸機関や職員に対して示達するために発するものである．これは命令・監督の関係のない行政機関に対しても発することができる．通達は訓令と同じく，一般の国民を拘束するものではない．

⑧ 告示：　告示は，各省大臣，各委員会および各庁の長官が，その機関の所掌事務について公示を必要とする場合に発するものである．告示は行政機関の所掌事務を国民に知らせるためのものであり，命令であるとは言えない．しかし，告示は上位の法規を実質的に補完する場合には，法規命令の性格をもつとされている．告示は官報の告示欄に掲載される．例としては，学習指導要領が挙げられる．

2)　地方公共団体の法規

① 条例：　条例は，地方公共団体がその団体の事務に関して，法令に違反しない限りで，議会の議決を経て制定する法である．その効力は当該地方公共団体の区域内に限定される．

② 規則：　規則は，地方公共団体の長や執行機関として設置される委員会が，法令や条例に違反しない限りにおいて制定する法規範である．地方公共団体の長が制定する規則は，知事・市町村長が規則案を決裁することによって成立する．教育委員会は，当該地域の教育に関して，国の法規や条例の範囲で教育委員会規則を制定できる．なお，教育委員会規則は教育委員会会議の議決を必要とする．

（3）　教育法規における優先順位

　教育法規には次のような優先順位の原理がある．第1は上位法優位の原理である．第2は後法優位の原理である．第3は特別法優位の原理である．

1)　上位法優位の原理

　憲法に違反する法律は，裁判所の審査に基づき無効とされる．同様に，法律に反する政令，政令に反する省令も無効になる．このように上位の法は下位の法に優先する．このような原理が上位法優位の原理である．

2)　後法優位の原理

　後法優位の原理は，形式的効力が同じ法規の間では，時間的に後に成立したものが優先するという原理である．法は，政治的，経済的，社会的背景の上に制定される．よって，その背景が変化すれば法が適合しなくなり，改正せざるをえなくなる場合が生じる．したがって，より現実に適合した法を適用するために，後に成立した法の適用が優先される．

3)　特別法優位の原理

　特別法優位の原理は，一般的に規定した法規（一般法）に対し，同じ事項について特定の人または地域などに限定して適用される法規（特別法）が，時間的な順序にかかわりなく，一般法に優先する原理である．例えば，公務員の服務，身分について定められた地方公務員法は一般法である．それに対して，公務員の中でも特に教員について定めた教育公務員特例法は，特別法である．

（4）　教育行政における法律主義と行政裁量

　戦前には，勅令主義に基づいて，教育に関する基本事項は勅令によって定められていた．勅令は明治憲法下，天皇の大権により発せられる命令であり，議会の議決を必要としなかった．勅令主義は，結果的に時の政治的支配者が思いのままに教育の在り方を変えることを可能にした[2]．この反省に基づき，戦後には，法律主義の原則に基づいて，教育に関する基本事項は全て法律で制定されている．我が国の教育における法律主義は，憲法 26 条において，「法律の定めるところにより」という文言が強調されていることからも確認できる．

　ただし，若井は，このような「法律による教育行政」原則の下でも，教育行政機関は相当程度の裁量権を行使できるのが実状であると指摘している[3]．具体的には，次の 4 点の行政裁量が存在する可能性を指摘している．

　第 1 は法令の解釈における裁量の可能性である．例えば，ある法令の具体的条項の内容に疑義が生じた場合，文部科学省に照会がなされ，それに対する「回答」として法令解釈の雛形が示されることは日常的になされている．この場合，文部科学省は相当程度の行政裁量を行使していると言える．

　第 2 は行政立法における裁量の可能性である．例えば，学校教育法 11 条は，校長および教員が教育上必要があると認めるときは，学生・生徒および児童に懲戒を加えることができることを定めているが，「処分としての懲戒」の種類等については，具体的に学教法施行規則に包括的委任をしており，監督庁が学教法施行規則でどのような内容の規定を置くかは監督庁（文部科学大臣）の大幅な裁量に委ねられている．

　第 3 は教育委員会規則制定に係る裁量の可能性である．地方教育行政の組織及び運営に関する法律 23 条では，教育委員会は広範囲にわたる 19 の項目を管

理，執行すると定められている．これらの項目について，具体的な制限を意味する国の法令，地方公共団体の条例の規定が存在しない場合には，教育委員会規則の規定内容に関する教育委員会の裁量性は相当大幅なものとなる．

　第 4 は人事権行使に関する裁量の可能性である．例えば，教育公務員特例法は，「校長の採用並びに教員の採用及び昇任は，選考による」こととしているが，一定の基準と手続きの下に，学力，経験，人物，身体等を総合的に判断するのは教育委員会の教育長であって，これらの諸要素についての法令上の具体的基準はなく，多くが教育長の判断（裁量）に委ねられることになる．

第 2 節　教育基本法の概要 [4]

（1）　教育基本法の概要および改正の経緯

　1947 年 3 月，旧教育基本法は，前年に公布された日本国憲法の精神に則り，戦後の我が国の教育の基本を確立するために公布施行された．旧教育基本法は実質的に，教育勅語に代わって教育の基本について定めていたと言える．戦前における教育についての最高の勅令は教育勅語であった．教育基本法制定当時，旧教育基本法と教育勅語は並立可能という見解もあった．しかし，「主権在君ならびに神話的国体観」に基づいた教育勅語は，民主主義・自由主義の教育理念に基づいた教育基本法とは両立しえないことが指摘された．その結果 1948 年 6 月 19 日，衆議院にて「教育勅語等排除に関する決議」が，参議院にて「教育勅語等の失効確認に関する決議」が可決され，教育勅語は失効した．

　旧法制定後，保守勢力は，旧教育基本法制定当初から，旧法が「国への忠誠」，「家族」，「伝統」等の理念に欠けることや，連合国の指導下で制定されたこと等を理由に，何度も旧法を改正しようと試みてきたが，改正は強行されなかった．改正が強行されなかった理由として，市川は「教基法が存続していても行政実務の執行にそれほど支障がなかった」ことを挙げている [5]．

　だが，2000 年に教育改革国民会議が旧教育基本法の見直しを提言したことを契機に，2003 年に中央教育審議会は，「新しい時代にふさわしい教育基本法と教育振興基本計画の在り方について」を答申した．こうした動きに対して，朝日新聞や毎日新聞，教育学関連学会会長有志（25 学会）などは，旧教育基本法の改正に明確に反対していた．

　以上のように，改正する必要性が乏しく，かつ改正の賛否に関する世論が分かれていたにもかかわらず，2006 年 12 月に改正教育基本法は成立した．

(2)　改正教育基本法の構成

　改正教育基本法は，旧教育基本法に対して，現代という時代に対応しつつ，今の時代の政治的，社会的な要求により必要な理念の追加，修正がなされたものと考えられている．そのため改正教育基本法には，旧教育基本法の条文が部分的に引き継がれながらも，新たな条文が加えられている．

　改正教育基本法は，前文と旧法にはなかった 4 つの章から構成されている．

　第 1 章は「教育の目的及び理念」と題され，第 1 条（教育の目的），第 2 条（教育の目標），第 3 条（生涯学習の理念），第 4 条（教育の機会均等）から構成されている．

　第 2 章は「教育の実施に関する基本」と題され，第 5 条（義務教育），第 6 条（学校教育），第 7 条（大学），第 8 条（私立学校），第 9 条（教員），第 10 条（家庭教育），第 11 条（幼児期の教育），第 12 条（社会教育），第 13 条（学校，家庭及び地域住民の相互の連携協力），第 14 条（政治教育），第 15 条（宗教教育）から構成されている．

　第 3 章は「教育行政」と題され，第 16 条（教育行政），第 17 条（教育振興基本計画）から構成されている．

　第 4 章は「法令の制定」と題され，第 18 条で構成されている．

　これらのうち新設された条文は，2 条，3 条，4 条 2 項，5 条 2，3 項，6 条 2 項，7 条，8 条，10 条，11 条，13 条，17 条である．大幅に改正されたのは前文と 16 条である．廃止されたのは旧 2 条（教育の方針）と旧 5 条（男女共学）である．

(3)　主要な条文の解釈

　ここでは公教育経営にとって特に重要と思われる，前文，第 2 条，第 16 条を取り上げて，その解釈を概説したい．

1) 前文

　前文においては，改正により第2段に「公共の精神」の尊重，「伝統」の継承の理念が追加された．一方で，「われらは，さきに，日本国憲法を確定し」，「この理想の実現は，根本において教育の力にまつべきものである」（1段），「普遍的にしてしかも個性ゆたかな文化の創造」（2段）などの文言が削除された．また，主語が旧法の「われら」から「我々日本国民」「我々」に，旧法の「真理と平和を希求する」から「真理と正義を希求し」に修正された．

　このように改正後の前文は，旧法に比べ，復古調かつ国家主義的な表現が強調されている．しかし，本前文の基本的な骨格は，旧法の精神を受け継いでいると解するのが妥当だとされている．また，改正後の前文では，改正前の教育基本法の「準憲法」としての基本的な性格が堅持されていると解されている．

2) 第2条

　本条には多くの教育目標の規定が設けられたが，このような理念的道義的規定の過剰さは，「法と道徳との峻別」という近代的法原則に反しているとされる．

　本条の解釈にあたっては，体系的解釈・憲法適合的解釈が重要とされている．具体的には本条は，①理念的道義的規定は，法による強制に本来的になじまないことから，これを訓示規定と解する余地があること，②2条5号の文言に則り，「我が国を愛する態度」は「他国を尊重する態度」と同じ比重で取り扱うべきこと，③目標は目的の下位概念であり，2条は1条の平和教育理念に拘束されることから，「我が国」は平和的な国を意味し，他国に脅威を与える愛国心教育は禁止されていること，などを踏まえて解釈されねばならないとされる．

3) 第16条

　本条は，旧10条1項との関係では，「教育は，不当な支配に服することなく」（前段）を引き継ぎつつ，国民全体に対する直接責任（後段）を削除し，代わりに「この法律及び他の法律の定めるところにより行われるべきもの」を追加した．しかし，改正後の本条においても「不当な支配」禁止の趣旨は変更されておらず，法令に基づく教育行政の行為にもこの趣旨が適用されると解するのが妥当であるとされている．

　また，「この法律及び他の法律の定めるところにより行われるべきもの」という文言の趣旨は，憲法26条の定める「教育の法律主義」の原則を確認した

点にあると解するのが妥当であるとされている．したがって，この文言の挿入は，教育行政の自由度を拡大する意味で理解されてはならず，むしろ教育行政を拘束する方向で解釈されなければならないとされている．

第3節　学校教育法の概要 [6]

（1）　学校教育法の概要と近年の改正動向

　学校教育法は，憲法，教育基本法の理念を受けて，6・3・3・4制の学校制度の基準を定めた法律である．本法は旧教育基本法とともに 1947 年 3 月に同日施行され，学校制度面において戦後日本の教育改革の実施に大きな役割を果たしてきた．2006 年に教育基本法が改正されたことを受け，本法は 2007 年に大幅に改正された．その改正内容としては，およそ次の 4 点が挙げられる．

　第 1 に，副校長，主幹教諭，指導教諭が法制化された（37 条など）．第 2 に，義務教育の目標に関する規定が見直された．義務教育の目標に，「我が国と郷土を愛する態度」等，行動規範に関する態度を養うことが追加された（21 条）．第 3 に，学校評価及び情報提供に関する規定が新設された（42 条，43 条）．第 4 に，文部科学大臣の定める対象が，「教科に関する事項」から「教育課程に関する事項」に拡大された（33 条など）．

（2）　学校教育法の構成と主な内容

　学校教育法は 13 の章から構成されている．

　第 1 章は総則である．まず本法において，学校とは，幼稚園，小学校，中学校，高等学校，中等教育学校，特別支援学校，大学及び高等専門学校を指す（1 条）．本法 1 条に定められている以外の学校としては，専修学校（124 条），各種学校（134 条）がある．それ以外の教育施設は「学校」の名称を用いることができない（135 条）．

　次に，国，地方公共団体，学校法人のみが学校を設置できる（2 条）．学校は，その種類に応じた設置基準に従い，設置されなければならない（3 条）．学校の設置者は学校を管理し，法令に定めがある場合を除き，学校の経費を負担する（5 条）．国公立の小中学校では授業料は徴収されない（6 条）．校長及び教員は，教育上必要があると認めるときは生徒に懲戒を加えることができるが，

体罰を加えることはできない（11 条）.

　第 2 章は義務教育である. 保護者は, 子に 9 年の普通教育を受けさせる義務を負う（16 条）. 保護者は, 子が 6 歳から 15 歳になるまでの間に, 小中学校もしくは特別支援学校に就学させる義務を負う（17 条）. ただし, 病弱, 発育不完全等により修学困難な子の保護者には, 就学義務が猶予または免除される（18 条）. また, 市町村は, 経済的な理由で子どもを就学させることが困難な保護者に必要な援助を与えなければならない（19 条）.

　義務教育として行われる普通教育は, 次の目標を達成するよう行われるものとされている（21 条）. それらの目標は, ① 社会の発展に寄与する態度, ② 生命および自然を尊重する態度, 環境の保全に寄与する態度, ③ 我が国と郷土を愛する態度, 他国を尊重し, 国際社会の平和と発展に寄与する態度, ④ 衣, 食, 住, 情報, 産業等についての理解と技能, ⑤ 国語を正しく理解し, 使用する能力, ⑥ 数量的な関係を正しく理解し, 処理する能力, ⑦ 自然現象について科学的に理解し, 処理する能力, ⑧ 健康, 安全で幸福な生活のために必要な習慣, 体力, ⑨ 音楽, 美術, 文芸等についての理解と技能, ⑩ 職業についての知識と技能, 勤労を重んずる態度, 個性に応じて将来の進路を選択する能力, を養うことである. なお, これらの目標規定は訓示的性格にとどまると解釈することが望ましいとされる.

　第 3 章以降では, 学校種ごとに目的や教育課程, 職員等について定められている. 第 3 章は幼稚園, 第 4 章は小学校, 第 5 章は中学校, 第 6 章は高等学校, 第 7 章は中等教育学校, 第 8 章は特別支援学校, 第 9 章は大学, 第 10 章は高等専門学校, 第 11 章は専修学校について定められている. 以下, それらの一例として小学校に関する規定を取り上げる.

　小学校の目的は, 心身の発達に応じて, 義務教育として行われる普通教育のうち基礎的なものを施すことである（29 条）. 小学校の教育課程に関する事項は, 文部科学大臣によって定められる（33 条）. 小学校においては, 文部科学大臣の検定もしくは著作名義をもつ教科用図書を使用しなければならない（34 条 1 項）. ただし, この規定は, 教師が授業を進める時にどのような教材を使用するかについては自由であって,「教科書を使用するにあたっては」文部科学大臣の検定もしくは著作名義をもつ教科用図書を使用しなければならないと

解釈されている.

　市町村教育委員会は, 他の児童の教育を妨げる児童の保護者に対して, 児童の出席停止を命じることができる（35条1項）. 小学校には, 校長, 教頭, 教諭, 養護教諭, 及び事務職員を置かなければならない（37条1項）. 小学校には, 副校長, 主幹教諭, 指導教諭, 栄養教諭その他必要な職員を置くことができる（同条2項）. 校長は校務をつかさどり, 所属職員を監督する（同条4項）. 教諭は児童の教育をつかさどる（同条11項）.

　小学校は, 教育活動や学校運営の状況について評価を行い, その結果に基づき学校運営の改善を図るため必要な措置を講ずることにより, その教育水準の向上に努めなければならない（42条）. また, 小学校は教育活動や学校運営の状況に関する情報を積極的に提供するものとされている（43条）.

　第12章は雑則, 第13章は罰則について定められている.

第4節　地方教育行政の組織及び運営に関する法律の概要 [7]

（1）　地方教育行政の組織及び運営に関する法律の概要と近年の改正動向

　本法は地方教育行政の組織と運営の全般に関する基本的事項を規定した法律である. 具体的には, 教育委員会の設置・組織・権限をはじめ, 地方公共団体の長の教育行政上の機能, 教育委員会と学校との関係, 教職員の任免や服務監督, 文部科学大臣と教育委員会との関係などが定められている.

　本法の前身は1948年に制定された「教育委員会法」である. 「教育委員会法」では, 教育委員は住民の直接選挙で選ばれることになっていた. しかし, 後に教育委員を直接選挙で選ぶことが, 教育委員会に政治的確執（冷戦構造下における自民党と社会党, 文部省対日本教職員組合の対立）を持ち込むことなどが批判されるようになった. そのため1956年, 教育行政の政治的中立性と安定性の確保などを理由に, 教育委員会法は廃止された. その代わりに制定された本法では, 地方公共団体の長が, 議会の同意を得て教育委員を任命することとされた.

　本法は, 1999年に「地方分権推進法」の成立を受けて大幅に改正された. この改正では, 国と地方とを包括的一般的な指揮監督関係においてきた機関委任事務制度が廃止されるなど, 国と地方の双方が対等平等な関係で連携・協力し

ながら仕事をすすめていくことが目指された（48 条等）.

2004 年には学校運営協議会に関する規定が追加された（47 条の 5）.

2007 年には，「いじめ」等に対する教育委員会の不適切な対応が社会的批判を受けたこと，および改正教育基本法が成立したことを背景に，教育委員会の責任体制の明確化と活動の充実等を企図した本法の改正が実施された（1 条の 2，3 条，4 条，11 条，19 条，26 条，27 条等）. また本法には，教育委員会による法令違反や不適切な事務の管理・執行に対して国が関与できる規定が盛り込まれた（49 条，50 条等）.

2014 年には，教育委員会制度の責任体制が不明確である等の政治的批判が高まったことを背景に，本法の大幅な改正が行われた。主な改正点は，① 首長による教育に関する「大綱」の策定（1 条の 3），② すべての地方公共団体における「総合教育会議」の設置（1 条の 4），③ 教育委員長と教育長を一本化した新「教育長」の設置（3 条，4 条，11 条，13 条），④ 教育長へのチェック機能の強化と会議の透明化（5 条，14 条，25 条）である.

(2)　地方教育行政の組織及び運営に関する法律の構成と主な内容

地方教育行政の組織及び運営に関する法律は 6 つの章から構成されている.

第 1 章は総則である。本法の構成や基本理念，大綱の策定，総合教育会議（1 条）が定められている。地方公共団体の長（以下，首長とする）は，その団体の教育，学術及び文化の振興に関する総合的な施策の大綱を定める。ただし，この規定は，教育委員会の職務（21 条）を管理し，執行する権限を首長に与えるものではない。首長は，大綱を定め，又は変更したときは，公表しなければならない（1 条の 3）。首長は，大綱の策定や教育の条件整備，緊急の場合に講ずべき措置等について教育委員会と協議するため，総合教育会議を設ける。総合教育会議は，首長と教育委員会で構成される。首長が，総合教育会議を招集する。総合教育会議は，公益上必要があると認められるとき等を除き，公開される。首長は，総合教育会議の終了後，遅滞なく，その議事録を作成し，公表するよう努めなければならない（1 条の 4）。

第 2 章は「教育委員会の設置及び組織」である。その第 1 節は「教育委員会の設置，教育長及び委員並びに会議」である。教育委員会は都道府県，市町村，

地方公共団体の組合に置かれる（2条）．教育委員会は教育長及び4人の委員から組織される．ただし，都道府県・市では教育長及び5人以上，町村では教育長及び2人以上の委員をもって組織することができる（3条）．首長は議会の同意を得て教育長及び教育委員を任命する．教育委員の定数に1を加えた数の過半数は，同一の政党に属することがないように制限される．教育委員の構成には，偏りが生じないように配慮するとともに，保護者が含まれていなければならない（4条）．教育長の任期は3年，教育委員の任期は4年であり，再選されることができる（5条）．教育長は教育委員会の会務を総理し，教育委員会を代表する（13条）．ここでの「会務を総理」するとは，「教育委員会の会議を主宰」すること，「教育委員会の権限に属するすべての事務をつかさどる」こと，「事務局の事務を統括し，所属の職員を指揮監督する」ことを意味するとされる．教育委員会の会議は教育長によって招集される．議事は出席者の過半数で決せられる．教育委員会の会議は公開される．教育長は，教育委員会の会議の終了後，遅滞なく，その議事録を作成して公表するよう努めなければならない（14条）．教育委員会は教育委員会規則を制定することができる（15条）．

第2節は「事務局」である．教育委員会の権限に属する事務を処理させるため，教育委員会には事務局が置かれる（17条）．教育委員会には，指導主事，事務職員等が置かれる．指導主事は，教員をもって充てることができ，学校の教育課程，学習指導等の指導に関する事務に従事する（18条）．

第3章は「教育委員会及び地方公共団体の長の職務権限」である．教育委員会は19の項目を管理，執行するとされる．それらは，① 学校等の設置，管理，廃止，② 学校等の財産の管理，③ 学校等の職員の任免や人事，④ 児童等の入学，転学，退学，⑤ 学校の組織編制，教育課程，学習指導，生活指導，職業指導，⑥ 教科書等の取り扱い，⑦ 施設，設備の整備，⑧ 教員等の研修，⑨ 教員等，児童等の保健，安全，厚生，福利，⑩ 学校等の環境衛生，⑪ 学校給食，⑫ 社会教育，等である（21条）．

教育委員会は教育長に，教育長は事務局や学校等の職員に，それぞれの権限に属する事務の一部を委任し，臨時に代理させることができる．ただし，教育委員会は次の事務については教育長に委任できない．それらは，① 教育事務の管理，執行の基本的な方針，② 教育委員会規則等の制定，改廃，③ 学校等の設

置及び廃止，④ 学校等の職員の任免，人事，⑤ 教育委員会の事務の管理，執行の状況に関する点検，評価，⑥ 首長に対する意見の申出，である．教育長は委任又は臨時に代理された事務の管理及び執行の状況を教育委員会に報告しなければならない（25 条）．教育委員会は，毎年その事務の管理，執行の状況について点検，評価を行い，結果に関する報告書を作成し，これを議会に提出し，公表しなければならない（26 条）．首長は，教育に関する予算を作成する場合，教育委員会の意見をきかなければならない（29 条）．

　第 4 章は教育機関である．その第 1 節は通則である．教育委員会は，学校等の施設，設備，組織編制，教育課程，教材の取扱等について教育委員会規則を定める（33 条）．教育委員会は，教育長の推薦により学校の教職員を任命する（34 条）．

　第 2 節は市町村立学校の教職員である．県費負担教職員の任命権は都道府県教育委員会に属する（37 条）．都道府県教育委員会は，市町村教育委員会の内申をまって，県費負担教職員の任免等を行う（38 条）．なお，2007 年の改正により，同一市町村の転任については，市町村教育委員会の意向を一層重視する旨が盛り込まれた．

　学校の校長は，県費負担教職員の任免等に関する意見を市町村委員会に申し出ることができる（39 条）．市町村教育委員会は，県費負担教職員の服務を監督する．県費負担教職員は，法令，市町村の条例，規則，教育委員会規則等に従い，かつ上司の職務上の命令に忠実に従わなければならない（43 条）．都道府県教育委員会は，県費負担教職員，講師を免職し，都道府県の常時勤務を要する職に採用することができる（47 条の 2）．

　第 3 節は学校運営協議会である．教育委員会は，学校の運営に関して協議する機関として，学校ごとに学校運営協議会を置くことができる（47 条の 5）．

　第 5 章は「文部科学大臣及び教育委員会相互間の関係等」である．文部科学大臣は都道府県又は市町村に対し，都道府県教育委員会は市町村に対し，必要な指導，助言，又は援助を行うことができる（48 条）．本条に関しては，1999 年に，「行うものとする」から「行うことができる」へと改められた．これは指導，助言に関して，文部科学大臣の権限が縮小されたことを意味すると解釈されている．

　文部科学大臣は，児童等の教育を受ける機会が妨げられていること等が明らかと判断されたときには，教育委員会に対して講ずべき措置の内容を示して是正要求ができる（49条）．また文部科学大臣は，教育委員会の事務の管理，執行が法令の規定に違反するなどして，児童等の生命又は身体に被害が生じるなどした場合，その被害の拡大等を防止するため，緊急の必要があるときは，教育委員会に対して是正の指示をすることができる（50条）．

　第6章は雑則について定められている．

注

1. 第1節は次の文献に依拠して記述されている．若井彌一監修『必携教職六法2014年度版』協同出版，2013年．福本みちよ『教育法規の要点』酒井書店，2008年

2. 山住正己『日本教育小史―近・現代』pp.57〜58，岩波新書，1987年

3. 行政裁量については，次の論文に依拠して記述されている．若井彌一「『法律による教育行政』原則下における行政裁量の可能性とその限定的意義」『日本教育行政学会年報』（17），pp.52〜65，1991年

4. 第2節は次の文献に依拠して記述されている．解説教育六法編集委員会編『解説教育六法2016年版』三省堂，2016年

5. 市川昭午『教育基本法を考える―心で法律を律すべきか』p.26，教育開発研究所

6. 第3節は，解説教育六法編集委員会編『解説教育六法2016年版』三省堂，2016年，に依拠して記述されている．なお筆者は，第3節において，それぞれの条文を解釈し，その概略を記述している．そのため，記述された文は現行の法律の条文そのものではないことに注意されたい．現行の法律の条文そのものについては巻末の資料を参照されたい．第4節も同様である．

7. 第4節は第3節と同様に，解説教育六法編集委員会編『解説教育六法2016年版』三省堂，2016年，に依拠して記述されている．

第 III 部

教育行政の組織と機能

第8章

教育行政の全体構造と中央教育行政組織

第1節　教育行政の意義と主体

（1）　教育行政の意義

　「教育行政」とは，「公教育の目標を設定し，その実現のための条件（教育施設，教育内容，教育職員等）を整備する行政作用」[1]である．教育政策や計画が立案されても，教育機関にまで浸透しない，教育環境が劣悪であるという状況があるならば教育効果は上がらず，画餅に帰す．教育条件の基準を向上させ，法令に基づきながら学校その他の教育機関やその設置者を規制・助成し，教育政策を実施することにより，教育効果の向上に貢献することが教育行政の意義である．

　教育基本法第16条にあるように，教育行政は，主に国，地方公共団体が役割分担して進めていく．

（2）　教育行政の主体

1）　国（中央）

　ここで国とは内閣と中央省庁を指す．「行政権は，内閣に属する」（日本国憲法第65条）とあり，中央行政は内閣が担当する．そのもとに置かれる中央省庁には，現在1府12省庁があり[2]，それぞれ所掌事務（仕事内容の役割分担）が定められている．教育行政を担当するのは文部科学大臣・文部科学省である．

「国の行政機関相互の調整を図るとともに，その相互の連絡を図り，すべて，一体として，行政機能を発揮するようにしなければならない.」（国家行政組織法第 2 条第 2 項）とあり，中央教育行政は省庁間の連携・連絡・調整の下に進められることもある．なお，中央省庁再編・改革（2001 年）前の教育行政担当省庁は，文部省であった.

2)　都道府県・市区町村（地方）

ここで地方とは，都道府県・市区町村を指す．これらは「地方公共団体」と呼ばれる.

地方公共団体は「普通地方公共団体」と「特別地方公共団体」に区別される（地方自治法第 1 条の 3）．「普通地方公共団体」とは，47 都道府県と約 1700 の市町村の 2 種類がある．さらに市町村は，政令市（法定人口 50 万人以上，地方自治法第 252 の 19），中核市（法定人口 30 万人以上，地方自治法第 252 条の 22），その他の市町村に区分される．「特別地方公共団体」には「特別区」等がある．「特別区」は東京都の 23 区のみがこれに当たる．この特別区は市に準ずる権限を有する.

地方行政は「地方自治の本旨」（住民自治・団体自治，日本国憲法第 92 条）に基づいて，「地方公共団体の長」（都道府県知事や市町村長）を中心に進められる．他方で，地方教育行政は，その歴史的背景から「民主性」，「地方分権」に加え，「一般行政からの独立（政治的中立性）」を基本原則として営まれる．地方教育行政については地方公共団体の長にも権限があるが，学校教育の領域を中心に，地方公共団体の長から独立した教育委員会により進められることになっている．なお，教育委員会は都道府県・市区町村に個々に設置されるほか，複数の地方公共団体で設置する組合にも設置される.

(3)　中央―地方間の役割分担

憲法をはじめとして，教育・学校関係法令は，教育は地方公共団体の仕事であり，地方の責任と権限で行うことを規定している．また，より地域の実情に応じた行政サービスを提供することは重要である．したがって地方公共団体の役割は重要であるといえる.

他方で，「教育の機会均等」，「教育水準の維持向上」の観点から，全国的視野

から教育行政を行うことも重要である．したがって，国の教育に関する役割も
また重要であるといえる．国の役割には，概ね，基本的な教育制度の枠組みの
設定，全国的基準の設定，地方公共団体の支援，事業の適正な実施のための支
援援助措置などがある．

　地方教育行政の組織及び運営に関する法律（以下，地教行法）においては，
国—都道府県—市町村の関係について「文部科学大臣は都道府県委員会又は市
町村委員会相互の間の，都道府県委員会は市町村委員会相互の間の連絡調整を
図り，並びに教育委員会は，相互の間の連絡を密にし，及び文部科学大臣又は
他の教育委員会と協力し，教職員の適正な配置と円滑な交流及び教職員の勤務
能率の増進を図り，もつてそれぞれその所掌する教育に関する事務の適正な執
行と管理に努めなければならない．」（地教行法第51条）と規定している．実
際は国，都道府県，市町村がそれぞれ権限を持ち，複雑に絡み合って教育行政
が進められている．

　本章では，中央教育行政の組織と役割，中央—地方間の関係について述べて
教育行政の全体構造を示す．地方教育行政については，次章で述べる．

第2節　文部科学省の任務と組織

（1）　文部科学省の任務と所掌事務

　文部科学省（Ministry of Education, Culture, Sports, Science and Technology,
MEXT）は，内閣の統轄の下に置かれる国家行政組織のひとつである（国家行
政組織法第3条第2項）．文部科学省は，文部科学大臣を長とし（文部科学省
設置法第2条第2項），「教育の振興及び生涯学習の推進を中核とした豊かな人
間性を備えた創造的な人材の育成，学術，スポーツ及び文化の振興並びに科学
技術の総合的な振興を図るとともに，宗教に関する行政事務を適切に行うこと
を任務とする」（文部科学省設置法第3条）．この任務を達成するため，文部科
学省は，教育・文化・スポーツ・学術・科学技術に関連する幅広い任務を担っ
ている．文部科学省設置法においては，これらに関する97項目の所掌事務が
示されている（文部科学省設置法第4条）．

(2)　組織と置かれる職

　文部科学省は，次のような組織で構成されている．文部科学省は，文化庁及びスポーツ庁を外局として持つが，本章では，本省である文部科学省についてのみ扱う．

1)　文部科学大臣

　文部科学大臣は，文部科学省が所掌する「事務を統括し，職員の服務を統括する」（国家行政組織法第 10 条）文部科学省の長である．法律・政令の制定・改正・廃止する場合，案を内閣総理大臣に提出し，閣議を求める必要がある（国家行政組織法第 11 条）が，省令は，大臣の権限で発することができる（国家行政組織法第 12 条）．省庁間の連絡・調整を図ることも重要な任務である（国家行政組織法第 2 条第 2 項及び第 15 条）[3]．

2)　副大臣・大臣政務官・事務次官・文部科学審議官

　文部科学大臣と副大臣・大臣政務官は，文部科学省の「3 役」と呼ばれることがある．省の中枢といえる．副大臣は，大臣の命を受け政策・企画を担当し，政務を処理する役割を担う（国家行政組織法第 16 条）．大臣政務官は，政策・企画に参画し政務の処理を担い，文部科学大臣を助ける役割がある（国家行政組織法第 17 条）．

　省には，事務を整理し，省に置かれる各部局・機関の事務を監督する事務次官が設置される（国家行政組織法第 18 条）が，文部科学省も同様である．また，文部科学審議官は重要な政策に関する事務を総括・整理する（文部科学省設置法第 5 条）．

3)　文部科学省に置かれる部局

　事務を円滑に進めるために，現在，文部科学省には，大臣官房，国際統括官の他，生涯学習政策局，初等中等教育局，高等教育局，科学技術・学術政策局，研究振興局，研究開発局の 6 局が設置されている（文部科学省組織令第 2 条）．それぞれの所掌事務については，文部科学省組織令の第 3 条から第 10 条に規定されている．

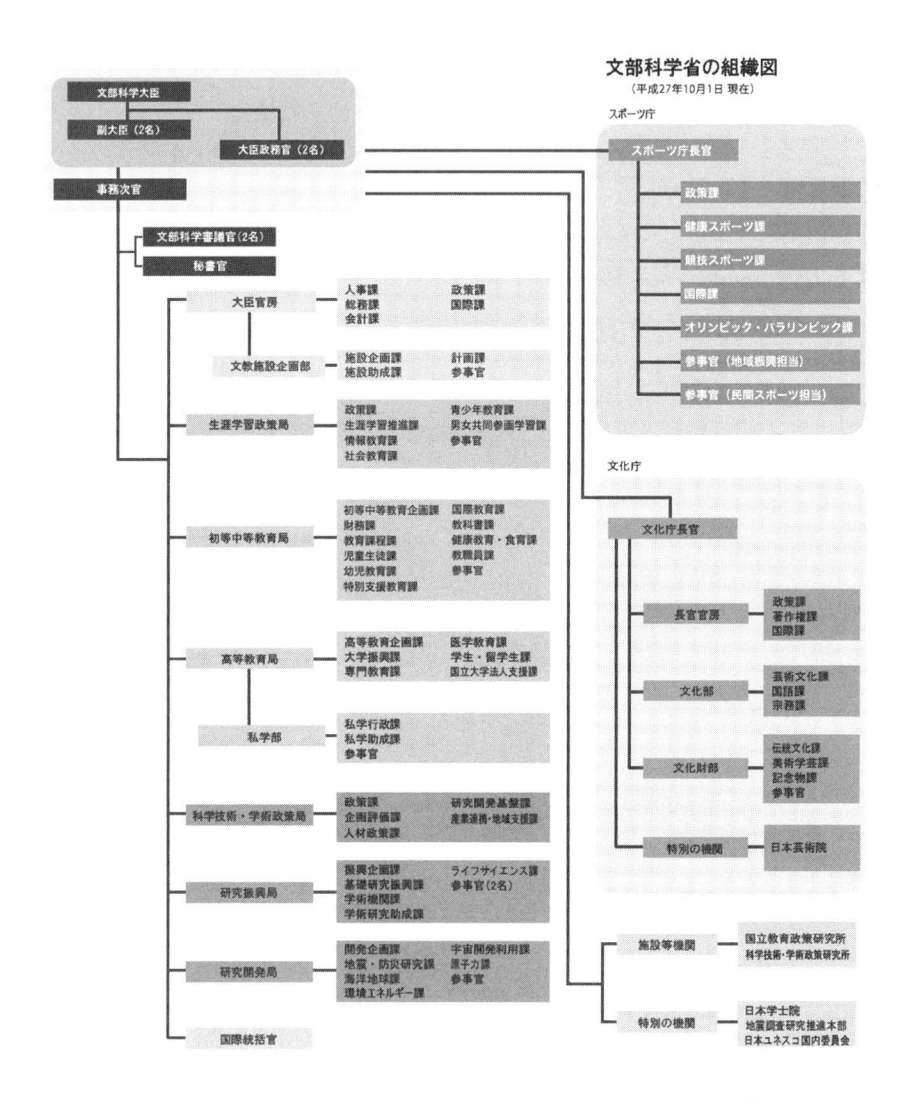

図 **8.1** 文部科学省の組織図（出典：文部科学省ホームページ）

表 **8.1**　文部科学省の各部局の役割

大臣官房	省全体の総合調整，政策評価，会計，情報公開，広報，人事，福利厚生，国際交流基本政策，文教施設
生涯学習政策局	教育改革，生涯学習機会の整備，教育等に係る地域政策，教育等に係る情報通信技術の活用，国内外の教育に関する調査研究・統計，放送大学，大学入学試験検定，専修学校等，社会教育，男女共同参画学習，家庭教育
初等中等教育局	初等中等教育政策，地方教育行政，学級編制，教職員の定数・給与，地方教育費，教育課程，理科教育，生徒指導，進路指導，高校入試，幼児教育，特別支援教育，国際理解教育，海外子女教育，教科用図書，教職員の養成・資質向上，公立学校施設，産業教育，情報教育
高等教育局	大学及び高等専門学校政策，大学・高等専門学校の設置等の認可，大学における技術教育・理学教育・情報教育・教員養成教育，大学における医療人の養成，大学入試，学生・生徒の奨学・厚生補導，外国人留学生の受入，海外への留学生の派遣，私学教育，学校法人，私学助成
科学技術・学術政策局	科学技術・学術政策・計画策定，科学技術関係行政機関事務調整，科学技術白書，資源の総合的利用，研究者・技術者の養成，科学技術の理解増進，技術士，地域科学技術，研究開発評価，科学技術・学術の国際交流，試験研究用原子炉等規則，放射線障害防止・保障措置
研究振興局	研究開発の環境整備，研究交流，産学官連携，研究開発成果の普及・活用，情報科学技術，科学技術・学術情報流通，研究助成，大学共同利用機関・国立大学附置研究所，学会援助，基礎研究，物質・材料科学技術，ライフ・サイエンス，生命倫理，量子化学，放射線利用，原子力科学技術
研究開発局	防災科学技術，地震・火山調査研究，海洋科学技術，地球科学技術，環境科学技術，南極地域観測，宇宙開発，宇宙利用，航空科学技術，科学技術に関する原子力政策，原子力損害賠償，核燃料サイクルの研究開発，核融合
スポーツ・青年局	スポーツ政策，学校体育，生涯スポーツ，競技スポーツ，オリンピック・国民体育大会等のスポーツ事業，スポーツ振興くじ，健康教育，学校保健・学校給食，青少年健全育成，青少年教育，体力づくり
国際統括官	ユネスコ活動，日本ユネスコ国内委員会，国際文化交流に関する交渉

＊ 2015 年のスポーツ庁の設置により，スポーツ・青年局が廃止され，その業務はスポーツ庁の所管となった.

（内閣中央省庁等改革推進本部事務局編『新府省庁ガイドブック—中央省庁の仕事と組織』財務省印刷局，2000 年，参照）

（3）　政策プロセス[4]

1)　文部科学省の政策形成過程

　中央レベルの政策は，内閣による合議により意思決定され，国会での審議に至り，形成・決定される．

　そこに至るプロセスは多様であるが，文部科学省においては，所掌する範囲の事務について，局議において局内の意思疎通を図った後，局議→連絡課長会議→局長会議→省議を経て省内のコンセンサスを得，文部科学大臣の決裁へと流れ，政府，国会審議へと至る「ボトムアップ方式」で進められる．特に，政策を実現するために予算編成が必要な場合は，以上の過程の中で財務省と折衝を行う．その他，各省庁との連絡調整によって政策プロセスが営まれる場合もある．農林水産教育については農林水産省，キャリア教育や認定こども園等，労働や子育てに関する教育等については厚生労働省，環境教育については環境省との連携で進められている．

　各課各局においては，政策の実現のために他課他局の信頼を獲得しなければならないし，内閣や財務当局，他省庁との関係も重要なのである．

　また，教育改革にかかわる重要な事項については，外部の有識者や研究者の意見を聞くことも多い．従来から文部省・文部科学省は審議会等を通じてこれを実現してきた．こうした機会を政策プロセスの中に組み込むことは，国家財政が厳しく，ゆえに政策実現にあたって正統性や責任が厳しく問われ，常に社会的信頼を得なければならない今日，重要な意味を持つ．

　これらについて，ここでは中央教育審議会，国立教育政策研究所，内閣総理大臣が設置する教育に関する審議会を挙げる．

2)　中央教育審議会

　中央教育審議会[5]（以下，中教審）は，文部科学大臣の諮問機関であり，出された提言はその時々の教育政策の方向性に大きな影響を与えてきた．中教審は，文部科学大臣の諮問に応じて，教育の振興，生涯学習の推進，スポーツの振興等に関する重要事項を調査・審議し，文部科学大臣に意見を述べることが任務である[6]．中教審には課題の領域別に，教育制度分科会（教育改革，地方教育行政），生涯学習分科会（生涯教育，社会教育，視聴覚教育，青少年育成など），初等中等教育分科会（初等中等教育，学校保健・学校安全・学校給食，教

育職員の養成など），大学分科会（大学，高等専門学校など）の 4 つの分科会[7]がおかれている（中央教育審議会令第 5 条）[8].

3）　国立教育政策研究所

　国立教育政策研究所[9]は，国立の，教育政策に関する研究機関である．学校教育・社会教育の領域について学術的な研究活動から得た成果を集約・提示し，情報の提示，必要な助言・支援をすることを任務とする．たとえば，「全国学力・学習状況調査」の調査分析は国立教育政策研究所によって行われる．この結果は，文部科学省の政策決定に影響を与えている[10].

4）　内閣総理大臣が設置する教育に関する審議会

　中央教育審議会のような文部科学省に設置される審議会ではないが，内閣総理大臣が設置する「審議会」の類も存在する．1980 年代中曽根康弘首相が設置した「臨時教育審議会」（臨時教育審議会設置法）が挙げられる．この他，2000 年に小渕恵三首相が設置した「教育改革国民会議」，2000 年代以降に安倍晋三首相が設置した「教育再生会議」「教育再生実行会議」など，内閣総理大臣のもとで教育改革の議論が主導される場合もある[11]. そして，たとえば「教育再生会議」の提案により史上初めて教育基本法の改正が行われるなど，中央教育行政の中で影響力は小さくない.

第 3 節　中央—地方関係

（1）　教育行政の重層構造

　教育行政の有様は，「教育は誰が統治するのか」「教育行政は誰が主導するのか」にかかわって，政治的・経済的・社会的要因によって変更されてきた.

　冒頭に示したとおり，一方では，「地方自治の本旨」，あるいは「民主性」「地方分権」「一般行政からの独立（政治的中立性）」という戦後以降の教育行政の理念を実現することを理想としてきた．他方では，「教育の機会均等」・「教育水準の維持向上」の観点からナショナル・スタンダード（全国的標準）を法令等によって制定・改正し，教育の条件整備，教育環境の充実を図る必要がある．こうした考え方から実際は，中央と地方がそれぞれの権限と責任をもって重層的に絡み合いながら教育行政を進めてきた．これは現在においても同様である.

（2） 構造の変遷

しかし，戦後直後の一時期を除いて国—都道府県（教育委員会）—市町村（教育委員会）—学校の関係はタイトな構造を構築し，独自の中央集権的な統治秩序を形成してきた期間が長く続いてきたという経緯がある．そうしたタイトな構造は，下に見るような「指導行政」を中心に構築されてきたのである．

戦後直後の中央教育行政の在り方については，「文部省設置法案」の提案趣旨に見ることができる．そこでは，文部省の任務として ① 教育機関に対する技術的・専門的指導助言，② 教育の向上及び普及に必要な法令案の作成，③ 予算案の作成，④ 物資確保の援助，⑤ 研究活動の連絡調整，⑥ 国際的教育に関する連絡調整，⑦ 調査研究，⑧ 資料作成・刊行の 8 つが示された．文部省は，いわば「サービス・ビューロ」として「謙虚な役割」[12] が期待されていたのである．指導助言について「技術的・専門的」なものだけを行うように制限をかけたことは，戦前の教育行政の在り方と比較して特徴的であった [13]．

対照的に，1950 年代以降，文部省の役割変容と中央集権型システムへの転回がおこった．第 1 に文部省の都道府県教育委員会・市町村教育委員会に対する関与が増大した．文部省には地方教育行政に対する「勧告権」が付与され，「指導助言」については，「技術的・専門的」という制限が外れた．加えて指導助言の対象に都道府県知事等が加えられた（以上 1952 年文部省設置法改正）．次いで，「国，都道府県，市町村が一体となった教育行政」（1956 年地教行法立法趣旨）が目指された上，文部省には地方教育行政に対する「措置要求権」が付与された．「指導助言」についても「行うもの」とされ，中央から地方への，都道府県教育委員会から市町村教育委員会・学校への「積極的な指導的地位」が明示されることとなった．

第 2 に，「機関委任事務」も中央—地方の重層構造をタイトなものにしてきた．「機関委任事務」とは，中央省庁から地方官庁へ委任され，実務は地方機関が行うが，その法的権限は中央機関に留保される事務のことである．この事務の執行に当たっては地方の自由裁量権は大きく制限された．地方自治法や文部省設置法といった法律に基づき，地方が行う事務の管理・執行を，中央が指揮・監督する権限が認められていたのである [14]．

中央から地方への関与や「機関委任事務」制度は，「地方自治の本旨」に基づ

く教育行政を大きく揺るがしてきた．また，上記指導助言等の規制作用は，都道府県（教育委員会）―市町村（教育委員会）―学校間にも当てはまる．これらを通じて，国から学校を貫通する中央集権的でタイトな重層構造を構築してきたのである．当時においても現在においても，この時期の中央の地方に対する，教育委員会の学校に対する強い関与により，地方レベル・学校レベルにおける自主的・自律的で創造性豊かな取り組み推進を阻害してきたという批判が一般的である[15]．

　こうした構造に本格的な改革のメスが入ったのは，1995 年の地方分権推進法成立に伴って発足した地方分権推進委員会による議論の後である．1996 年地方分権推進委員会中間報告では，「中央集権型行政システムの中核部分」と位置づけられた「機関委任事務」制度の廃止が重点課題となった．その結果，「機関委任事務」は廃止または国による直接執行へと変更され，その他の「機関委任事務」は，法定受託事務・自治事務の 2 つに振り分けられることとなった（2000 年施行の地方分権一括法で実現）．

　教育行政においても「機関委任事務」の廃止により，制度的に中央から地方への関与の縮減が進んだ[16]．そして，1998 年中央教育審議会答申「今後の地方教育行政の在り方について」において，① 国の役割及び地方公共団体との関係の見直し，② 教育委員会制度の在り方，③ 学校の自主性・自律性の確立，④ 地域の教育機能の向上と地域コミュニティの育成及び地域振興に教育委員会が果たす役割に関する提言が行われた．これらの提言は上記の一連の改革の流れの上にあるという理解が必要である．つまり，従来のタイトな重層構造の緩和が提言・実施され，現在に至っているのである．

（**3**）　中央から地方への関与の類型

　地方分権改革の推進により，中央から地方への関与の在り方も変化している．まず地方自治法第 245 条において，中央から地方へ，都道府県から市町村への関与の一般類型として「助言又は勧告」，「資料の提出の要求」，「是正の要求」，「同意」，「許可，認可又は承認」，「指示」，「代執行」，「協議」を規定している．

　教育行政の場合，地方自治法に規定されたものの他に，① 基準設定（学校教育法第 3 条，学習指導要領など），② 指導・助言・援助（地教行法第 48 条），③

是正の要求（地教行法第 49 条），是正の指示（地教行法第 50 条），④ 調査（地教行法第 53 条），報告（地教行法第 54 条），⑤ 助成（主に財政面）などの方法で，中央は地方に関与する．都道府県教育委員会が市町村教育委員会に関与する場合も同様である（③ を除く）．

　地方分権改革を受け，② の「指導」は「行うものとする」（義務）から「行うことができる」（自由裁量）という表現に改められた．中央による地方への，あるいは都道府県教育委員会による市町村教育委員会への過度な関与について抑制が図られるようになった．

　③ の「指示」と「要求」は，文部科学大臣が法令違反や不適切な事務を行っている都道府県教育委員会や市町村教育委員会に対して行う権力的な関与である．教育委員会は，「指示」や「要求」を受けた場合，措置を講じなければならない．このうち「指示」は，児童等の「生命又は身体の保護」などのために行う関与であるが，2014 年の地教行法改正により，「指示」の条件が緩和されている．すなわち「生命又は身体に現に被害が生じ，又はまさに被害が生じるおそれがあると見込まれ，その被害の拡大または発生を防止する」ために「指示」を行うことと改められた．

第 4 節　公教育経営における教育行政の方向性

　国民の投票等による教育意思の継起の後，教育政策・立法→中央・地方の教育行政→学校における経営を通じ，学校における教育活動に国民の意思が反映される．以上の，政策立案・立法・行政・経営の総体を公教育経営とするとき，地方分権改革，国際情勢の変化に加え，厳しい財政を背景として，公教育経営における教育行政はその構造を変容させている．

　第 1 は国―都道府県―市町村の垂直的関係の変容である．国が行う学校教育に関する条件整備については，近年，義務教育費国庫負担制度，教職員定数改善計画などの教職員制度，職員会議に関する規定，副校長・主幹教諭・指導教諭の制度化などの学校組織に関する制度，10 年経験者研修，教職大学院などの教員の研修に関する法制度などを整備・進展させてきた．また「総合的な学習の時間」創設，地方における学級編制基準の弾力的運用，総額裁量制の導入，市町村費任用教職員などを制度化し，地方の裁量権を拡大している．裁量拡大

だけでなく，地方における先行的取組みを国がアイディアとして吸収し，それを制度化するなど，従来の中央→地方とは異なる関係も見出されるようになった．他方で，『全国学力・学習状況調査』の実施，教育振興基本計画の制定，学校評価の制度化など従来とは異なる統制・規制・関与のルールが構築されてきている．

　第2は首長（議会）—教育行政の水平的関係の変容である．次章で詳述するが，地方教育行政に関しては，教育委員会が権限を持ち首長（地方公共団体の長）の権限は，制度上制約されている．しかし，少人数教育のような財政措置が必要な政策についてはとりわけ，予算編成権を持つ首長や議会の教育行政への影響力が強くなりうる．実際に首長が教育改革について主導的役割を果たした例もある．また，生涯学習領域に関する教育行政を首長部局に移管する例も多い．このように，中央—地方関係，国—都道府県—市町村の関係の変容に伴い，自律的な教育行政が求められる中，首長と教育行政との関係が変化し，2014年の地教行法改正によって，首長の教育行政権限の拡大，明確化が図られた．

　第3は教育委員会—学校の関係の変容である．学校における教育活動全般については教育行政の管理の対象ではあるが，たとえば，各学校で編成される教育課程を「届出制」にし，校長の裁量権限に委ねる市町村教育委員会が増えている．つまり，学校の自主性・自律性の発揮を期待するシステムが構築されているといえる．こうした「ガバメント」（政府）の在り方の変化と同時に，学校評議員制度，学校運営協議会制度の在り方に注目される．学校評議員制度により，地域住民・保護者の学校「参加」は促されてきた．また，学校運営協議会制度により，地域住民・保護者の学校「参画」を進めているところもある．特に後者は，従来のガバメントによる「ガバナンス」から，地域住民・保護者による「ガバナンス」に変更していく取り組みとして注目できる．

　文部科学省の役割，中央—地方関係・国—都道府県（教育委員会）—市町村（教育委員会）—学校の重層構造の変化が重要なのではない．こうした変化を学校教育の改善に結びつけること，その改善システムを学校・地域で構築していくことが重要なのであるし，今後の改革課題なのである．

注

1.　清水俊彦「教育行政」，細谷俊夫他編集代表『新教育学辞典』(2)，pp.215〜220,

　第一法規，1990 年

2. 現在の中央省庁は，2001 年に施行された中央省庁等改革基本法により誕生した新たな省庁である．それまでの 1 府 22 省庁から 1 府 12 省庁に再編・改革された．中央教育行政は，それまで文部省が担当してきたが，再編・改革を機に科学技術庁をあわせた文部科学省が担当することとなった．

3. 文部科学大臣は，内閣総理大臣以外の他の国務大臣と同様，内閣総理大臣により任命され（憲法第 68 条），天皇によって認証される（憲法第 7 条）．国務大臣の過半数は国会議員で構成される（憲法第 68 条）ため，文部科学大臣は多くの場合，国会議員が務めてきたが，まれに民間人が務める場合もあった．戦後以降，以下の民間人文部大臣・文部科学大臣が存在した．天野貞祐（吉田内閣：1950 年 5 月 6 日-1952 年 8 月 27 日，元旧制第一高等学校長），永井道雄（三木内閣：1974 年 12 月 9 日-1976 年 12 月 24 日，元東京工業大学教授），赤松良子（細川内閣・羽田内閣：1993 年 8 月 9 日-1994 年 6 月 30 日，元官僚），遠山敦子（小泉内閣：2001 年 4 月 26 日-2003 年 9 月 22 日，元官僚）．

4. 政策プロセスについては，以下の官僚による著書を参考にした．城山英明・細野助博編著『続・中央省庁の政策形成過程―その持続と変容』中央大学出版部，2002 年．

5. 中央教育審議会のページ（http://www.mext.go.jp/b_menu/shingi/chukyo/chukyo0/）では，過去の審議会答申等が参照できる．

6. もちろん，これまでの中教審はその時々の教育政策に重要な影響を与える提言をしてきたが，他方で政権・内閣が実施する教育政策を事後的に追認するだけのものであった，という指摘もある．

7. 中央教育審議会は，2001 年の中央省庁の改革・再編により生まれた新しい中央教育審議会である．（旧）中央教育審議会，生涯学習審議会，理科教育及び産業教育審議会，教育課程審議会（教課審），教育職員養成審議会（教養審），大学審議会（大学審），保健体育審議会を統合して発足した．

8. 文部科学省に設置される審議会としては，他に教科用図書検定調査審議会，大学設置・学校法人審議会，科学技術・学術審議会，宇宙開発委員会，文化審議会（文化庁），宗教法人審議会（文化庁），国立大学法人評価委員会，独立行政法人評価委員会などがある．

9. 国立教育政策所のページ（http://www.nier.go.jp/index.html）では，研究成果等を閲覧できる．

10. 少人数教育政策を例として挙げれば，過大規模でも過小規模でも教育効果が上がらないことは今や通説である．そうした中で，今まで以上に少人数教育政策を押し進める（財政支出を高める）ことは困難である．研究的手続きを経て教育政策の効果を見出し，従来の政策を支持したり新しい政策を提案したりすることで政策形成に寄与することが国立教育政策研究所の役割のひとつである．

11. 教育再生実行会議のページ（http://www.kantei.go.jp/jp/singi/kyouikusaisei/）では，会議で取りまとめた提言が掲載されている．

12. 鈴木英一『教育行政』東京大学出版会，1970 年，参照．

13. 鈴木前掲書 12，参照．「指導助言」の特徴は「専門的・技術的」なものに限定していること，指揮命令（上級官庁が下級官庁に対し，方針，基準，手続，計画を命令して従わせること）とは対比関係にあること，である．戦前の教育行政において中央省庁—地方官庁—学校の関係は，概して，指揮命令の関係であった．

14. 当時，営造物理論・特別権限関係論を援用する考え方から，文部科学省や都道府県教育委員会は，市町村教育委員会，学校や教職員への過度な管理を正統化してきた．たとえば，市町村教育委員会が定める「学校管理規則」は，都道府県教育委員会，文部省の学校・教員管理を強めるツールとして作用してきたという経緯がある．さらにいえば，このことが市町村教育委員会，学校・教職員の自主性・自律性を奪い，「上意下達」，「指示待ち」の体質を生んできたという評価が一般的である．

15. 対して，こうした中央集権型システムは「教育の機会均等」・「教育水準の維持向上」に寄与してきたという評価も可能である．

16. 当時の荻原の整理によると，1990 年代末に行われた機関委任事務の廃止について，中央から地方への ① 関与の廃止，② 機関委任事務の自治事務・法定受託事務への振り分け，③ 権限移譲の 3 つに分類できるという．しかし，② の改革が他の改革と比較して圧倒的に多く，「地方分権改革」ではあるが，中央から地方への「権限委譲」ではなく，「関与の縮減」にかかわる改革であるという評価がなされている．荻原克男「国と地方の教育行政関係」（堀内孜編『地方分権と教育委員会制度』ぎょうせい，2000 年）．

第9章

教育行政の地方分権と教育委員会制度

第1節　地方教育行政の基本理念

（1）　地方自治の原則

　憲法で「地方公共団体の組織及び運営に関する事項は，地方自治の本旨に基いて，法律でこれを定める」（日本国憲法第92条）と規定しているように，日本の行政は，「地方自治の原則」を基盤としている．憲法でいう「地方自治の本旨」は「住民自治」と「団体自治」を車軸の両輪としている．「住民自治」とは，住民自らの意思と責任に基づく行政の在り方を指す．「団体自治」とは，国の官庁からの関与を可能な限り小さくし，地方公共団体が自主的に行う行政の在り方を指す．すなわち，前者が民主性・法律主義，後者が地方分権を指し，これらが日本における行政の原則となっている．

（2）　教育行政の基本理念と教育委員会制度の意義

　地方教育行政でも「地方自治の原則」が尊重されている．教育行政は「この法律及び他の法律の定めるところにより行われるべき」（教育基本法第16条第1項）とされ，法律主義が支持されている．また，地方自治法により教育は「地方の固有事務」とされており，教育の地方分権が保障されている．

　くわえてまた，教育委員会は，「一般行政からの独立」を理念としている．地方公共団体の長（都道府県知事・市町村長）は，地方行政一般に対し，政治的に非常に大きな権限を持っている．他方，地方行政の中にはそうした大きな権限を持つ者が進めた場合，都合が悪い行政領域がある．たとえば，監査行政（実

際は監査委員会が主導）や選挙管理（実際は選挙管理委員会が主導）が挙げられる．なぜなら，これらは「政治的中立性」を維持して行われることが求められる行政領域であるためである．地方教育行政についても同様で，日本においては教育の特殊性や歴史的背景から，「政治的中立性」を維持し，一貫した方針の下で「継続的・安定的」に行うために，一般行政から独立して営まれる必要があると考えられてきた．ゆえに，地方公共団体の長が教育行政に対して行使できる権限は，後述のように一般行政に対するそれと比較すると大きく制約されている．

　まとめれば，日本においては＜民主性・法律主義＞，＜地方分権＞，＜一般行政からの独立＞の 3 つの考え方を基盤として，地方教育行政を推進することを理想としてきた．そして，こうした上記の考え方を具現化するために構築されたのが教育委員会制度なのである．

　教育委員会制度は，現在「地方教育行政の組織及び運営に関する法律」（以下，地教行法）などにより規定されている．

第 2 節　教育委員会の組織

　本節で示す教育委員会の組織は，2014 年 6 月の地教行法改正で大きく変更された．主な変更点は，教育委員，教育委員長，教育長及び首長の地方教育行政における位置と権限についてであり（「教育委員長職」が廃止され，改正前のその「権限」がほぼ「新教育長」の権限とされた），これについては，本章末に「補論」として示すが，本節では改正前の法規定に基づく教育委員会組織について概説する．これは現時点（2016 年 3 月）においても，相当数の教育委員会が改正前の組織を維持していること，また補論で示す改正後の組織との比較ができることによっている．（なお改正法の概要は，第 7 章第 4 節を参照）

（1）　組織原理

　図 9.1 のように，「教育委員会」は，教育委員で構成される合議の場としての教育委員会と，その教育委員会から任命され指揮監督を受ける教育長を事務局長とした教育委員会事務局に整理できる．なお，前者を，「合議制教育委員会」，あるいは「狭義の教育委員会」と呼び，事務局とあわせた「（広義の）教育委員

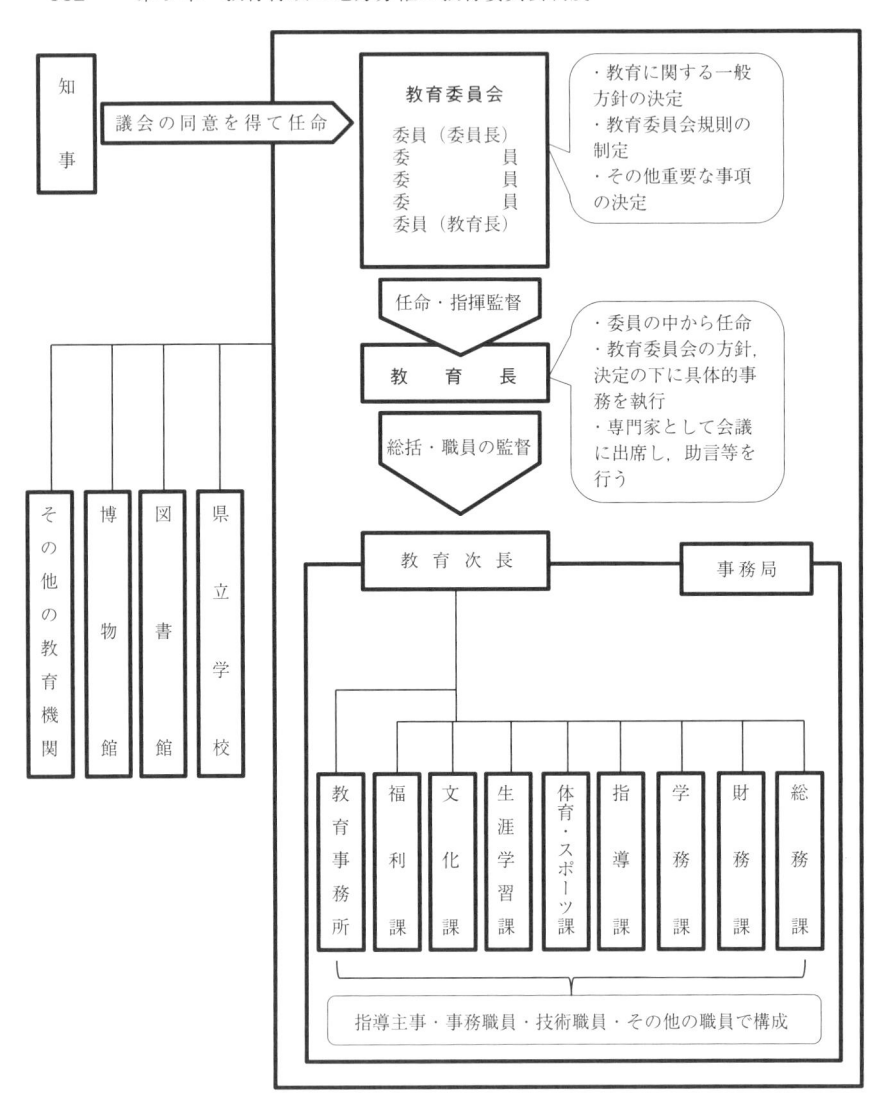

図9.1　都道府県教育委員会の機構の一例（出典：全国都道府県教育委員会連合会ホームページ（一部変更））

会」と区別して呼ばれる場合がある．

　教育委員会は，地方官庁に設置される行政委員会である（地方自治法第180条の5）．地方教育行政は，教育委員の合議を経て，教育長の統括・監督下に置

かれる事務局が執行するという合議制執行機関である．教育委員会は，都道府県，市区町村及び教育に関する地方公共団体の組合にそれぞれ設置される（地教行法第 2 条）

　こうした組織体制は，日本における教育委員会制度の導入経緯を背景に構築されたものである．日本に教育委員会制度が導入されたのは，戦後の米国による占領期においてである．よって日本の教育委員会制度は，米国の教育委員会制度をモデルとしている．

　米国では開拓の歴史[1]とかかわって，住民による選挙によって選出された「地域住民の代表者」としての素人（レイマン）と，免許制度により専門性を担保された「教育専門家」（プロフェッショナル）とが，地域住民の教育意思反映と教育専門家としての意見を抑制・均衡させる中で教育政策を決定し，教育行政を進めることを理想としていた．こうした考え方で米国の教育委員会は構成されているのであるが，この組織原理はレイマン・コントロール（民衆統制）とプロフェッショナル・リーダーシップ（専門家による指導性発揮）（layman control and professional leadership）によって構成されている．

　日本の戦後直後に制定された教育委員会法（旧法）においては，この考え方に基づき教育委員会制度が構築された．すなわち，レイマン・コントロールを選挙により選出された教育委員が担い，プロフェッショナル・リーダーシップを免許制度により専門性を担保された教育長・指導主事等の専門職員が担い，この両者によって構成される教育委員会制度を構築した．しかし，以下にみるように，こうした組織原理は尊重はされているが，制度的に見れば導入当時の理念を大きく後退させて現在に至っている．

（2）　教育委員会

1）　教育委員

　教育委員会は 5 人の教育委員で組織することを規定している．ただし，都道府県と市と特別区の教育委員会については 6 人以上，町村教育委員会については 3 人以上の教育委員で組織することができると規定されており，教育委員の数を弾力的に運用することが可能になっている（地教行法第 3 条）．

　教育委員は「当該地方公共団体の長の被選挙権を有する者」（都道府県の場

合 30 歳，市町村の場合 25 歳）で，「人格が高潔で，教育，学術，及び文化に関し識見を有する者」の中から，地方公共団体の長が，議会の同意を得て任命する．また，政党，年齢，性別，職業等に著しい偏りがないように配慮すること（特に，同一政党所属委員は委員定数の 2 分の 1 以上にならないようにしている），保護者を委員に含めることなどが規定されている（地教行法第 4 条）．そして，教育委員は地方教育行政を担う責任を自覚することが規定されている（地教行法第 11 条 6 項）．任期は 4 年（補欠の委員の任期は，前任者の残任期間）である（地教行法第 5 条）．教育行政の地方分権，一般行政からの独立の観点から，議会議員や地方公共団体の常勤職員などの職と教育委員との兼職を禁止している（地教行法第 6 条）．また服務については，教育委員には守秘義務が課せられる他，教育委員が政党その他の政治団体の役員となること，積極的な政治運動を行うことを禁止している．

なお，教育委員長は委員の中から互選で選ばれる．任期は 1 年である．教育委員長は，会議を主宰し，教育委員会を代表する（地教行法第 12 条）．

2)　会議

教育委員会の会議は委員長が招集する．会議には通常，定例会と臨時会がある．会議は，在任委員の過半数の出席がなければ，議決することができない．後に述べる教育委員会の職務権限は，原則的には委員の合議と議決があって執行される．議決は出席委員の多数決によるが，可否同数の場合は教育委員長の意見に決する．会議は公開されることが原則である（地教行法第 13 条）．

（3）　教育委員会事務局

教育委員会には，教育委員会の権限に属する事務を処理するために，事務局を設置する．事務局は，教育長，指導主事・事務職員・技術職員で構成される．その他の内部組織については教育委員会規則で規定している（地教行法 18 条）．

ここでは，教育長，指導主事について触れる．

1)　教育長

教育長は，現在は教育委員の中から地方公共団体の長が議会の同意を得て任命する方法になっている[2]．ただし，教育委員長であるものが教育長になることはできない．教育長は，教育委員でもあるので[3]，任期期間を終えるなど何ら

かの理由で教育委員でなくなったときは教育長職を失う（地教行法第 16 条）.

　教育長には，第 1 に教育委員会のすべての会議に出席し，議事について助言すること（地教行法第 17 条），第 2 に，教育委員会の指揮監督の下，事務局を統括し，所属職員を指揮監督しながら教育委員会の権限に属するすべての事務についての執行の責任者であること（地教行法第 20 条），以上の 2 つの側面がある.

2)　指導主事

　都道府県教育委員会の事務局には，指導主事，事務職員，技術職員のほか，所定の職員を置くことが規定されている（地教行法第 19 条）. なお，市町村教育委員会においても，この規定に準じる職員の配置が求められている.

　このうち指導主事は，「専門的教育職員」（教育公務員特例法第 2 条第 5 項）として，「上司の命を受け」，学校・教員に対する「指導」に従事する重要な役割を担う. したがって指導主事には，教育に関する識見を有し，学校の教育課程，学習指導その他学校教育に関する専門的事項について教養と経験が求められるため，大学以外の公立学校の教員の中から，教育長の推薦により教育委員会が任命することができる.

3)　その他の職員

　この他，専門職員として社会教育主事を置くこととされている[4]. その他，人事・管理を担当する管理主事，同和教育に関する企画・立案・実施を担う同和教育主事などを設置している教育委員会が多い.

第 3 節　　地方教育行政における職務権限

（1）　教育委員会の職務権限

　教育行政に関する権限は，教育委員会と，地方公共団体の長が持つ. 地教行法第 23 条・第 24 条には，それぞれの職務権限が規定されている（表 9.1）.

　教育委員会は，学校教育を中心として幅広い範囲の職務権限を持つ.

　第 1 に学校教育に関することである. 学校の設置・管理，教職員の任免・人事，児童生徒の就学，学校の組織編制・教育課程・学習指導・生徒指導，教科書等教材，校舎の整備，教職員や児童生徒の保健・衛生，学校給食などがある. ほぼ学校教育全般の事務に関わっている[5]. ただし，公立大学と私立学校は職

表 9.1 教育委員会の職務権限と長の職務権限

地教行法第 23 条各号（教育委員会の職務権限）
1. 教育委員会の所管に属する第 3 十条に規定する学校その他の教育機関（以下「学校その他の教育機関」という．）の設置，管理及び廃止に関すること．
2. 学校その他の教育機関の用に供する財産（以下「教育財産」という．）の管理に関すること．
3. 教育委員会及び学校その他の教育機関の職員の任免その他の人事に関すること．
4. 学齢生徒及び学齢児童の就学並びに生徒，児童及び幼児の入学，転学及び退学に関すること．
5. 学校の組織編制，教育課程，学習指導，生徒指導及び職業指導に関すること．
6. 教科書その他の教材の取扱いに関すること．
7. 校舎その他の施設及び教具その他の設備の整備に関すること．
8. 校長，教員その他の教育関係職員の研修に関すること．
9. 校長，教員その他の教育関係職員並びに生徒，児童及び幼児の保健，安全，厚生及び福利に関すること．
10. 学校その他の教育機関の環境衛生に関すること．
11. 学校給食に関すること．
12. 青少年教育，女性教育及び公民館の事業その他社会教育に関すること．
13. スポーツに関すること．
14. 文化財の保護に関すること．
15. ユネスコ活動に関すること．
16. 教育に関する法人に関すること．
17. 教育に係る調査及び基幹統計その他の統計に関すること．
18. 所掌事務に係る広報及び所掌事務に係る教育行政に関する相談に関すること．
19. 前各号に掲げるもののほか，当該地方公共団体の区域内における教育に関する事務に関すること．
地教行法第 24 条各号（地方公共団体の長の職務権限）
1. 大学に関すること．
2. 私立学校に関すること．
3. 教育財産を取得し，及び処分すること．
4. 教育委員会の所掌に係る事項に関する契約を結ぶこと．
5. 前号に掲げるもののほか，教育委員会の所掌に係る事項に関する予算を執行すること．
地教行法第 24 条の 2（職務権限の特例）
1. スポーツに関すること（学校における体育に関することを除く．）．
2. 文化に関すること（文化財の保護に関することを除く．）．

務範囲外である．

第 2 に青少年教育や女性教育などの社会教育に関することである．より具体的には，社会教育機関である図書館・公民館・博物館・美術館・動物園の設置・管理運営などがある．

第 3 に調査・統計，広報・相談，評価に関することである．学校教育その他の公教育は，国民や地域住民の税金によって運営されている．したがって学校等で行われた教育の成果について，地域住民に厳しく問われてしかるべきであるし，教育委員会は管理者として説明責任を果たすことが求められる．この第 3 の点は，今日，教育委員会にとって重要な職務内容となっている．

その他，文化財保護，ユネスコ活動，教育財産管理など，学術・文化に関しては教育委員会の職務内容となっている．

なお，教育委員会は職務を効率的に進めるため ① 内部組織権，② 教育委員会規則制定権，③ 事務委任権 [6] を持っている．

①　内部組織権（法定事項を除き教育委員会の内部組織を編制する権限．教育委員の同意，教育委員長の選挙や代行者の指定，教育長・事務局職員の任命，会議規則や事務局内部組織等組織運営規則制定権など）

②　教育委員会規則制定権（法令・条例の範囲内で所掌事務に関する規則や規定を制定できる権限．学校管理規則や事務委任に関する規則の制定，高校通学区域の指定権など）

③　事務委任権（教育長や事務局職員，所管機関の職員に所掌事務の一部を委任・委託などで執行させる権限．教育長への委任，教育長による臨時代理，都道府県の場合には市町村教育委員会への委任）

(2)　政令都市・中核市の特例

「市町村」の中でも，政令都市，中核市は，一般の市町村と比較してより多くの権限をもつ．政令都市には県費負担教職員の任免権，給与の決定，休職及び懲戒，研修の権限を，中核市は研修の権限を持つことが規定されている（地教行法第 58 条・第 59 条）．県費負担教職員に関するこれらの権限は，その他の市町村には付与されていない（都道府県に付与される）．

表 9.2　地方公共団体が条例で定める事項

1. 教育委員の人数（第 3 条）

2. 事務局職員の定数（第 21 条）

3. 教育委員会の職務権限のうち特例的に地方公共団体の長が管理・執行する事項（第 24 条の 2）

4. 教育に関する専門的，技術的事項の研究又は教育関係職員の研修，保健若しくは福利厚生に関する施設その他の必要な教育機関の設置（第 30 条）

5. 学校以外の教育機関に置く技術職員・事務職員とその定数（第 31 条）

6. 県費負担教職員の定数（第 41 条）

7. 県費負担教職員の給与，勤務時間その他の勤務条件（第 42 条，都道府県）

8. 県費負担教職員の任免，分限又は懲戒（第 43 条第 3 項，都道府県）

9. 県費負担教職員の職階制（第 44 条，都道府県）

10. 県費負担教職員のうち非常勤の講師の報酬及び職務を行うために要する費用の弁償の額並びにその支給方法（第 47 条の 3，都道府県）

（3）　地方公共団体の長の職務権限

　地方公共団体の長の職務内容は，① 公立大学，② 私立学校，③ 教育財産の取得・処分，④ 契約，⑤ 予算の執行の 5 点に限定されている（地教行法第 24 条）．これとは別に，① スポーツ，② 文化といった教育委員会が本来担う職務を，地方公共団体の長が担うことができることを特例的に認めている（地教行法第 24 条の 2）．また，人件費負担など財政負担にかかわる事項を中心に，条例で定める事項もある（表 9.2）．

補論

（1）　教育委員会制度改革と，その背景

　教育再生実行会議第 2 次提言「教育委員会制度等の在り方について」（2013 年 4 月），中教審答申「今後の地方教育行政の在り方について」（2013 年 12 月），与党ワーキングチーム「教育委員会制度の改革に関する与党合意」（2014 年 3 月）などにおいて，教育委員会制度改革について議論が行われた．結果，「教育

の政治的中立性，継続性・安定性を確保しつつ，地方教育行政における責任の明確化，迅速な危機管理体制の構築，首長との連携の強化を図るとともに，地方に対する国の関与の見直しを図る」（「地方教育行政の組織及び運営に関する法律の一部を改正する法律について」（通知））という趣旨から，2014年6月に地教行法が改正され教育委員会制度の見直しが図られた（2015年4月施行）.

　改正の背景には，「いじめ問題」「体罰問題」といった教育問題に対し，教育委員会が迅速かつ適切な体制が築けなかったこと，地方教育行政の責任の所在が不明確であったこと，危機管理体制の整備が不十分であったことなどの教育委員会の機能不全に対し，批判的世論が形成されていたことがある.

（2）改正点

　端的にいえば，地方教育行政における意思決定について，教育長と地方公共団体の長の影響力を高める方向で改正が行われた.

　主な改正点は，次の点である.

1）教育委員会における教育長

（a）教育長の選任

　教育長は「人格が高潔で，教育行政に関し識見を有するもののうちから，地方公共団体の長が，議会の同意を得て，任命する」（改正地教行法第4条）ことになった．任期は3年である（改正地教行法第5条）.

（b）教育長の役割

　「教育長は，教育委員会の会務を総理し，教育委員会を代表する」（改正地教行法第13条），「教育委員会の会議は，教育長が招集する」（改正地教行法第14条）と規定された.

　従来まで教育委員長が担ってきた教育委員会の代表者の立場と，従来から担ってきた専門的助言者かつ事務執行の責任者として立場の，2つの立場を一体化した常勤職として新設されたのが，現在の教育長である．これにより，従来，会を代表していた教育委員長職は廃止された.

2）地方教育行政における地方公共団体の長の役割

（a）大綱の設定

　地方公共団体の長は，地方教育行政にあって ① 大学に関すること，② 幼保

連携型こども園に関すること，③ 私立学校に関すること，④ 教育財産に関すること，⑤ 契約に関すること，⑥ 予算執行に関すること（改正地教行法第 22 条）を職務権限とする．その他，地域の実情に応じて，教育等に関する総合的な施策の大綱を定める（改正地教行法第 1 条の 3）ことを，地方公共団体の長の新たな役割とした．

（b）総合教育会議の新設

総合教育会議については，改正地教行法第 1 条の 4 に規定されている．地方公共団体の長と教育委員会（教育長と教育委員）で構成する．招集するのは地方公共団体の長である．話し合われる事項は ① 教育に関する総合的な施策の大綱に関すること，② 教育を行うための諸条件の整備や地域の実情に応じた教育等の振興を図るため重点的に講ずべき施策に関すること，その事務の調整，③ 児童，生徒等の生命又は身体に現に被害が生じ，又はまさに被害が生ずるおそれがあると見込まれる場合等の緊急の場合に講ずべき措置に関すること，その事務の調整についてである．

（3）　今後の地方教育行政の運営

地方公共団体の長は，大綱を定めること，総合教育会議を導入したこと，教育長を直接任命すること（改正地教行法第 4 条）など，今次の地教行法改正により地方教育行政に対する影響力を高めた．これに対し，政治的中立性，継続性・安定性の観点から，地方公共団体の長が教育行政に対して過度に影響力を持つことを懸念する意見も多い（それゆえ法制度上は，地方公共団体の長の影響力に「はどめ」をかける規定がある．① 従来通り教育委員会を合議制の執行機関として位置づけていること，② 教科書の採択，学校の教育課程の編成，個別の教職員人事（採用，異動，昇任など）などについては，従来通り教育委員会の専権事項であること，③ 教育委員会が首長に対し総合教育会議の招集を求めることができること，会議を原則公開とすること，議事録を作成し公表するように努めること（改正地教行法第 1 条の 4），④ 教育長や教育委員を，その意に反して罷免することは原則的にできないこと（改正地教行法第 7 条）などの規定がそれである）．

他方で，いじめなどの教育問題への対応や「地域づくり」を踏まえた学校教

育の推進など，教育委員会が単独で推進することが困難な事案が多い今日，地方公共団体の長と教育委員会がより密に連携していくことが重要になっている．

　多様な教育意思を汲み取りながら地方教育行政を運営していく仕組みづくりが，今後の地方教育行政の課題であるといえる．

注

1.　米国における教育委員会制度の歴史については，堀和郎「アメリカ教育委員会制度の成立と観念的基盤」『教育学研究』（43）第 1 号，1976 年，青木薫『アメリカ教育思想と教育行政』ぎょうせい，1979 年，参照．

2.　ただし，後に述べる教育長としての職責の重さを鑑み，教育行政あるいは一般行政に精通している者を教育委員として任命し，その後その者を教育長として任命する場合が多いようである．

3.　なお，教育長である教育委員は，他の教育委員が非常勤の「特別職」であるのと異なり，原則的に地方公務員法の適用を受ける常勤の「一般職」に分類される（地方公務員法第 3 条第 3 項）．

4.　社会教育主事は指導主事と同様に「専門的教育職員」とされ（教育公務員特例法第 2 条第 5 項），都道府県・市区町村教育委員会に置くものとされている（社会教育法第 9 条の 2）．社会教育主事の資格として学歴・職歴のほか，社会教育主事講習を修了する必要がある（社会教育法第 9 条の 4）．

5.　なお，設置者管理主義・設置者経費負担主義（学校教育法第 3 条）より，学校の設置者が学校を管理し，その経費の一切を負担することが原則である．市町村立義務教育学校は，本来ならば市町村が管理し経費を負担することとなるが，「教育の機会均等」「教育水準の維持向上」の考え方から，その例外は少なくない．たとえば，市町村立義務教育学校に限り，校舎建築費の一部を国が負担する（義務教育諸学校等の施設費の国庫負担等に関する法律）．また，教職員の給与費の全額を都道府県が負担する（市町村立学校職員給与負担法．その内，国が一定の割合を国庫負担する（義務教育費国庫負担法））．これに伴って教職員の採用・任免等の人事は都道府県教育委員会が実施する（地教行法第 40 条）．

6.　ただし，教育委員会は教育委員会規則に定めるところにより，教育長に事務を委任できる．ただし，次の点は委任できない（地教行法第 26 条 2 項）．
　　一　教育に関する事務の管理及び執行の基本的な方針に関すること．／二　教育委員会規則その他教育委員会の定める規程の制定又は改廃に関すること．／三　教育委員会の所管に属する学校その他の教育機関の設置及び廃止に関すること．／四　教育委員会及び教育委員会の所管に属する学校その他の教育機関の職員の任免その他の人事に関すること．／五　次条の規定による点検及び評価に関すること．／六　第 29 条に規定する意見の申出に関すること．

第 10 章

教職員制度と人事行政

第1節　教職員制度の概要

（1）　教職員の種類

　教職員とは一般的に，教育系職員（教授職）としての教員と，事務系職員（非教授職）としての職員に区分できる．ここで，まず教員とは，教育公務員特例法（以下，教特法）第2条において，副校長（副園長を含む），教頭，主幹教諭，指導教諭，教諭，助教諭，養護教諭，養護助教諭，栄養教諭，講師をいう．また，職員は，事務職員，用務員，技術職員，学校給食調理員など，広く教育に関わる事務，技術，用務などに従事する者が挙げられる．校長は，一般的には教員として認識されている観が強いが，たとえば学校教育法第8条で「校長及び教員」（第8条）と併記されているように，法律上「教員」として規定されているわけではない．

　また，学校には非常勤でその職務に従事する教職員も多い．まず挙げられるのが，常勤講師や非常勤講師など，最長で1年間の期限付きで任用される教員である．彼らの任用・勤務形態は，産休・育休や病休，研修等による教員の代替の状況に応じてさまざまである．またこの中には，少人数指導や習熟度別指導，ティーム・ティーチングなどの実施のために雇用され，実際の授業場面や教科指導，生徒指導などに携わる者も今日多く見られる．さらに，教員免許状を取得していないが，専門的な知識や技能をもつ社会人・地域住民を特別非常勤講師制度を活用して学校現場に迎え，彼らが教科や総合的な学習の時間などの一部を担当する事例も増加している．このほか，スクールカウンセラーやス

表 **10.1**　教職員の職種[1]

学校種					
小学校	中学校	高等学校	中等教育学校	特別支援学校	幼稚園
校長	校長	校長	校長	小学部〈小学校に準ずる〉／中学部〈中学校に準ずる〉／高等部〈高等学校に準ずる〉／幼稚園〈幼稚園に準ずる〉	園長
〔副校長〕	〔副校長〕	〔副校長〕	〔副校長〕		〔副園長〕
□（教頭）	□（教頭）	□教頭	□教頭		□（教頭）
〔主幹教諭〕	〔主幹教諭〕	〔主幹教諭〕	〔主幹教諭〕		〔主幹教諭〕
〔指導教諭〕	〔指導教諭〕	〔指導教諭〕	〔指導教諭〕		〔指導教諭〕
教諭	教諭	教諭	教諭		教諭
〔助教諭〕	〔助教諭〕	〔助教諭〕	〔助教諭〕		〔助教諭〕
〔講師〕	〔講師〕	〔講師〕	〔講師〕		〔講師〕
▽△養護教諭	▽△養護教諭	〔養護教諭〕	▽養護教諭		〔養護教諭〕
〔養護助教諭〕	〔養護助教諭〕	〔養護助教諭〕	〔養護助教諭〕		〔養護助教諭〕
〔栄養教諭〕	〔栄養教諭〕	〔栄養教諭〕	〔栄養教諭〕		〔栄養教諭〕
		実習助手	〔実習助手〕		
		〔技術職員〕	〔技術職員〕		
（事務職員）	（事務職員）	事務職員	事務職員		〔事務職員〕
学校医	学校医	学校医	学校医		学校医
学校歯科医	学校歯科医	学校歯科医	学校歯科医		学校歯科医
学校薬剤師	学校薬剤師	学校薬剤師	学校薬剤師		学校薬剤師

（注）
（　）・・・特別の事情がある時等は置かないことができる.
〔　〕・・・置くことができる.
　□　・・・副校（園）長を置くときは，置かないことができる.
　▽　・・・養護をつかさどる主幹教諭を置くときは，置かないことができる.
　△　・・・当分の間，置かないことができる.

クールソーシャルワーカー，学校評議員あるいは学校運営協議会（コミュニティスクール）の委員や，従来からの学校医や学校歯科医，学校薬剤師などは非常勤職員として挙げられる.

　このように学校の職務は，常勤の教職員を中心としながらも，多様な職種の非常勤で従事する人たちによっても担われている. こうした教職員の職種をまとめたものが表 10.1 である. ここでは，義務設置，任意設置に加えて設置義務が免除できる職種もあり，学校種，さらには同一学校種の個々の学校によっても教職員構成に多様性が現れることにもなろう.

（2）　教職員の任用，服務と分限・懲戒

1）　教職員の任用

　任用とは特定の人物を特定の職に充当することをいい，この充当の方法によって採用・昇任・降任・転任の 4 種類に分けられる（国家公務員法第 35 条，

地方公務員法第 17 条).一般の公務員では,各職員を所管する行政機関の長が任命権者かつ服務監督権者であり,法令等の規定に従い,こうした任用行為に加えて休職・免職・懲戒などを行う(国家公務員法第 61・84 条,地方公務員法第 6 条).同様に,公立学校の教職員の任命権および服務監督権を有するのは当該学校を所管する教育委員会(以下,教委と表記)である(地公法第 6 条,地教行法第 34 条).しかし,県費負担教職員と呼ばれる,市町村立学校の教職員の場合,その任命権者は都道府県教委,服務監督権者は市町村教委という特殊な人事上の権限関係となっている.

　ここで県費負担教職員制度とは,市町村立学校の教職員の身分は市町村の職員であるが,その給与を都道府県の負担とすることで教育水準の維持・向上(給与水準と一定水準の教職員の確保)とともに,都道府県が市町村を越えて広く人事を行うことによって教職員の適正配置や人事交流を図ることを目的とした制度である.これによって,都道府県教委は市町村立学校教職員の給与を負担し(市町村立学校職員給与負担法第 1 条,なお,国は義務教育費国庫負担法第 2 条により教職員給与の 3 分の 1 を負担),また,教職員を任命する(地教行法第 37 条).市町村教委は学校を設置・管理し(地教行法第 21 条第 1 号),教職員の服務を監督する(地教行法第 43 条).一方で,市町村教委は県費負担教職員に関する人事の内申を行い,都道府県教委はその内申をまって任免その他の進退を措置しているのである(地教行法第 38 条).なお,政令指定都市教委はこの例外として,給与は都道府県教委が負担するものの,教職員の任免等をみずから行っている(地教行法第 58 条).

2)　教職員の服務,分限・懲戒

　まず,服務について見る.服務とは,職務上または職務外において公務員に課せられている規律に服する義務をいう.それは,憲法第 15 条を淵源としながら,地方公務員法第 30 条において「すべて職員は,全体の奉仕者として公共の利益のために勤務し,且つ,職務の遂行に当つては,全力を挙げてこれに専念しなければならない」とされている.さらに,教育基本法第 9 条第 1 項では,「法律に定める学校の教員は,自己の崇高な使命を深く自覚し,絶えず研究と修養に励み,その職責の遂行に努めなければならない」と規定されており,ここでは教育公務員に限定されず,教員として遵守すべき服務の在り方を定め

たものと解釈できる．

　地方公務員としての教職員が遵守しなければならない服務には次の 2 つがある．まずは「職務上の義務」であり，それには，1）服務の宣誓（地公法第 31条），2）法令等及び上司の職務上の命令に従う義務（同 32 条），3）職務に専念する義務（同 35 条）があり，さらに第 2 の「身分上の義務」として，4）信用失墜行為の禁止（同 33 条），5）秘密を守る義務（同 34 条第 1 項），6）政治的行為の制限（同第 36 条第 1 項），7）争議行為等の禁止（同第 37 条第 1 項），そして 8）営利企業等の従事制限（同第 38 条，教特法第 17 条第 1 項）がある．これら服務の監督は先述の教委のほか，さらに，教員が所属する学校の校長もまたそれを担うことになっている（学校法第 37 条第 4 項）．

　つぎに教職員の分限と懲戒についてである．まず，分限とは公務員の地位に不利益な変動を与える行為をいう．それは，公務能率の維持とその適正な運営の確保を目的に任命権者に与えられた権限であり，公務員がその職責を十分に期待できない場合に措置される．分限には，免職，休職，降任，降級があり，たとえば，勤務実績が良くない場合，心身の故障のため，職務の遂行に支障があり，またはこれに堪えない場合，その職に必要な適格性を欠く場合，刑事事件に関し起訴された場合などに行われる（地公法第 28 条）．

　一方で懲戒とは，法令違反行為や職務上の義務違反・職務怠慢，または全体の奉仕者たるにふさわしくない非行に該当する場合，公務員関係の秩序維持の観点から科される処分をいう．この懲戒処分には，戒告，減給，停職または免職がある（地公法第 29 条第 1 項）．

第 2 節　教員の養成と任用，研修

（1）教員の養成

　戦後において教員養成は大学において行うこととされ，さらに，国・公・私立大学，あるいは教員養成系大学か一般大学であるのかを問わず，いずれの大学も教職課程を開設して教員養成に携わることができることとなった（教員養成の開放制の原則）．これによって，高度の教養や専門的な知識・技術を有した人材を幅広く教員に求められることになった．そして学生は，大学で設置される教職課程の単位を満たせば，卒業時に免許が授与されることになる．また

教員は，教育職員免許法により授与される相当の教員免許状を有する者でなければならない（教員免許状主義）.

しかし近年，大学における教員養成や教員免許状制度については，今日の教育現場の課題に対応するために必要な教員としての資質や能力の育成や保証などの点で様々な問題点があると指摘されており[2]，それらの改善が図られることになった．この主な動向として，教育職員免許法施行規則の改正（2008 年）によって「教職実践演習」が教職課程科目に導入されたことが挙げられる．それは，教職課程を通じて教員として最低限必要な知識や技能を修得したことを最終確認するための科目として位置づけられ，原則的に大学 4 年次（短期大学では 2 年次）の後期に開講され，教員免許状の取得を希望する 2010 年度以降のすべての入学生は同科目の単位修得が求められることになった．

また，2008 年 4 月から教員養成に特化した専門職大学院として「教職大学院」が設置されている．教員養成という点では，それは学部段階の教員養成教育を終えた者の中から，さらにより実践的な能力を備えた新人教員を養成することを目的としたものである．2013 年度では国立大学 19 校，私立大学 6 校の合計 25 校の教職大学院が全国で設置されている．

このような制度変革がなされる一方で，教員養成の在り方をめぐる政策論議も展開されてきた．中教審答申「教職生活の全体を通じた教員の資質能力の総合的な向上方策について」（2012 年 8 月）では，教員養成を修士レベルとするとともに，新たな教員免許状の構想（基礎免許状，一般免許状など）が提言された．また，2012 年 12 月の自民党を中心とした政権への交代後，教員免許状・採用の制度改革を検討する自民党案では，教員希望者に学部修了時に「准免許」を与えて学校に配属し，数年の試用期間を経て「本免許」を授与する「インターン制度」の導入が検討され[3]，今後のその動向が注目されている．

（2）教員の採用

公立学校での教員採用は，全国 67 の都道府県・政令指定都市教委が実施する公立学校教員採用選考試験を通じて行われる．近年では，受験者の教員としての資質や能力，適性を多面的に評価するため，筆記試験に加えて面接や模擬授業，実技，論文などの多様な方法が用いられており，いわゆる「人物評価」

重視の選考に移行しているといわれている．

　具体的に 2013 年度の実施方法を見ると[4]，まず実技試験では，たとえば小学校の受験者の場合，水泳，水泳以外の体育実技，音楽が多くの自治体で課されているほか，最近では外国語活動も全体のおよそ 3 分の 1 にあたる 21 の県市で実施されている．中学・高校でも，英語，保健体育，音楽，美術などで実技試験が行われる場合が多い．また，面接試験はすべての県市で実施されており，多くの自治体で個人面接，集団面接のいずれも行われている．面接担当者は教委事務局職員や現職の校長，教頭が主だが，9 割以上の県市でさらに民間企業の人事担当者や臨床心理士，保護者などのいわゆる「民間人」も担当している．そして実践的な指導力を観察する試験方法として，模擬授業（各教科の授業，学級活動）や場面指導（学校生活での様々な場面を想定），指導案の作成などが実施されている．

　また，多様な人材を教員として確保するため，教職経験者や民間企業での勤務経験者，英語関係の資格を持つ者，スポーツ・芸術における技能や実績を持つ者については試験の一部免除や特別選考を行う自治体が多い．さらに受験年齢に関しても，およそ半数近い自治体で「36 歳〜40 歳」，17 の県市で「41 歳〜50 歳」に引き上げられているほか，18 の県市では年齢制限自体が設定されていない．

　つぎに，2012 年度の教員採用選考試験の実施結果をみると[5]，まず，受験者総数は 18 万人強，採用者総数は約 3 万 1 千人であり，両者ともに近年では一貫して増加傾向にある．他方で，競争率は全体で 5.8 倍（小学校 4.4 倍，中学校 7.7 倍，高等学校 7.3 倍，特別支援学校 3.4 倍）であり，2001 年度から継続して低下傾向にあるのが現状である．また，この競争率では 3.9 倍（滋賀県）から 14.4 倍（宮崎県）と，県市間でかなり異なっている．

　次に採用者の属性では，採用者総数に占める新規学卒者の割合は 32.0% であり，2003 年度以降ほぼ増加傾向にある．また，受験した新規学卒者の採用率は 18.5% で，既卒者（16.6%）よりも高い確率で採用されている．さらに，採用者に占める教職経験者の割合は 54.8%，民間企業などの勤務経験者は 5.5% であり，すでに一定の教職経験を持つ者はもちろんだが，近年では教育現場以外の多様な社会経験を有する者の採用も目立ってきた．

こうした教員採用選考試験を経て新規採用となった者はすべて，1 年間の条件つきの採用となる（教特法第 12 条）．これは，教職への資質・能力を実際に有するのかを判断する制度であり，この期間に後述の初任者研修を受けることとなる．

なお，常勤講師，非常勤講師などの臨時的に任用される教員の採用選考については，書類選考か面接，あるいは両方のいずれかを通して行われており[6]，上述の正規任用教員における採用選考と比較して質量ともに簡素な観が強い．

(3)　教員の転任等

任用には先述のように採用，昇任，降任，転任があるが，ここでは，教員に正規採用され，教員としてのキャリアを開始した後の任用について見る．まず，転任である．それは現在任用されている職と上下関係にない職，たとえば A 県立 B 高等学校から同県立 C 高等学校の同じ教諭に就かせるものである．大多数の公立学校教員である県費負担教職員の場合，たとえば D 町立小学校から同じ県内の E 市立小学校への教諭の異動は，地公法に基づく手続き形式上，D 町職員として一旦免職されたのち E 市職員に採用として措置される．また，公立学校教員が指導主事に充てられる異動もある．この場合，その期間中教員の身分を保有するものの指導主事の職務に専念し，教員の職務には従事しないことになる．

そして昇任がある．これは，現在任用されている職よりも上位の職に就かせるものであり，たとえば F 市立 G 中学校教頭から F 市立 H 中学校長への異動がある．他方で降任は，相対的に下位の職に就かせることであり，本来は当人の意思に反する分限処分であるが，多くの教育委員会で近年，希望降任制度が導入されている．

こうした転任や昇任などの異動に関する方針やルール，そしてそれらを踏まえた実際の運用（たとえば，異動の地理的範囲，同一校勤務年数，一般教員と管理職の相違など）は，人事権者である都道府県，政令指定都市によって多様であることが明らかにされている．また，そうした違いは人口地理的な条件や社会経済的条件などの自治体の抱える諸条件，自治体教委が採用する人事戦略・方針などの要因によって規定されているという．そして，これらは人事異動の

実際の動態（異動状況）に影響を与えているのである[7].

（4）　教員の研修

　教員は，その職責の遂行に努めるため絶えず研究と修養に励むとともに，研修の充実が図られなければならない．このため，各学校での校内研修や市町村教委による研修，教育研究団体などが行う研修，または教員個人で行う研修のほか，次のような研修がある．

　まず，文部科学省による研修である．それは独立行政法人教員研修センターによって実施されている．ここでは，各地域で学校教育の中心的な役割を担う校長，副校長，教頭などを対象とした学校経営研修や，喫緊の重要な課題に関して地方公共団体が行う研修の講師や指導者を養成する研修（たとえば，学校組織マネジメント，国語力向上，道徳教育等）などが行われている．

　次に都道府県・政令指定都市・中核市教育委員会（以下，都道府県等教委）では，教員の経験や能力，専門分野などに応じて次のような研修が実施されている．まず初任者研修（教特法第 23 条）である．これは新規採用された教員に対して，実践的な指導力や教員としての使命感を養うとともに幅広い知見を得させるために採用後の 1 年間をかけて学校内外で行われる研修である．対象者は先述のように 1 年間の条件附採用であり，この期間を通じて新規採用者の教員としての適格性が判断される．

　初任者研修の内容として，まず校内研修では，週 10 時間以上，年間で 300 時間以上実施され，当該教員の所属する学校のベテラン教員がその指導を行う．研修内容は，教員に必要な素養等に関する指導，初任者の授業を観察しての指導，授業を初任者に見せての指導などである．そして校外研修は年間 25 日以上で，教育センター等での講義や演習，企業・福祉施設等での体験，社会奉仕体験や自然体験に関わる研修，青少年教育施設等での宿泊研修などが実施されている．

　そして 10 年経験者研修とは，在職期間が 10 年に達した者を対象に実施される研修である（教特法第 24 条）．ここでは，各教員の能力や適性等に応じた研修を実施することで教科指導や生徒指導などでの指導力の向上等を図ることがその目的である．研修内容として，長期休業期間中では教育センター等での講

義や演習，課業期間中では主に学校内での研究授業や教材研究などが行われている．

これら2つの研修は，教特法により規定される法定研修である．これらの他に，5年経験者研修などの教職経験年数に応じた研修，生徒指導主事研修や新任教務主任研修，教頭・校長研修などの職能に応じた研修，教科指導や生徒指導などの専門的な知識・技術に関する研修，さらには，教員を民間企業や社会福祉施設などへ派遣して行う長期社会体験研修など様々な研修が都道府県等教委によって実施されている．

最後に，教員研修に関わる近年の動向として2点を挙げておきたい．まずは大学院での研修である．これまで，全国の国立の教員養成系大学・学部において大学院修士課程（一部の大学でさらに博士課程も）が設置されてきたが[8]，これに加えて現在は先述のように25の国・私立大学で教職大学院が設置されている．この教職大学院は現職教員の場合，学校や地域における中核的な中堅教員（スクール・リーダー）の養成を目的とするものである．こうした大学院での教員研修の機会を拡大するための支援策として，たとえば，大学院修学休業制度が2001年度より導入されている．これは，国・公立学校の教員で一種免許状または特別免許状を有する者が一定の期間大学院に在学し，研修を行うことができる制度である．ただし，この期間中給与は支給されない．この制度によってフルタイムで大学院に在学できるようになり，大学院での研究を通じてより高度な実践力を身につけることが期待されている．なお，この制度を活用した者は2011年4月までに約1,600人である．

つぎに2009年度から実施された教員免許更新制がある．教員免許状に10年ごとの有効期限（旧免許状を有する現職教員の場合は修了確認期限）を設け，この期限までに教員が大学等で開講される30時間以上の免許状更新講習を受講することを通して最新の知識や技能を身につけることで，教員としての資質・能力のさらなる向上を図ることを目的に導入された制度である．この期限内に免許状更新講習を修了しなかった場合，免許状は失効することとなる．免許状更新講習の内容は，教職についての省察並びに子どもの変化，教育政策の動向及び学校内外の連携協力についての理解に関する事項（12時間），教科指導，生徒指導その他教育の充実に関する事項（18時間）である．

第 3 節　今日の教員をめぐる状況と政策動向

　最後に，現在の教員に関わる動向として，ここでは次の 2 点を見ておきたい．

（1）　教員評価

　かつては公立学校教員の勤務評定が 1950 年代半ばに全国で実施され，その後，「形骸化」などと指摘されながら今日に至っている．しかし，2000 年度における東京都の取り組みを端緒として教員評価制度の見直しが進められ，文科省の調査によると 2012 年度では[9]，全国 67 のうち 66 の都道府県・指定都市教委がすべての教育職員，学校を対象に教員評価を実施しており，このうち本格実施は 60 教委に上っている．さらに一部ではあるが，管理職において給与に反映させる自治体も見られる．

　この教員評価の実施方法として，主に能力評価（2012 年度で 56 教委で実施）と業績評価（同じく 60 教委）の 2 つがある．能力評価とは従来の勤務評定のように，教員に求められる職務遂行能力についてどの程度遂行できたかを能力基準をもとに評価するものである．これに対して，近年の教員評価で特徴的なのが業績評価である．これはあらかじめ設定した業務目標をどれだけ達成したかを評価するもので，たとえば，学校の教育・経営目標，経営方針に対応して評価するものや，教員各自が自己目標を設定し，その達成状況を自己評価し，その後校長等による指導助言を通じて教員の能力開発を図るもの等がある[10]．

　さらに，教員の指導力や実績を評価することを通して教員の意欲を高め，資質・能力の向上に資するべく，都道府県・政令指定都市では優秀教員表彰，また文部科学省でも 2006 年度から文部科学大臣優秀教員表彰が実施されている．

（2）　「指導が不適切」な教員への対応

　他方で，「指導力不足」の教員を児童生徒の指導に当たらせるべきではないとの論議は，すでに 1998 年の中教審答申「今後の地方教育行政の在り方について」から見られる．そして近年では，特に 2007 年の教育職員免許法，教特法の改正によって 2008 年度からは指導が不適切と教委に認定された教員は指導改善研修を受け，その研修の終了時において適切な指導を行えないと認定された場合には免職その他の必要な措置（分限免職，教員以外の都道府県公務員

職への転職など）を講じられることになり（教特法第 25 条の 2），免職の場合免許状も失効されることになった．また同年，文部科学省はこの制度運用のため，「指導が不適切な教員に対する人事管理システムのガイドライン」を策定している．

ここで，「指導が不適切である」とはどのようなものか．その具体例として，教科に関する専門的知識，技術等が不足しているため，学習指導を適切に行うことができない，指導方法が不適切であるため，学習指導を適切に行うことができない，児童等の心を理解する能力や意欲に欠け，学級経営や生徒指導を適切に行うことができない等が挙げられている（2007 年 7 月 31 日付文部科学事務次官通知「教育職員免許法及び教育公務員特例法の一部を改正する法律について」）．

今日，教員の職務実態と労働環境は深刻さを増している．「子ども」に関わる様々な課題事象への適切な対応の要請，授業や児童生徒への関わり以外の業務の増大，保護者や地域住民などからの様々な要求や批判，いじめをはじめとする生徒指導における困難の増加と深化などである．こうした現況を踏まえれば，「指導が不適切」とされる教員やその事象の中には，本人の責任のみに帰することが難しいものもあるかもしれない．重要なことは，教員の職務負担の軽減化を図り，教員が子どもに向き合える時間を確保することである．そのためには，事務負担の軽減や校務の効率化，さらには教職員配置の充実などが重要となろう．同時に，教員が自身の職務能力の向上に努められるようにその機会を十分に用意し，また，そのための環境を整えることが求められるのである．

注

1. 杉原誠四郎監修『必携学校小六法 2013 年度版』p.829，協同出版の中の「表一教職員の種類」での表記内容・方法をもとにして，さらに中等教育学校の項目も加えて筆者が加筆，作成した．

2. 中央教育審議会答申「今後の教員養成・免許制度の在り方について」，2006 年 7 月．

3. 「公立校教員：『試用』3〜5 年　新卒は准免許—自民検討」，『毎日新聞』，2013 年 4 月 14 日朝刊．

4. 「平成 25 年度 公立学校教員採用選考試験の実施方法について」，文部科学省ホームページ http://www.mext.go.jp/a_menu/shotou/senkou/1329247.htm, 最終アクセ

ス 2016 年 3 月 30 日.

5.　「平成 24 年度 公立学校教員採用選考試験の実施状況について」, 文部科学省ホームページ http://www.mext.go.jp/a_menu/shotou/senkou/1329248.htm, 最終アクセス 2016 年 3 月 30 日.

6.　「臨時的任用職員（非常勤講師）登録・募集　実施状況一覧（都道府県）」, 文部科学省ホームページ http://www.mext.go.jp/a_menu/shotou/koushin/010/_icsFiles/afieldfile/2014/08/20/1330990_01.pdf, 最終アクセス 2016 年 3 月 30 日.

7.　川上泰彦『公立学校の教員人事システム』学術出版会, 2013 年

8.　富山大学の教育学研究科は 2011 年度に廃止され, 人間発達科学研究科が新設されている. また, 博士課程は, 東京学芸大学では埼玉大学, 千葉大学, 横浜国立大学と, 兵庫教育大学で上越教育大学, 岡山大学, 鳴門教育大学とそれぞれ協力して教育研究を行う連合大学院として 1996 年度に設置された. また, 2012 年度には静岡大学と愛知教育大学が共同で教育課程を組み, 大学院教育学研究科に博士後期課程のみの共同教科開発学専攻を開設している.

9.　「教員評価について」, 文部科学省ホームページ, http://www.mext.go.jp/a_menu/shotou/jinji/1331017.htm, 最終アクセス 2016 年 3 月 30 日.

10.　教員評価に関する参考文献として, たとえば, 苅谷剛彦・妹尾渉・金子真理子・諸田裕子『教員評価 ―検証 地方分権化時代の教育改革（岩波ブックレット）』2009 年.

第 11 章

教育内容行政と指導行政

第 1 節　教育内容行政とは

　「教育内容行政」とは，教育内容に関する国と地方公共団体の基準の設定や指導・助言等の行政作用の総称である．また教育内容とは，何を教えるかという教育の中身を示しており，どのように教えるかという教育の方法とも密接な関係があるため，教育内容と教育方法を合わせて教育の内的事項として，捉えられることが多い．

　ところで，「教育行政」とは，教育機関等が教育の目的を達成できるように，教育行政機関が必要な諸々の条件を整備することを意味している．学校の場合，その目的達成に必要な諸条件として，教職員，児童生徒，教育課程，施設・設備などがあげられる[1]．教育内容に関わる教育課程に対する行政の役割は，その基準を設定し，一定の教育水準を確保するための条件を整備することにある．具体的に，それぞれの学校が教育課程を編成する際の基準として学習指導要領を制定し，教科書検定を行うことなどがあげられる．

　しかし教育内容行政に関しては，これまで内外区別論をめぐり，行政がどこまで教育内容に介入できるのか議論されてきたという経緯を有する．そこで本節では，これまでの議論を踏まえ，教育内容に対する教育行政の役割を整理する．

（1）　内外区別論

　教育を内的事項と外的事項の概念に分ける「内外区別論」がある．この「内外区別論」はアメリカの比較教育学者カンガルによるインターナ・エクスターナ論に基づくと言われている[2]．内的事項とは，「教育課程，学習指導要領，教授法，教科書，学業標準」などに関することであり，外的事項とは「義務就学，学年の長さ，教育的かつ衛生的見地からみた校舎および運動場の基準，健康診断と衛生，学級規模，教員の資格，給料及び年金，機会の均等を保障するように整備された学校制度の整備」などに関することとされる．

　教育行政の条件整備説は，この内外区別論に立脚するものであるとされる．つまり，「内」への行政的関与は「権力的統制」であるため，内的事項に関し公権力は介入してはならないとするのである．教育行政の条件整備説を唱える一人に，教育行政学者である宗像誠也があげられる．宗像は，「教育行政は単に物的条件の整備をしておればよく，教育内容には決して立ち入ってはならないという，教育内容に対する教育行政オフ・リミット論」[3]を考案する．これは「教育の物的条件の整備を基本的な機能とし，教育活動そのものについては助言・指導の原則に忠実でなければならない」というものであった．

　しかし，この内外区別論には，批判する意見もある．たとえば，市川は，権力行使としての教育行政が教育内容に立ち入ってはならないとする根拠は，国民一人ひとりの価値観を権力によって左右してはならないということにある．だとすれば，行政権以外の立法権や司法権も国家権力にあたることになるため，国会の立法や裁判所の司法も教育内容への介入になるとし，内外区分論の持つ矛盾を指摘している[4]．

　教育行政はどこまで教育に関わることができるのか，条件整備の定義はいかなるものかという点については，今も議論が続いており，国民全体で考えなければならない論争的な事柄である．

（2）　学習指導要領の法的基準性

　学習指導要領は，学校における教育課程の基準を示すものとされている．しかしこれまで，その性格をめぐっては種々の議論が繰り広げられてきた．

　学習指導要領は，1947 年に学校教育法の制定に伴い，同年に「学習指導要領

一般編（試案）」として刊行された．当時の文部省設置法では，「初等中等教育局においては，当分の間，学習指導要領を作成するものとする．但し，教育委員会において，学習指導要領を作成することを妨げるものではない」と書かれており，学習指導要領の作成主体は教育委員会であるという趣旨が示されていた．また，47 年学習指導要領は，「試案」として刊行されており，あくまでも「手引き」としての性格を有するものとして認識されていた．ところが，1958年学校教育法施行規則改正に伴い，学習指導要領は「告示」として公示され，その法的拘束力が強められた．当時の文部省初等中等教育局の内藤誉三郎局長が，「指導要領は，目標あるいは内容，その取扱，あるいは指導計画についての基本的な事項」について定めるものであると述べ，国が教育の内容や指導計画にまで関与することが明らかとなった．それ以降，学習指導要領の国家的基準性をめぐって，激しい論争が巻き起こされることになった [5]．

　各地でこの学習指導要領をめぐる教育紛争が発生し，裁判で争われることとなったが，主としてその争点は学習指導要領の法的基準性の有無を問うものであった．それらの裁判の多くは学習指導要領の法的基準性を認めるものであったが，中には学習指導要領は単なる指導助言文書であり法的基準性はないとする判決例も出され，教育界の一部では混乱が続いていた．この論争に最終的な決着がつけられたのが，1976 年 5 月の旭川学力調査事件をめぐる最高裁判決であった．

　旭川学力調査事件は，文部省が全国の中学生を対象に，学習指導要領の滲透を図り教育条件の整備振興のため悉皆調査で実施した学力テストの違法性をめぐるものであり，憲法解釈を含み，教育権の所在をめぐる本格的な裁判であった．最高裁の判決では，学力テストの適法性が認められた．この判決例により，教育課程の基準としての学習指導要領の規定や，学力テストの実施といった形態での教育行政による教育内容への関与が認められ，学習指導要領の法的基準性が示された．しかし，その一方で「理論的には，教育行政が行う行政でも，…『不当な支配』にあたる場合がありうることを否定できず」と，教育行政による「不当な支配」の可能性についても言及された点は注目される [6]．

(3)　教科書検定制度をめぐる行政関与

　教科書も教育内容に関わる重要な要素の一つであり，教科書制度の在り方を
めぐり，様々に議論されてきた．中でも，教科書検定制度に関わる家永教科書
裁判は，教科書制度に対する解釈に一種の答えを示す注目される裁判であっ
た[7]．この裁判は，東京教育大学教授であった家永三郎が，教科用図書検定に
関して国を相手に起こした裁判であった．家永の高校用教科書『新日本史』は，
1953 年度から検定ずみとして出版されてきた．しかし，学習指導要領が告示化
される頃から，教科書の内容に厳しい規制を受けるようになった．1967 年に
は，改訂検定の際に不合格処分を受けたため，これを不服とし取り消しを求め，
裁判を起こした．裁判では主として，教科書検定制度が憲法第 21 条の「検閲」
に当たるのではないかという点が争われた．

　本裁判は，憲法に保障される教育の在り方を問うものであり，教育権の所在
を考える大きなきっかけを国民に投げかけるものであった．学力テストをめぐ
る裁判では，主に学校の「教師の教育権」[8] が問題とされてきたが，教科書裁
判では「教科書執筆者のような学校の外にいる国民ひとりひとりが日本の子ど
もの一般の教育に参加する自由と権利をもつはずだという国民の教育権」[9] が
条理解釈された．そして，「国民の教育の自由」と「国家の教育権」という新し
い対立構造が明らかにされた．

　最後の第 3 次訴訟では，「審査が思想内容に及ぶものでない限り，検閲に該
当しない」と，教科書検定制度を定める法律自体は違憲ではないとされ，本件
の不合格処分も「執筆者の思想（学問の成果）内容を事前に審査するもので，
検閲に当たる」ものではないと，原告の訴えが棄却された．しかし，第 2 次訴
訟では，「検閲」とは「行政権が主体となって，思想内容等の表現物を対象と
し，その全部又は一部の発表の禁止を目的とし，対象とされる一定の表現物に
つき網羅的一般的に，発表前にその内容を審査した上，不適当と認めるものの
発表を禁止することを特質として備えるもの」と，検閲を違法とする範囲が極
めて狭く捉えられたのに対し，最終訴訟では，検定を違法とする範囲を広げる
という緩和の姿勢も見られた．つまり，教科書検定制度自体は合法であるが，
発表の禁止を求める項目によっては，思想内容の介入にあたるとされ，教育行
政の教育内容への介入を制限する姿勢が示された．

（4） 指導教育行政の態様

　教育内容に対する教育行政の役割は，教育内容に関する基準の設定とその基準に基づく指導・助言等の提供である．「指導行政」とは，指揮監督に対比させて使われる場合が多く，行政の作用の態様が指導助言であることを表す言葉である[10]．戦後の教育行政は，地方自治を前提とし，整備が進められてきた．教育課程の編成・実施主体は学校にあり，学校は児童生徒の実態や地域の実状を踏まえることが求められ，一定の自律性が認められる．一定の自律性を認められる各学校が，教育課程を実施する過程で，教育行政と直接に関わる一つの形態が指導主事を通した指導・助言活動である．また，これは戦後教育行政の基本原理の一つであると言われている．そこで，指導教育行政には多様な形態があるが，中でも重要な役割を果たす指導主事制度について，ここでは説明する．

　指導主事は，その職務について「上司の命を受け，学校（学校教育法（1947年法律第 26 号）第 1 条に規定する学校をいう．以下同じ．）における教育課程，学習指導その他学校教育に関する専門的事項の指導に関する事務に従事する」（地教行法第 18 条 3 項）とされる．また，その資格については，「教育に関し識見を有し，かつ，学校における教育課程，学習指導その他学校教育に関する専門的事項について教養と経験がある者でなければならない」（地教行法第 18条 4 項）とされる．

　指導主事制度は，戦後，新しい文部省や教育委員会構想のもと創設された．旧教育委員会法第 46 条では，指導主事の職務について「指導主事は，校長及び教員に助言と指導を与える．但し，命令及び監督をしてはならない」と規定された．その際，この「指導と助言」について「あくまで助言であって，命令ではない．だから指導主事の助言は，あくまで示唆的性格のものであって，けっして命令的，強制的になってはならない」と解されていた[11]．指導主事の資格に関しては，1949 年に交付された免許法において，指導主事に対する免許状が設けられていたが，1954 年の免許法改正により，指導主事免許状は廃止された．

　このように，指導主事制度を通して指導教育行政の態様をみてみると，その特徴の変化がわかる．たとえば，指導主事の職務に関して，地教行法による規定は，旧教育基本法による規定に修正が加えられたものである．その改訂内容に注目すると，「上司の命令を受け」という文言が追加されていること，また旧

教育委員会法第46条の「命令及び監督をしてはならない」という文言が削除されたことがわかる．さらに，教育専門家としての指導主事の免許状が廃止された．これらの変更からは，示唆的性格のものである指導助言としての教育行政の理念が後退したとみることもできる．

この動きは，さらに2006年に改正された教育基本法の中でも読み取れる．2006年教育基本法では，教育行政に関する項目も変更された．これまで旧教育基本法では，「教育は，不当な支配に服することなく，国民全体に対し直接に責任を負つて行われるべきものである．2 教育行政は，この自覚のもとに，教育の目的を遂行するに必要な諸条件の整備確立を目標として行われなければならない」（第10条）と規定されていた．ところが，2006年教育基本法では，「教育は，不当な支配に服することなく，この法律及び他の法律の定めるところにより行われるべきものであり，教育行政は，国と地方公共団体との適切な役割分担及び相互の協力の下，公正かつ適正に行われなければならない」（第16条）とされた．つまり，「国民全体に対し責任を負って行われるべきものである」との文言が削除され，「この法律及び他の法律の定めるところにより」行われるべきだとされたのである．これは，法律の定めるところがあれば，教育内容にも介入できると解釈することもできる．また「教育の目的を遂行するに必要な諸条件の整備確立」という条件整備説の法的根拠となった文言が削除された．これら一連の改革からわかるように，国や教育行政による教育内容への介入の動きが強められており，今後，教育内容行政の在り方も今まで以上に変わるものと予測される．

第2節　学習指導要領 [12]

（1）　学習指導要領の特徴

教育課程の基準である学習指導要領は，全国のどの地域で教育を受けても，一定の教育水準の教育を保障するために作成されたものであり，文部科学省によって公示される．これには，小学校，中学校，高等学校及び特別支援学校用があり，特別支援学校用は幼稚部，小学部・中学部，高等部に分けられている．また，幼稚園については幼稚園教育要領が作成されている．

学習指導要領は，教科ごとに作成され，教科外活動についても作成される．

その構成を見てみると，現行の小学校学習指導要領の場合，「第 1 章　総則」「第 2 章　各教科」「第 3 章　道徳」「第 4 章　外国語活動」「第 5 章　総合的な学習の時間」「第 6 章　特別活動」とされる．第 1 章総則では，教育課程編成の一般方針，内容等取り扱いに対する共通的事項，授業時数等の取扱い，指導計画の作成等に当たって配慮すべき事項など，共通して適応される規則等が示されている．

　一方，幼稚園教育要領は，「第 1 章　総則」「第 2 章　ねらい及び内容」「第 3 章　指導計画及び教育課程に係る教育時間の終了後等に行う教育活動などの留意事項」の 3 章で構成されている．第 1 章総則では，幼稚園教育の基本，教育課程の編成，教育課程に係る教育時間の終了後等に行う教育活動などが述べられている．また第 2 章では，幼児の発達の側面から，健康，人間関係，環境，言葉，表現の 5 つの領域について，そのねらいと内容が示される．第 3 章では，指導計画の作成に当たっての留意事項，教育課程に係る教育時間の終了後等に行う教育活動などの留意事項など，幼児期にふさわしい生活が展開され，適切な指導が行われるように留意事項が書かれている．

（2）　学習指導要領の変遷

　上述したように，学習指導要領の基準性をめぐっては，長期にわたり議論されてきた．ここでは少し，詳細に学習指導要領の変遷をみていく．

　最初の学習指導要領は，1947 年に学校教育法の制定に伴い，同年に「学習指導要領一般編（試案）」として刊行された．米国のヴァージニア州で作られたコース・オブ・スタディであるヴァージニアプランを参考に，経験主義の教育観に基づいて作成されたとされている．はじめの学習指導要領は，学校教育法制定後急いで作られたこともあり，不十分な内容であったため，「学習指導要領（試案）」として発表された．1951 年から実施された学習指導要領についても同様に，「試案」として出されており，教師を拘束するようなものではなかった．ただ，従来の「教科課程」が「教育課程」と改称され，教科以外の用語を含めた言葉として教育課程が用いられた．

　これまでの文部省の見解が変化するのは，1955 年の高等学校学習指導要領の告示からであった．学習指導要領の告示に合わせ，「学習指導要領の基準性につ

いて」という見解が発表され，「学校教育法第 43 条および第 106 条により，高等学校の教科に関する事項を定める権限は，文部大臣にある．文部大臣は，この権限に基づき，高等学校の教育課程は，学習指導要領の基準によると定めている」と，学習指導要領の基準性が示された．さらに，1958 年学校教育法施行規則改正に伴い，学習指導要領は「告示」として公示され，法的拘束力が強められた．また 1958 年改訂は，「告示」としての性格の付与に加え，「道徳」が特設され，戦後の教育課程にとって大きな転機を与えるものであった．またこれ以降，学習指導要領はおよそ 10 年間に 1 度改訂されている．それぞれを概説すると，1968 年告示では，高度経済成長に対応し，科学的成果が教育内容に盛り込まれ，「教育内容の現代化」が進められた．1977 年告示では，詰め込み教育からの脱却としてゆとり教育路線が打ち出された．さらに，1989 年告示では，週 5 日制の導入，「生活科」の導入，「総合的な学習の時間」が新設された．さらにゆとり教育の本格的実施といわれる 1998 年告示では，授業時数の削減による教育内容の厳選，「完全学校週 5 日制」の実施，「絶対評価」の導入などが示された．1998 年告示でははじめて，「確かな学力，豊かな人間性，健康と体力など『生きる力』の育成」が提唱された．

　現行の学習指導要領は，教育基本法，学校教育法の改正を受け，それらの教育の理念を踏まえて，2008 年に告示された．告示には，3 つの基本的な考え方が示された．① 「生きる力」の育成，② 知識・技能の習得と思考力・判断力・表現力等の育成のバランスの重視，③ 道徳教育や体育などの充実により豊かな心や健やかな体の育成．この基本的な 3 つの考え方に基づき，言語活動の充実，理数教育の充実，伝統や文化に関する教育の充実，道徳教育の充実，体験活動の充実，外国語教育の充実などが示された．中でも，小学校段階における外国語活動の導入は注目される．また，これらを実現するために授業時数が増加され，1977 年告示以降実施されたゆとり路線からの実質的な脱却が図られたといえる．

第3節 教科書行政 [13]

(1) 教科書制度の概要

教科書は,「小学校, 中学校, 高等学校, 中等教育学校及びこれらに準ずる学校において, 教育課程の構成に応じて組織排列された教科の主たる教材として, 教授の用に供せられる児童又は生徒用図書」とされ, 教科用図書ともよばれる(教科書発行法第2条). また「文部科学大臣の検定を経たもの又は文部科学省が著作の名義を有するもの」に限られるが, 高等学校, 中等教育学校の後期課程, 特別支援学校並びに特別支援学級においては,「適切な教科書がないなど特別な場合には, これらの教科書以外の図書(一般図書)を教科書として使用すること」が可能である. また学校は,「文部科学大臣の検定を経た教科用図書又は文部科学省が著作の名義を有する教科用図書を使用しなければならない」(学校教育法第34条)とし, すべての児童生徒は教科書を用いて学習することとされている.

教科書が作成され, 児童生徒の手元に届くまでの流れは, 以下の図11.1のとおりである.

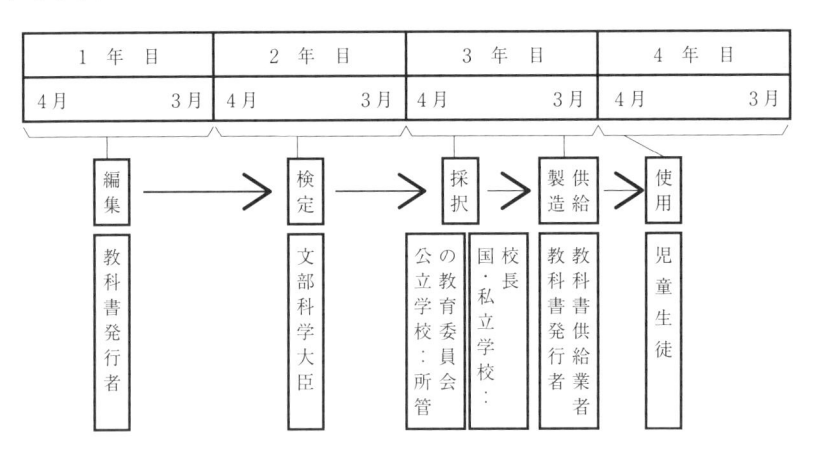

(注)製造・供給, 使用の時期は, 前期用教科書の例をとった.

図 11.1

教科書の無償給与

　日本国憲法第 26 条において，「すべて国民は，法律の定めるところにより，その保護する子女に普通教育を受けさせる義務を負ふ．義務教育は，これを無償とする」と，義務教育の無償制が示されているが，これを実現するものとして，義務教育教科書無償給与制度が実施されている．1962 年に「義務教育諸学校の教科用図書の無償に関する法律」により，義務教育教科書の無償の方針が宣言され，1963 年「義務教育諸学校の教科用図書の無償措置に関する法律」に基づき，1963 年度に小学校第 1 学年からスタートし，1969 年度には，小・中学校の全学年に無償給与が完成した．現在，教科書無償給与の対象となるのは，国・公・私立の義務教育諸学校の全児童生徒であり，その使用する全教科の教科書である．

（2）　教科書検定の仕組み

1）　教科書検定の意義

　我が国では，学校教育法第 34 条「小学校においては，文部科学大臣の検定を経た教科用図書又は文部科学省が著作の名義を有する教科用図書を使用しなければならない」と規定されるように，教科書検定制度が採用される．現在，教科書制度では，民間の教科書発行者が学習指導要領，教科用図書検定基準等をもとに図書を作成し，文部科学大臣が教科書として適切か否かを審査し，これに合格したものを教科書として使用している．上述のように，教科書に対し国がどこまで関与するかそのあり方に関しては，様々に議論されるところではあるが，現在の我が国の教科書検定制度は，教科書の著作・編集を民間に委ねることにより，著作者の創意工夫に期待するとともに，検定を行うことにより，適切な教科書の確保をねらいとして設けられている．

　小・中・高等学校の学校教育では，公教育の果たす役割として，国民の教育を受ける権利を実質的に保障するための全国的な教育水準の維持向上，教育の機会均等の保障，適正な教育内容の維持，教育の中立性の確保などが求められる．この役割義務を果たすという観点から，文部科学省は，小・中・高等学校等の教育課程の基準として学習指導要領を定めるとともに，教科の主たる教材として重要な役割を果たしている教科書について検定を実施する．

2)　教科書検定の流れ

　文部科学省は，教科書の公正さと教育的配慮を考慮し，教科用図書検定基準に基づき，教科用図書検定調査審議会の審議を経て，教科書の検定を行う．

　文部科学省は，審査基準としてあらかじめ「義務教育諸学校教科用図書検定基準及び高等学校教科用図書検定基準」を定め，これを告示する．民間の発行者より検定申請された図書は，教科用図書として適切であるかどうかを文部科学大臣の諮問機関である教科用図書検定調査審議会に諮問され，専門的・学術的な調査審議が行われる．具体的に，検定申請のあった図書に対し，審議会の委員，臨時委員，専門委員及び教科書調査官によって調査が行われ，これらの調査結果に基づき，審議会において，専門的・学術的な審議が行われる．このように審議会における審査には，多くの専門家による多角的な調査が反映されるよう工夫されている．審議会は審議結果を文部科学大臣に答申し，文部科学大臣は，この答申に基づいて合否の決定を行い，その旨を申請者に通知する．

　審議会において，必要な修正を行った後に再度審査を行うことが適当であると認められる場合，合否の決定を留保して検定意見を文書（検定意見書）により通知する．検定意見の通知を受けた申請者は，検定意見に従って修正した内容を「修正表」によって提出し，文部科学大臣は，修正が行われた申請図書について再度審議会の審査に付し，その答申に基づいて合否の決定を行う．なお，申請者は，審査結果に対し異議がある場合，申請者は意見の申立てを行うことができる．

（3）　教科書採択制度

　教科書採択の権限は，公立学校については，その学校を設置する市町村や都道府県の教育委員会に，国・私立学校に関しては校長にある（地教行法第 21 条第 6 号，教科書無償措置法第 10 条）．

　義務教育諸学校の教科書の採択方法については，「義務教育諸学校の教科用図書の無償措置に関する法律」において，規定されている．一方，高等学校の教科書の採択方法については法令上，具体的な定めはないが，各学校の実態に即して，公立の高等学校については，採択の権限を有する所管の教育委員会が採択を行っている．なお，義務教育諸学校用の教科書の場合，通常 4 年間同じ

教科書を採択することとなっている.

　教科書無償措置法第 12 条において,「都道府県の教育委員会は, 当該都道府県の区域について, 市町村の区域又はこれらの区域をあわせた地域に, 教科用図書採択地区(以下この章において「採択地区」という.)を設定しなければならない」と規定されているが, これはそれまで地教行法と本法が定める教科書の採択権の所在が異なっており(市町村教育委員会と教科書採択地区), 沖縄の八重山地区で生じた問題[14]から市町村も単独で採択できるように改正されたことによる. 市町村立の小・中学校で使用される教科書の採択権限は市町村教育委員会にあるが, 地区内の市町村が共同して種目ごとに同一の教科書を採択する. 採択地区は, 都道府県教育委員会によって決定される.

　適切な教科書採択を保障するため, 都道府県教育委員会は, 専門的知識を有する学校の校長及び教員, 教育委員会関係者, 学識経験者から構成される教科用図書選定審議会を設置し, 採択の対象となる教科書について調査・研究を実施する. そして, それらに基づき採択権者に指導・助言・援助を提供している. また, 採択地区内の市町村も, 教科書採択に際し, 共同採択を行うため採択地区協議会を設け, 共同調査・研究を独自に行う.

　教科書採択に関して, 子どもにあわせて選ぶという観点からは, 選択区域が広すぎると批判する声もあがっており, 教科用図書選定審議会や採択地区協議会等の委員に保護者代表等を加えていくなど, 保護者等の意見がよりよく反映されるような工夫が求められている.

注

1. 加治佐哲也「第 4 章　教育行政」河野和清編著『現代教育の制度と行政』p.51, 福村出版, 2008 年

2. 市川昭午『教育行政の理論と構造』教育開発研究所, 1980 年. 教育行政条件整備説の支柱のひとつは, 教育の内的事項と外的事項区分論におかれているとする.

3. 同上. 市川氏は, オフ・リミット論は, アメリカにおける理論であるかのような体裁をとっているが, 実は宗像氏による純国産理論で, メイド・イン・ジャパンであると述べている.

4. 同上, p.154

5. 榊原禎宏「第 11 章　指導行政と教育課程管理」堀内孜編『現代公教育経営学』p.160, 学術図書出版社, 2002 年. 思想・良心の自由(憲法 19 条)との抵触を

指摘する論や，学習指導要領の撤回を求める運動が繰り広げられてきた．

6. 兼子仁『教育権の理論』勁草書房，1987 年では，教育権をめぐる教育の裁判事例が分析されている．

7. 同上，159 頁

8. 堀尾輝久『現代教育の思想と構造』岩波書店，1971 年，兼子仁『国民の教育権』岩波書店，1971 年

9. 同上

10. 日本教育行政学会編『教育における指導行政』教育開発研究所，1979 年

11. 小松郁夫「第 8 章　教育内容行政」久下栄志郎・堀内『現代教育行政学』p.118，第一法規，1979 年

12. 榊原禎宏「第 11 章　指導行政と教育課程管理」堀内孜編『現代公教育経営学』pp.156〜161，学術図書出版社，2002 年

13. 同上，榊原禎宏，pp.162〜165

14. 堀内孜「教科書の採択件と無償原理─『八重山教科書問題』で問われるべきこと」『教職研修』475 号，2012 年 3 月

第 12 章

生涯学習行政と社会教育行政

第 1 節　社会教育，生涯学習とは

　「個人の要望や社会の要請にこたえ，社会において行われる教育は，国及び地方公共団体によって奨励されなければならない」（教育基本法第 12 条）とされ，「この法律で『社会教育』とは学校教育法に基き，学校の教育課程として行われる教育活動を除き，主として青少年及び成人に対して行われる組織的な教育活動（体育及びレクリエーションの活動を含む.）をいう」（社会教育法第 2 条）と述べられるように，社会教育は，学校以外における組織的な教育活動を指している.

　これに対して，生涯学習は当初，生涯教育として，以下のように捉えられていた.「生涯教育の必要は，現代のごとく変動の激しい社会では，いかに高度な学校教育を受けた人であっても，次々に新しく出現する知識や技術を生涯学習しなくてはならないという事実から，直接には意識されたのであるが，生涯教育という考え方はこのように生涯にわたる学習の継続を要求するだけでなく，家庭教育，学校教育，社会教育の三者を有機的に統合することを要求している」（社会教育審議会答申「急激な社会構造の変化に対処する社会教育のあり方について」1971 年）．つまり，生涯学習は，家庭教育や学校教育を含むものとして発想される一方，その具体は社会教育として見られるものである.

　このことは，次の一文からも理解できるだろう.「今日，変化の激しい社会にあって，人々は，自己の充実・啓発や生活の向上のため，適切かつ豊かな学習の機会を求めている．これらの学習は，各人が自発的意思に基づいて行うこと

を基本とするものであり，必要に応じ，自己に適した手段・方法は，これを自ら選んで，生涯を通じて行うものである．その意味では，これを生涯学習と呼ぶのがふさわしい．この生涯学習のために，自ら学習する意欲と能力を養い，社会の様々な教育機能を相互の関連性を考慮しつつ総合的に整備・充実しようとするのが生涯教育の考え方である．言い換えれば，生涯教育とは，国民の一人一人が充実した人生を送ることを目指して生涯にわたって行う学習を助けるために，教育制度全体がその上に打ち立てられるべき基本的な理念である」（中央教育審議会答申「生涯教育について」1981 年）．

　この答申に遡る 1965 年，ユネスコが開催した成人教育推進国際委員会において，当時，成人教育部長であったポール・ラングラン（P. Lengrand）が「生涯教育について」と題した文書を報告したことが，生涯教育論の起点とされる．彼は，教育を従来のように成人になるための準備としてとらえる考え方を改めて，人間の可能性を導き出す生涯を通じての活動としてとらえる「永続的教育」（l'education permanente）の概念を提唱，この用語は英語では life-long integrated education や life-long education とされ，日本語では「生涯教育」が定訳となった [1]．

　その後，日本では「生涯を通ずる学習の機会が用意されている『生涯学習社会』，個性的で多様な生き方が尊重される『働きつつ学ぶ社会』を建設することが重要である」（臨時教育審議会「教育改革に関する第一次答申」1985 年）と，学習者のニーズや主体性を重視する観点から生涯学習へと名称が変更された．このように生涯学習は，理念的に公教育を総合しようとするものであり，この言葉のもとに行われている活動は，ほぼ社会教育として行われていると理解してよい．

　そして現在，「国民一人一人が，自己の人格を磨き，豊かな人生を送ることができるよう，その生涯にわたって，あらゆる機会に，あらゆる場所において学習することができ，その成果を適切に生かすことのできる社会の実現が図られなければならない」（教育基本法第 3 条）と，生涯学習は捉えられるに至っている．こうした領域が公教育上，どのような位置を与えられており，またいかなる具体的な行政が見られるかを，次に確かめてみよう．

第 2 節　生涯学習行政の法的基盤

　社会教育を含む生涯学習は，個人の自発性に根ざす，また多岐にわたる活動なため，時期や場所を問わないあらゆる活動を指しうるが，その行政の対象となるのは，公的性格を強く帯び，かつあまりに利潤追求をしないものに限られる．

　そのため，たとえば，高度な語学学習を提供する企業や資産形成のためのセミナーなどが，教育行政の規制や支援を直接に受けることはない．だからこそ，「国及び地方公共団体は，図書館，博物館，公民館その他の社会教育施設の設置，学校の施設の利用，学習の機会及び情報の提供その他の適当な方法によって社会教育の振興に努めなければならない」（教育基本法第 12 条）と謳われているのである．

　これを促すための，国と地方公共団体が担うべき役割については，次のように述べられている．「この法律は，国民が生涯にわたって学習する機会があまねく求められている状況にかんがみ，生涯学習の振興に資するための都道府県の事業に関しその推進体制の整備その他の必要な事項を定め，及び特定の地区において生涯学習に係る機会の総合的な提供を促進するための措置について定めるとともに，生涯学習に係る重要事項等を調査審議する審議会を設置する等の措置を講ずることにより，生涯学習の振興のための施策の推進体制及び地域における生涯学習に係る機会の整備を図り，もって生涯学習の振興に寄与することを目的とする」（生涯学習の振興のための施策の推進体制等の整備に関する法律［生涯学習振興法］1990 年）．

　同法において，国及び地方公共団体は，生涯学習の振興のための施策を実施するに当たって，「学習に関する国民の自発的意思を尊重するよう配慮するとともに，職業能力の開発及び向上，社会福祉等に関し生涯学習に資するための別に講じられる施策と相まって，効果的にこれを行うよう努める」（同法第 2 条）と，配慮すべきことを示している．学校教育なかでも義務教育とは異なり，本人の意思を重んじること，狭義の教育—学習領域に留まらず他分野との連携や協力について述べられていることも，生涯学習の特徴だろう．

　また，都道府県の事業としては，同 3 条に次のような内容が挙げられている．

- 学校教育及び社会教育での体育を含む学習および文化活動の機会に関する情報の収集・整理・提供

- 住民の学習に対する需要と学習成果の評価に関する調査研究
- 地域の実情に即した学習の方法の開発
- 住民の学習に関する指導者と助言者に対する研修
- 地域の学校教育，社会教育および文化に関する機関や団体に対する，相互連携に関わる照会・相談・助言・援助
- この他，社会教育のための講座の開設など住民の学習機会に関する必要な事業

　そして，以上のような生涯学習行政を専門的に担うとされるのが，都道府県および市町村の教育委員会事務局に置かれる職員である社会教育主事，社会教育主事補である．その職は社会教育法に定められ，同事務局が主催する社会教育事業の企画・立案・実施のほか，社会教育施設や社会教育関係団体の事業や活動に対する助言・指導，あるいは社会教育行政職員等に対する研修事業の企画・実施などを担うこととされる．

　こんにち，社会教育主事の発令数は，都道府県で計 682 人，うち 1〜5 人の発令が 13 県ともっとも多く，発令されていない県も 2 ある．その所属は 295 人が本庁であるが，382 人が教育事務所（教育局），教育センター，青少年自然の家，生涯学習センター等への出向，5 人が知事部局などへの派遣となっている．また，市町村での発令を見ると全国で 1,699 人（ただし一県からは回答なし），自治体単位で見た発令割合は 59.5% となっている．自治体規模が小さいほど，発令割合が低くなる点も確かめられる [2]．「社会教育主事等専門職員の資質向上を図るとともに生涯学習に関わるボランティアやコーディネーター等の地域における人材の育成を図る」ことで生涯学習体制の推進を図る（宮崎県）一翼として，これらの職は位置づけられる一方，これを支える人的資源は必ずしも十分ではないと言えるだろう．

第 3 節　中央政府による生涯学習行政

　中央政府（国）の生涯学習行政は，文部科学省生涯学習政策局の施策に代表される．同局は 1987 年に社会教育局を改変して生涯学習局とし，筆頭局として中等教育審議会などを所管するようになったのが端緒である．現在は「教育改革を推進するため，基本的な政策の企画・立案，国内外の教育に関する調査，

教育の情報化に関する政策を進めています．生涯学習社会の実現を目指し，社会教育の振興，男女共同参画の推進，家庭教育の支援のほか，放送大学の充実・整備，専修学校・各種学校の振興に関する事務を行っています」[3]．

　現在，同局では次のような施策に取り組んでいる．「地域の教育力の向上」として，教育力を再生するため，地域住民による読み聞かせなど幅広い年齢層からなる住民が参加するボランティア活動，スポーツ・文化体験活動，あるいは地域住民による学校支援などを推進し，異世代交流を通じた子どもの自主性・創造性・社会性の涵養等への取り組み，あるいは，社会教育施設を活用して，公民館を核とした地域活動，図書館によるビジネス支援，博物館による近隣学校での授業の実施など，地域での学習活動の推進など．なお，設置主体の多くが地方公共団体である公民館，図書館，博物館については，後述する．

　また，2007年度から「放課後子どもプランの推進」として，放課後や週末に小学校の余裕教室等を活用，子どもたちの安全・安心な活動拠点（居場所）を設け，地域住民の参画を得た，体験・交流活動や学習活動等の取り組みを，厚生労働省と連携した総合的な放課後対策を実施している．

　あるいは，「家庭の教育力の向上」としては，子育てのヒント集としての家庭教育手帳の作成・配付やライフステージに応じた子育て講座の全国的な開設など，すべての親に対する支援，「早寝早起き朝ごはん」国民運動なども進めている．

　さらに，大学・専修学校等での「学び直し」として若者，女性，高齢者等を支援する「教育分野における再チャレンジ支援」や，放送大学の充実・整備，中学校卒業程度認定試験および高等学校卒業程度認定試験の実施，全国生涯学習フェスティバルの実施などを通じた「生涯にわたる学習機会の提供」なども施策として挙げられる．

第4節　地方政府による生涯学習行政

　「教育の地方自治」の原則からいって，生涯学習行政は地方政府（都道府県と市町村）によるものが主である．以下では，社会教育行政の管轄において学習支援を行っている施設（社会教育施設）および自治体出資の財団法人，そして指定管理者制度の導入後，広がりを見せている株式会社や民間団体による活

動について取り上げる.

(1)　社会教育行政の所管

1)　公民館

　地域住民にとっての学習の拠点であると同時に交流の場ともされるのが，市町村が設置する公民館である．公民館は，社会教育施設のなかで最も多い施設ではあるが，2011 年 10 月現在 15,399 館と，昨年に比べて 1,167 減少しており，ピーク時の 19,063 館（2009 年度）と比較して 2 割弱も減っている.

　その目的は，「実際生活に即する教育，学術及び文化に関する各種の事業を行い，もつて住民の教養の向上，健康の増進，情操の純化を図り，生活文化の振興，社会福祉の増進に寄与すること」（社会教育法第 20 条）にあり，定期講座，講習会，展示会等の開催，図書等の資料の整備と利用の促進，体育，レクリエーション等の集会の開催のほか，住民の集会その他の公共的利用に供することである．生涯学習センターや区民センター，市民センターと呼ばれている場合もある.

　なお，「公民館の認知度は高いが，利用経験は低く，若年層の利用経験及び講座への参加も低くなっており，希望に合う講座が無いと思っている人が多い」[4]との指摘を受けるならば，コミュニティセンターへの改変も考えられるが，これは社会教育施設とは異なる交流施設であり，所管や運営方法も異なることを踏まえた議論をする必要がある.

2)　図書館

　図書館のうち社会関係教育施設に含まれる公立図書館は「図書，記録その他必要な資料を収集し，整理し，保存して，一般公衆の利用に供し，その教養，調査研究，レクリエーション等に資することを目的とする施設で，地方公共団体，日本赤十字社又は一般社団法人若しくは一般財団法人が設置するもの（学校に附属する図書館又は図書室を除く.）」（図書館法第 2 条）に該当する.

　図書館は，資料の収集，整理，保存，提供を行うとともに，集会や行事の実施あるいは図書ガイダンスを担う．その設置数は全国で 3,274 館（2011 年度）を数え，引き続き増加傾向を示している．もっとも，自治体による設置率の違いは大きく，都道府県立は 100%，市（区）立は 98.0% と高いものの，町立で

は 59.3%，村立は 22.3% に留まる（2008 年度時点）．

　また，図書館設置数の増加に伴い貸出冊数は増えており，リファレンスサービスを行っているところも全体の 2 割を越える．さらに，インターネット接続を含むコンピュータ利用が可能なところも多数を占める一方，資料費予算は近年，頭打ちとなっており，職員数も減少傾向を示している．図書館振興のための財政的基盤をいかに担保しうるか，が課題だろう．

　なお，「図書館の自由」の問題は，生涯学習行政上の大きなテーマの一つである．最近では，島根県松江市の教育委員会が市立小・中学校に対して，原子爆弾を描いたマンガ，中沢啓治『はだしのゲン』を自由に読むことができない閉架図書扱いにするように要請していたことが明らかになったのをきっかけに，鳥取市立図書館では同書をすでに同書を児童書から事務室に移していたことが判明した（2013 年 8 月）．とりわけ子どもには残酷な描写と評する意見と図書館の使命との関係をどう捉えるか，ひいては価値観をめぐる「公共の福祉」に図書館はどのように向き合えばよいか，が問われている．

3)　博物館

　「歴史，芸術，民俗，産業，自然科学等に関する資料を収集し，保管（育成を含む．以下同じ．）し，展示して教育的配慮の下に一般公衆の利用に供し，その教養，調査研究，レクリエーション等に資するために必要な事業を行い，あわせてこれらの資料に関する調査研究をすることを目的とする機関」（博物館法第 2 条）であり，社会教育法による公民館および図書館法による図書館を除く．設置数は 1,262 館（2011 年度）と漸増傾向を示している．

　博物館の内訳を見ると，美術博物館が最も多く，452 施設（博物館総数に占める割合は 35.8% となっており，次いで歴史博物館 448 施設（同 35.5% ）の順となっている．また，前回と比べて最も増加したのは，歴史博物館の 12 施設，次いで科学博物館 4 施設増の順となっている．

　なお，博物館類似施設（博物館と同種の登録または指定を受けていない施設で，2011 年度現在，4,485 館ある）では，歴史博物館が 2,869 施設（博物館類似施設総数に占める割合 64.0% ）で最も多く，次いで美術博物館 635 施設（同 14.2% ），科学博物館 363 施設（同 8.1% ）の順となっている [5]．

4）青少年教育施設

団体生活を通じて青少年の健全育成を図ることを目的として設置されている施設であり，国立では，国立オリンピック記念青少年総合センター，国立青少年交流の家 13 および国立青少年自然の家 14 の計 28 施設，全国の青少年等を対象として年間延べ人数で約 490 万人が利用，全利用者数（約 1,430 万人）の 3 割弱が国立施設を利用している．ちなみに，約 75 億円の運営費交付金が投入されており，その管理運営についてはより一層の効率化を図っていくことが必要とされる．

また，公立施設は 516 施設（少年自然の家が 253，青年の家が 263）あり，主として各地方自治体の青少年等を対象としている．近年は，特に地方自治体の厳しい財政状況や利用者数の減少等により施設が減少，最近 6 年間では全体の約 3 割にあたる 202 減となっている[6]．

5）その他

以上の施設のほか，「女性会館」や「女性センター」などと呼ばれ，成人女性を対象とした女性の資質・能力の開発や知識・技術の向上を図る研修や交流，情報提供などを行う女性教育施設が，2011 年度現在，全国に 375 ある．「女性をとりまく諸問題を解決し，女性と男性が性別役割分担といった従来の意識にとらわれず，お互いに協力し合いながら社会の発展をめざす「男女共同参画社会」の実現のための学習や活動の拠点となる施設であり，各種教室・講座・相談等のさまざまな事業を展開していきます」（静岡市女性会館）といった目的を実現すべく，職場でのコミュニケーション，ヘルスケア，雇用・貧困問題といった女性の活躍支援，DV（ドメスティックバイオレンス）への対応（奈良県女性センター）など，幅広い講座や講習が開かれている．

あるいは，「生涯学習推進センター」「市民学習センター」なども，地域における生涯学習を担っている．「生涯学習の指導者やボランティアの養成講座，語学や資格取得などを，実社会でも役立つような講座中心に実施し，参加者がそれらの学習から得られたリソースを活用して，学んだ知識・技術を『まちづくり』に活かし，その中で見出された課題について再び学習に取り組むという『学習と行動の循環』につながるような学習機会の提供に努めています」（大阪市生涯学習センター）といった活動が見られ，2011 年度では全国に 409 施設と調

査実施以来，最高数を数えるに至っている．

(2)　社会教育行政の所管外の生涯学習行政

　これまで生涯学習行政は，公共団体，農協・生協・自治会といった公共的団体のほか，自治体出資法人（二分の一以上の出資）の財団が担ってきた．この行政主導型財団法人は，官と民の相乗効果をねらい，民間では難しい住民の合意形成を図ったり，自治体とは異なる経営的効率を高めることなどが期待され，また自治体から独立した第三セクターの組織として自治体では行いがたい収益事業に携わることができるとして設置されてきたが，自治体の財政悪化の中で，その存立が問われるようになってきた[7]．

　そこで 2003 年の地方自治法改正により，管理委託制度に替わって，指定管理者制度が導入された．これは，地方公共団体の指定を受けた「指定管理者」が，管理の代行を行うというものである．指定は，株式会社等の民間営利事業者を含めた者に対して可能であり，指定を受ける者に制限はない．これにより，新たに株式会社や NPO 法人やボランティア団体などの民間団体の参入が可能となった．

　最近では，佐賀県武雄市において，武雄市図書館・歴史資料館の図書館部分の管理・運営を，レンタルソフト店 TSUTAYA を運営する「CCC（カルチュア・コンビニエンス・クラブ）」に指定．2013 年からの 5 年間，指定管理者として契約した例が挙げられる．最初の半年（2013 年 4～9 月）で，過去最高だった年間およそ 29 万 5 千人を遙かに上回る，51 万 9 千人の入館者数を数えた．これは昨年度の実に 3.6 倍に相当する．図書貸し出し数も同 1.8 倍の約 30 万冊に達している[8]．

　ただし，指定管理者制度については，効率的な管理運営による予算の有効活用が可能になること等が成果として挙げられる一方で，人件費削減によって職員の早期退職や質の低下，ひいては安全管理上の問題が生じることを懸念する[9]という指摘も忘れてはならないだろう．

　注

1.　澤野由紀子，生涯学習研究 E 事典　http://ejiten.javea.or.jp/　関係文献
2.　「社会教育行政の推進について」全国都道府県教育長協議会第 2 部会，2012 年

3.　文部科学省生涯学習政策局 HP より

4.　「大津市における公民館の現状と課題」2013 年

5.　「社会教育調査」2011 年度

6.　「今後の国立青少年教育施設の在り方について～新たな視点に立った体験活動の推進について～」2011 年

7.　福谷麻里「生涯学習関連の財団の実態に関する実証的研究」『文教大学附属教育研究所紀要』第 12 号，2003 年

8.　毎日新聞，2013 年 10 月 1 日付

9.　「今後の国立青少年教育施設の在り方について」

参考文献

- 佐藤晴雄『生涯学習概論』学陽書房，2007 年
- 大桃敏行・背戸博史編『生涯学習　多様化する自治体施策』東洋館出版社，2010 年
- 伊藤俊夫他編『新訂　生涯学習概論』ぎょうせい，2010 年

第 13 章

教育財政と学校予算

第1節 教育財政の理念と定義

（1）教育財政の定義

　教育財政とは，「国または地方公共団体が，教育目的を達成するために必要な財源を確保し，公教育費を支出配分し，および管理する一連の秩序的な活動の総体」，「教育部門に限定された財政活動」[1] のことである．財政とは，国や地方公共団体がその役割を遂行するために行う資金調達・管理・支出の過程を指し，収入と支出の作用が不可欠な要件である．

　そもそも，日本において「教育財政」は成立するのであろうか．この点については，成立しないと捉える研究者も多く[2]，教育財政研究というよりも，教育行政の一部として教育財政を捉えている面がある．これが，日本における教育財政の特徴である．

　日本において教育財政が成り立たないとされる理由としては，日本の教育財政制度が他国（たとえば，米国）と比較して，一般財政制度に付随していることが挙げられる．これは，「教育財政不在説」[3] として，教育に関する独自の財源が存在しないため，「教育財政」は成立しないとされている．たとえば，市川昭午は「教育財政的側面」として教育財政を捉えている．日本は「教育税」としての独立した教育に関する税金がないことから，公教育にのみに充てる財源をもたず，教育財政として独立した概念ではない．

　本章では，上記のことを踏まえながらも，教育財政制度として捉えることとする．

(2) 教育における公費負担の根拠

　一般的に，教育費は，「公」と「私」といった費用負担者によって公費と私費に分けることができる．とりわけ，公教育の費用は公権力によって負担される．

　公教育費とは，国および都道府県・市町村といった自治体が負担する公財政支出の教育関係費のことである．一方，私教育費とは，個人（保護者）が負担する教育関係費を指す．

　公教育費の中で，都道府県ならびに市町村の公教育費は，① 学校教育費（学校種別の支出の総計），② 社会教育費（公民館，図書館，博物館等の施設費等）と ③ 教育行政費に分けることができる．一般的には，公教育目的を達成するために国または地方公共団体が財源を確保し，公教育費を支出・配分する活動の総体を公教育財政としている．

　教育は本来，その益を受ける人が費用を負担する「受益者負担の原則」によって，教育を受ける者が費用負担すると考えられている．それでは，なぜ教育費は公費負担もなされるのであろうか．政府の役割りの1つに公共財の提供がある．公共財として提供される理由には，「排除不可能性」（料金を支払わない人をサービスの消費から排除できない）と「非排他性」（ある人の消費によって他の人の消費が減少しないこと）がある．教育は，「排除不可能性」を持たないが，「非排他性」を持つことから，準公共財として捉えられている．加えて，教育のもたらす利益について考える場合，教育を受ける子ども自身の利益とともに外部効果（間接効果）として，社会全体の利益につながることから社会有用性があり，国が義務教育を保障する必要があるとされている（「公財政負担論」[4]）．

(3) 教育の機会均等とナショナルミニマム

　公教育の理念の1つに，教育の機会均等の保障がある．これは全ての子どもに対して，一定水準の教育を保障しようとするものである．

　教育の機会均等の財政保障として，義務教育費は無償である（日本国憲法第26条2項）との原則が示されている．この無償の範囲については，現状では，授業料および教科書となっている．無償性の原則から，教育の機会均等を実現していく上で重要となる課題は，機会の条件をできる限り等しいものとすることである．そのため経済的理由で就学困難な子どもに対して，就学援助といっ

た財政援助が義務づけられている.

　一方で, 義務教育費の中でも私費負担のものはある. これは利益を受ける人が費用を負担するという「受益者負担の原則」にのっとるものと解釈とされている.

第 2 節　教育財政における国と地方の負担関係

(1)　国と地方の財政関係

　財政は, 国税・地方税等の税を中心とした収入で成立する. 日本の税制度は, 国税中心の集権的な制度となっている[5]. 国税は, 所得税, 法人税, 消費税, 酒税, 地方税には, 住民税, 固定資産税, 事業税などが挙げられる. 税収は, 国が地方よりも多いが, 支出は地方が国よりも多い. 国の税収入を交付税交付金や国庫補助金として地方へ再分配することにより, 地方税による地方間格差がなくなるような仕組みとなっている.

　ここで, 「地方交付税交付金」は使途が特定されていないものを指し,「国庫支出金」とは, 国が地方自治体（都道府県・市町村）に交付した補助金及び負担金等といった使途が特定されているものを指す. 補助金は, 国がその施策を実施するために特別の必要性を認め地方公共団体に交付するもの, 一方, 負担金は, 交付対象とされる事務が国と地方公共団体の共同利害の関係にあるものを指す.

　また, 支出については,「消費的支出」と「資本的支出」がある.「消費的支出」は, 例年経常的に支出される経費（人件費, 活動費, 管理費, 所定支払い金）のことを指し,「資本的支出」とは, 新たに財産を取得, 増加又は補充するために支出される経費のことを指す.

(2)　国と地方の教育財政
1)　国と地方の教育予算の仕組み

　公立義務教育諸学校は, 一般的に, 設置者である市町村が経費を負担しなければならない. これは, 学校に関わる経費は設置主体が担うという「設置者負担の原則」（学校教育法第 5 条「学校の設置者は, その設置する学校を管理し, 法令に特別の定のある場合を除いては, その学校の経費を負担する」）による

ものである．しかし，市町村単位では，財政基盤に差があり過ぎること，義務教育の保障について日本国憲法第 26 条で規定されていることから，国・都道府県において義務教育費の経費負担することが認められている．

国が義務教育費などを負担する意義については，義務教育がナショナルレベルで基準化され，「国民形成」としての機能を有していることと教育によるメリットの還元が国家レベルまで及ぶことがあるからである．

以上のことから，義務教育費における公的費用は，国・都道府県・市町村によって賄われている．また，義務教育費以外の教育予算目についても国・都道府県・市町村から支出されている．以下，国レベル（文部科学省）・都道府県レベル（都道府県教育委員会），市町村レベル（市町村教育委員会）で予算執行されるもの，また国から都道府県，都道府県から市町村，市町村から学校といった重層構造として捉えられている教育費について言及していくこととする．

2） 国と地方の教育費の関係

国と地方の教育予算比は，3 対 7 [6] だと言われている．それでは，何を国が負担して，何を地方が負担しているのだろうか．たとえば義務教育において国が負担しているものの典型例としては，「義務教育費国庫負担制度」に関する教員給与を挙げることができる．

次に，① 文部科学省（国）レベル，② 都道府県（教育委員会）レベル，③ 市町村（教育委員会）レベル，④ 学校レベルでの教育費について述べていくことにする．

3） 国の予算 （文部科学省教育費の現状）

文部科学省の予算は総額で 5 兆 3536 億円（2015 年度（案））である．そのうち文化芸術の予算は 1036 億円である．国の一般歳出予算の約 11% を占めている．文部科学省の予算は ① 「義務教育費国庫負担金」，② 「国立大学法人運営費交付金」，③ 「科学技術振興費」，④ 「私学助成関係予算」，⑤ 「高校生等への修学支援」の順に高い．中でも人件費としての ① 「義務教育費国庫負担金」は，県費負担教職員給与の 3 分の 1 を負担しており，文部科学省の予算の 3 割を占めている．また，その他の「教科書購入費」は，小学校・中学校で使用される教科書を国が無料給付していることによる予算である．

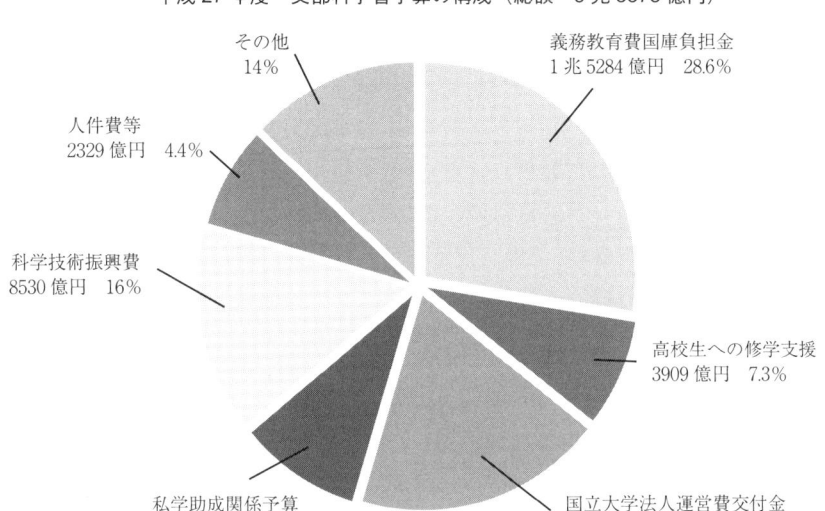

図 **13.1**　平成 27 年度文部科学省予算の構成（文部科学省資料を一部修正）

4)　地方の教育財政（都道府県と市区町村）

1.　都道府県（都道府県教育員会）レベルの教育費

　都道府県は，主に ① 学校教育費（公立大学を含む），② 社会教育費，③ 教育行財政費，④ 生涯学習関連費といった教育費を取り扱っている.

　「地方教育費調査報告書」によると以下のように説明されている. ①「学校教育費」とは，「公立の幼稚園，小学校，中学校，特別支援学校，高等学校，中等教育学校，専修学校，各種学校及び高等専門学校における学校教育活動のために支出した経費」のことである. ②「社会教育費」とは，「地方公共団体が条例により設置し，教育委員会が所管する社会教育施設の経費及び教育委員会が行った社会教育活動のために支出した経費（体育・文化関係・文化財保護含む）」のことである. ③「教育行政費」とは，「教育委員会事務局（所管の教育研究所等を含む）の一般行政事務及び教育員会の運営のために支出した経費」のことである.

　学校に関する人件費が都道府県の扱う教育費の総額の 7 割を占めている.

2.　市町村（市町村教育委員会）レベルの教育費

　義務教育段階の学校予算に関しては，設置者である市町村が一番関わっている．それでは，市町村における教育予算はどのようなものがあるのだろうか．市町村の教育予算は，①「教育総務費」，②「小学校費」，③「中学校費」，④「幼稚園費」，⑤「社会教育費」，⑥「保健体育費」に分けることができる．

　①「教育総務費」とは，教育委員会の運営経費，広報費，委託料，教育委員の手当て，人件費等を指し，⑤「社会教育費」とは，公民館・図書館・児童館・市民会館・文化会館等の運営経費，光熱費，施設建設費，修繕費，職員の人件費等を指し，⑥「保健体育費」は，市民体育館・グランド・市民プール・総合運動場・青少年野外活動センターの運営経費，光熱費，職員人件費，学校開放や市民体育祭への補助金などがこれに当たる．そして，②小学校費と③中学校費は，学校の運営経費，光熱費，施設建設・修繕費，県費教職員以外の人件費等がこれにあたる．ここでの県費負担教職員以外の教職員とは，国の法律等で定められていない給食調理員，用務員，技師，また市町村で独自に採用した教職員のことであり，これらの人件費は全て市町村が支出している．

3.　市町村の教育費の執行状況について

　次に，市町村レベルでの教育費の執行方法について述べる．教育委員会には，予算を独自に編成する権限がなく（地方自治法第180条の6「普通地方公共団体の委員会又は委員は，左に掲げる権限を有しない」とあり，1に「普通公共団体の予算を調整し，及びこれを執行すること」とある），首長がその権限を持っている．首長は予算編成に当たり，教育委員会に意見を聞くことが義務付けられている．しかし，教育委員会の予算要求をどれだけ受け入れられるかについては，市町村毎に「差」があり，首長部局である財政部局の意向が教育予算を左右しているのが現状である．教育重視の首長と議会の見識，財政部局の考え方，教育委員会のプラン作成能力の高さの違いで，市町村毎の教育予算に「格差」が生じてしまっているのが現状である．

　教育予算の執行状況は，学校の所属する地方公共団体によって異なる．たとえば，①教育委員会と学校のセットで予算執行が行われている，②教育委員会が主体で執行が行われている場合がある．学校が任意に自由に使える予算と教育委員会が執行する予算とに分けることができる．学校が自由に使える予算を

どのように使用するのか（学校で購入するものの範囲）も含め，学校に計上する教育費の総額も議会が決定している．市町村（教育委員会）としては，これらの教育予算について，アカウンタビリティの観点から，たとえば，地方公共団体の広報誌に報告，市町村の予算の決算書を当該自治体の公立の図書館でも閲覧できるようにするなど工夫を行っている自治体もある．しかし，情報化されている予算についても自治体毎でまちまちであるのが現状である．

　「予算」については，地方自治法第 211 条「普通地方公共団体の長は，毎会計年度予算を調整し，年度開始前に，議会の議決をうけなければならない」とある．そして，自治法施行規則（総務省令）第 15 条 2 により，「項」は「目」と「節」に細分されている[7]．施行規則で示されている予算科目のうち歳入予算の「款」「項」「目」「節」，歳出予算のうち，「款」「項」「目」については基準が設けられており，それに合わせて市町村が独自に設定を設けることができる．しかし，歳出予算の「節」については，予算執行の最小単位としての統一性の確保の観点から規則に示されている 28 の節および当該番号は変更できない．

（3）　義務教育費国庫負担制度

　義務教育費国庫負担制度の対象となっているのは，教育費の大半を占める人件費（県費負担職員の給与）である．公立義務教育諸学校の教職員の給与は，「県費負担教職員」と「市町村費負担教職員」というように，給与負担者の違いによって分けることができる．一般的に，教員採用試験を受け，正規の教職員と呼ばれている国の設定する「定数法」内の範囲による教職員は県費負担教職員である．

　この県費負担教職員の給与[8]（各手当を含む）の負担者は，名前の通り都道府県及び国であることが「義務教育費国庫負担法」に明記されている．都道府県以外に任命権を持っている政令指定都市の教職員の給与も県と国で負担しているのは，「義務教育費国庫負担法第 1 条」に書かれている「国が必要な経費を負担することにより，教育の機会均等とその水準の維持向上とを図ることを目的」としているからである．（平成 29 年度を目途に政令指定都市の教職員の給与負担は都道府県から政令指定都市に移譲される．）

　この県費負担教職員の給与は，法律制定時から国が 2 分の 1，都道府県が 2

分の 1 を負担していたが，2005 年の「三位一体の改革」に伴い，2006 年度から国が 3 分の 1，都道府県が 3 分の 2 を負担することとなった．また，給与改革の一環として，2004 年から「総額裁量制」が導入され，義務教育費国庫負担金の総額を都道府県毎に規定し，その範囲内で都道府県が教職員の給与・配置を決定できるようになった．加えて，地方財政法第 10 条により，文部科学省は人件費の他に，学校の施設建設費や各種整備事業について一部分の補助・助成金を行っている．

　国庫負担金[9] の半減が提起され，2006 年度より教員給与における国の負担する割合が 2 分の 1 から 3 分の 1 に減少した．義務教育費国庫負担制度の是非論については意見が分かれている．義務教育費国庫負担制度の維持を主張する文部科学省は全国的に一定水準の教員待遇の維持と教育の機会均等を保持することができることを述べ，他方で，総務省・財務省は国の関与をできるだけ縮小し，地方の自主性を発揮するために義務教育費国庫負担制度を廃止すべきであるとしていた．

　教員給与制度が硬直的であることに対処された「総額裁量制」とは，義務教育費国庫負担金の総額の範囲内で給与額や教職員配置に関する地方の裁量を拡大する制度のことである．現在，義務教育費国庫負担金の算出方法は，給与単価×教職員定数× 3 分の 1 ＝負担金総額として算定されている．「総額裁量制」を導入することにより費目ごとの国庫負担限度額がなくなり，給与を自主的に決定することができることから，地方の裁量が拡大されたといえる．

第 3 節　学校予算の現状と課題

（1）　学校にかかる費用

　学校に関わる経費は，大きく分けて，① 学校運営費と ② 施設設備費・建設費に分類することができる．「学校配当予算」とは，教育委員会から学校に任される予算のことを指す．学校予算に関しても，他の予算と同じで会計年度を 4 月 1 日から 3 月 31 日とし，年度の支出については公費・私費にかかわらず年度内の収入でもって執行されている．しかし，学校という特殊環境に「会計年度独立の原則」だけの考え方で行っていいのかという課題が残されている．また，この学校配当予算について，多くの教育委員会では「学校の標準的運営経

費」を設定し，児童・生徒数等を勘案して各学校に配当している．校長は教育委員会が定めたガイドラインに沿って配分額の予算編成を行い支出している．

　学校の予算は，① 「教育委員会が直接執行する予算」，② 「教育委員会より学校に配当される予算」，③ 「保護者が負担する納入金」の 3 点に分けることができる．② 「教育委員会より学校に配当される費用」は，使途に応じて費目に分かれ，配当額が提示される．また，③ 「保護者が負担する納入金」つまり，学校が児童生徒から徴収した「学校徴収金」（学校徴収金とは，学校教育活動に必要な経費として，校長の責任で保護者から徴収・執行している費用のこと）は，学級費（教材購入費），実験実習費，修学旅行費，PTA 会費等で構成される（給食費については，通常学校徴収金の中に含めない）．市町村によって，義務教育段階での私費負担の内容については差があるが，基本的には個人に帰属する修学旅行費や給食費（材料代），ワークブックといった副教材代が私費負担と認識されている．このことは，基本的に間接教育活動費は公費負担，直接教育活動費においても共有・備え付けのものや指導に関するものの経費は公費負担であると理解され，直接的利益が児童生徒に還元されるものに関わる経費が保護者負担となっている．

(2)　学校の予算の執行方法について

　学校経営の自律性の確立に向けて，学校事務・業務の効率化[10]「学校管理規則」の見直しや「教育内容等に関する学校裁量を拡大」[11] することが行われ，学校の予算に関する権限も拡大している．たとえば，学校裁量予算制度が導入され，校長が独自性を発揮して学校運営ができるように，予算執行に関する校長の裁量権を拡大する地域も存在している．これまでは教育委員会で行われていた学校の施設の修理に関する決裁や光熱水費の管理（また市町村によっては）業者選定も学校が行っている．

　学校財務に関わって，学校事務の「共同実施」[12] というシステムを取り入れた自治体も存在する．これは，複数の近隣校に属する事務職員が組織を構成し，個々の学校の事務を効率的に行うシステムである．また，予算の一括執行ができる等，教育委員会や学校間の事務の再配分ともなっている．

　最近では，「学校裁量予算制度」つまり，学校配当予算の執行計画の立案・執

行・決算において，学校が独自の決定権や裁量権を持つ制度を導入する市町村もある．たとえば，教育委員会財務担当部署が一括して予算案を査定する予算編成から，投資的経費や政策推進費をすべて枠（フレーム）方式にする過程で，学校においてもフレーム配分方式へ変更する自治体がある．「枠（フレーム）予算」は，「総額裁量予算」の 1 つであり，学校配当予算の総額が予算科目ごとではなく，枠毎に学校に配当される．つまり，個々の学校がそれぞれの事業に応じて予算総額の範囲内で各科目への予算配分を行うことのできる制度のことを指す．一方で，「特色枠予算」として，通常の学校の維持管理や教育活動に要する消耗品費・備品購入費・印刷費・修繕費・使用料等の経常経費とは別に，教育委員会が特色づくりなどを目的とする各学校による獲得型予算がある．また，「学校提案要求型予算」として，学校が教育委員会に企画を提案し，教育委員会が査定・評価するものがある．

　これらの新たな裁量型予算制度は，予算裁量を拡大しただけでなく，校長の権限の拡大，また，予算執行に伴った学校の自主性・自律性を高めるものと捉えることができる．

第 4 節　地方分権化における教育財政制度の課題

　地方分権化が進む中で，地方における教育財政の権限が拡大することに伴う課題がある．地方の裁量が拡大することにより，地方独自の仕組みや制度を確立でき，地方の実情に合わせた教育が可能となる．一方で，地方の権限が拡大することは，義務教育の根幹をなす，全国どこでも同一の教育が受けられるという教育の水準維持と地域格差是正のために，国や都道府県による義務教育費の財源保障がなされていたことを根本から見直すことを意味する．分権化による権限委譲で，学校の予算を校長の判断で執行できる学校予算の裁量拡大が進められてきた．本来，地方公共団体の教育に関する予算執行の権限は首長にある．しかし首長は教育事務の円滑な運営のために，予算執行の権限を教育委員会や教育長，校長に委任し補助執行させることができる（地方教育行政法第 24 条 5・自治法第 180 条）．実際に教育を行っている学校現場に，教育の予算を執行できる権限を委譲することにより，学校現場の裁量権は拡大された．学校の裁量権が拡大したことで，校長が学校の独自性を発揮できる効率的な学校運営

を行えるようになった．学校裁量予算制度の導入により，校長が独自の学校運営をできるようになり，学校の自主性・自律性が高められてきた．校長に予算権限が移譲されることにより，迅速な物品の購入や，効率的な予算執行が可能となり，結果として，特色ある学校づくりにつながる．これらの学校裁量予算制度は，予算の分配における裁量を拡大しただけでなく，学校独自のカリキュラムづくりや学校運営の在り方に深く関わっている．学校で使用できる予算の拡大に伴い，学校独自の運営方法が校長を通してできることから，特色ある学校づくりができるようになった．しかし，校長のマネジメント能力によって，予算を適切に使用できず，かえって教育の質が下がることが懸念される．

　また教員給与における課題としては，総額裁量制の導入による地域格差の懸念が挙げられる．つまり，教員を全部で何人雇うのかについては，地方裁量に任されることとなった．たとえば，700 万円を用いて正規の教員を 1 人雇うか，それとも非常勤職員を 2 人雇うかについて，標準法の規定をクリアした場合，地方が自由に決定できることになり，教職員数を自由に決定できることとなった．総額裁量制を導入することにより，費目ごとの国庫負担限度額がなくなり，給与を自主的に決定することができることから，地方の裁量が拡大された．

　このように，地方分権化される中で，教育費においても地域の裁量が拡大することは，地域独自の教育ができることを意味する．つまり，地域の課題に即した教育が可能になる．一方で，とりわけ義務教育において地域格差を生じる可能性があることを意味し，格差是正を全面的に打ち出すのか，それとも特色ある学校づくりに焦点を当てるのかが今後の課題となる．

　現在の日本は，義務教育だけでなく高等学校段階においても完全就学を成し遂げたとされる．そのような背景のもと，地方や学校に権限を委譲し，より身近な課題に対応した教育を行うことが可能となった．しかし，地方に権限を委譲することで義務教育の無償制をこれまで通り維持することが可能なのかどうかは議論の余地が残されている．

注
1.　市川昭午・皇晃之・高倉翔編著『教育経済と教育財政学』p.14，共同出版，1978 年
2.　市川昭午・伊藤和衛・今村武俊といった学者や実務家両方ともが日本の教育財政ということばについての疑問を呈している．

3. 「教育財政不在説」については，今村武俊『学校の予算』p.317，帝国地方行政学会，1965 年，で日本での「教育財政」という語については成立しないとしている．

4. ここでの「公財政負担論」とは，教育の効果は広く社会全体にも還元されるのだから，費用も社会全体で負担すべきという考え方のことを意味する．（文部科学省資料参考より）

5. 「地方教育費調査報告書」作成にあたり，各教育委員会への調査の上で記載されていた資料を元に作成している．

6. 文部科学省「義務教育費に係る経費負担の在り方について」（2004 年 5 月）参照．

7. ここで，「款・項」は議決の対象となることから「立法科目」とされ，「目・節」は説明や執行上の集団として用いられるので，「行政科目」とされている．

8. 給与とは，諸手当を含んだ値のことを指す．俸給表（給料表）に書かれている基礎的な単位だけのことは，給料という．

9. これは，義務教育費にかかわる国庫負担金に関わらず，国庫負担金全般が削減することを目的としている．

10. 中央教育審議会答申「今後の地方教育行政の在り方について」（1998 年）

11. 中央教育審議会教育制度分科会地方教育行政部会中間まとめ『地方分権時代における教育委員会の在り方について』（2005 年）

    http://www.mext.go.jp/b_menu/shingi/chukyo/chukyo9/shiryo/08120304/003.pdf

    「教育財政関連資料」2012 年 8 月 30 日最終閲覧．

    http://www.kantei.go.jp/jp/singi/kyouiku/1bunka/dai10/siryou3.pdf

    「教育財政関連資料」2012 年 8 月 30 日最終閲覧．

    http://www.kantei.go.jp/jp/singi/kyouiku/1bunka/dai8/siryou4.pdf

    文部科学省「義務教育費国庫負担制度について」2012 年 8 月 30 日最終閲覧．

    http://www.mext.go.jp/a_menu/shotou/gimukyoiku/outline/001.htm

    文部科学省「義務教育費に係る経費負担の在り方について」

12. 共同実施が行われることで，組織的に教員の事務負担を軽減することになり，事務処理の効率化・集中化と事務職員の専門性の向上，学校運営の効果を高め，より良い教育活動の提供がなされることが期待されている．

第 IV 部

学校経営の組織と機能

第 14 章

学校の組織特性と組織経営

第 1 節　学校の組織特性

　組織はその一般的な定義として，たとえば，「一定の共通目標を達成するために，成員間の役割や機能が分化・統合されている集団組織」[1] がある．しかし，学校を組織として考えた場合，学校は他の種々の組織体とは異なる独自の特性を有している．

　それは第 1 に，学校という組織の「共通目標」に見られる．学校での共通目標は「学校教育目標」として示される．ベネッセの調査によれば，学校教育目標に含まれている言葉として最も多い言葉は，小・中学校ともに，「心の教育　豊かな心」，「思いやり」，「健康　体力」の 3 点であるという[2]．すなわち，これらの言葉で構成される学校教育目標は多様で曖昧，抽象的な表現となっており，それらが具体的にどのような資質，能力を子どもたちに習得させようとするものなのかについては，学校の組織構成員である教職員の間においても多様な意味に解釈されてしまう傾向を持つ．

　さらに第 2 として，教育活動とその結果としての教育成果の評価に関してである．つまり，学校教育目標で示される資質，能力を習得させるために用いられる特定の手段や方法がすべての子どもたちに効果的であるというわけでは決してない．また，そうした教育活動の成果を評価することも実際には困難である．それにはたとえば，学力テストの成績や高校・大学への進学率，就職率などの数量的な評価手段も当然あるが，そうした「学力」に限定されない子どもたちの成長・発達に関わる個々の伸長を正確に抽出することは実際には不可能

であろう．さらに，子どもたちへの教育成果は即時的に現れるものでは決して
なく，また，彼らは学校だけではなく，家庭や地域社会での生活の場でも学ん
でいることも，こうした評価をよりいっそう難しくさせるのである．

　最後の第3は，学校の組織構成員の特徴に見られる．学校では，組織構成員
である個々の教員の裁量に委ねられている傾向がひじょうに強い．毎日の学級
経営や毎時の授業をいかに行うのかは基本的には個々の教員の判断と方法に任
されて行われており，一般的にはどの教員もその職務範囲は同じである．この
ため学校組織は，校長や教頭などを除いた組織構成員が横一線に並んでいる，
いわゆる「鍋ぶた型」組織であると従来，指摘されてきた．このように，組織
構成員がゆるやかに結びついた組織であることに着目して，学校は「疎結合型
（ルース・カップリング）の組織」として説明されている．

　ところで佐古は，学校の組織特性をこのような教員の裁量性に依拠した組織
（個業型，個業性の組織）と捉え，そうした特性を有する学校組織のデメリット
として次の2点を指摘している．それはまず，教員の個人的な力量を超えた問
題に対しては，学校は組織として対応する仕組みが脆弱であるという点である．
これについては，教員個人では対応が困難な事態に陥っているにも関わらず，
学級崩壊への対応において学校として指導体制や方法を見直すのではなく，な
おも教員個人の力量によってその解決を図ろうとする傾向が指摘されている．
さらに，在学年数（小学校6年間，中学校3年間など）を通じた系統的で体系
的な教育成果を児童，生徒に対して組織として保証することが困難な点である．
つまり，学校は各年度の担当教員が個別の判断で最適とした教育活動に終始し
ていて，結果的に，「組織総体としてみるとばらばらな教育を提供する場にな
りかねない」のである[3]．

　上で述べたことが学校の「内部」に着目した組織特性であるとすれば，学校
はその外部との関係においても特有の性格を持つ．それは，学校が公教育機関
として公教育制度の枠組みに内包されている点である．すなわち，学校は教育
目標や教育内容ばかりではなく，その組織編制や教職員配置，施設・設備など
に関して行政基準に基づいてその組織活動を営んでいる．このことは，学校が
行政機関によって外的に組織化され，またその組織活動も規制されていると同
時に，そうした一般行政組織化の論理に対して，先述のような「教育」という

事実行為に起因する組織化の論理との関係がつねに問われることになる[4].

　ここで学校経営とは，組織としての学校のこうした種々の特性やその経営に着目した概念である．それは，各学校が独自に設定した教育目標をもとに，その効果的な達成に向けて教育課程の編成と実施，人的・物的な諸条件の組織化を行い，その成果を評価して教育目標の再設定を図るという，学校において展開される一連の営みである．すなわち，学校は一定の独自性を有する 1 つの組織体として，主体的，自律的にその教育活動が営まれることが重要である．

　もちろん，学校は公教育機関であり，あらかじめ定められた種々の基準に基づいてそうした活動が展開されることは不可欠である．しかし，それは教育活動の一定の「維持」にはなっても，児童・生徒や家庭，地域社会の特徴や実態に応じてより高い教育成果を子どもたちに発現させるような教育活動を創り出していくことには結びつかない．したがって，学校経営は，基準をもとにしてそれを生かしながらも，学校での教育活動を質的，効果的に高めるために行われる創造的で開発的な営みなのである．

第 2 節　学校の組織構造

　ここでは，学校の組織構造について，学校内部における機能内容に着目して運営組織，校務分掌組織，教授学習組織という捉え方と，3 層の経営レベルとして学校経営，学年・教科経営，学級経営という捉え方でそれぞれ見ていく[5].

（1）運営組織，校務分掌組織，教授学習組織
　まず，運営組織に該当する組織には，職員会議や各種委員会が挙げられる．これらは組織としての学校の意思決定に関わる組織である．職員会議は従来，その性格として，議決機関（意思決定機関）であるのか，校長の諮問機関または補助機関なのかの論議が展開されてきたが，2000 年 1 月の学校教育法施行規則の改正で「校長の職務の円滑な執行に資するため，職員会議を置くことができる」，さらに「職員会議は，校長が主宰する」と規定されることになった．これによって，校長の職務の執行を補助する機関としての性格が明文化されたと言える．

　また，各種委員会の中ではここでは特に運営委員会を挙げておきたい．運営

委員会は管理職や主要な主任から構成され，そこで学校としての重要な事項についての事実上の決定がなされる組織である．このことが職員会議の実質的な形骸化をもたらしているとも指摘されている．各種委員会にはこの他に，教育課程委員会や生徒指導委員会，進路指導委員会，予算委員会，学校評価委員会，学校保健委員会，人権教育委員会などがある．

　次に校務分掌組織についてである．校務とは，学校がその目的である教育事業を遂行するために必要とされるすべての仕事であり，校務分掌は，それを学校組織の構成員間で分担して行うために，職務の内容と責任を各構成員に割り当てたものである．校務は，学校教育法において「校長は，校務をつかさどり，所属職員を監督する」と規定されるように，法的には校長の権限であるので，校務分掌はそれを教職員に委任したものとなる．

　学校には必ず校務分掌組織が設けられているが，それは学校種や地域社会の特色，さらには学校教育目標などによって学校ごとで異なりうる．ここで，小学校での校務分掌組織の一例を挙げる．まず「教務部」には教務，学籍，教育課程，教育評価などの係が置かれている．また，「生徒指導部」では校内生活，児童会，校外生活の各担当係が設けられている．これらの他に，「研究部」（研究，研修の各係），「文化部」（図書，学芸，視聴覚，掲示の各係），「保健体育部」（体育，保健，美化の各係），「事務管理部」（施設管理，教材教具，庶務経理の各係）がある．こうした職務内容は，基本的には学校規模に関係なくどの学校でも必要であり，したがって，学校規模が小さくなるほど教職員一人あたりの分掌校務数は増加することになり，多忙化の一因ともなっている．こうした中で，校務分掌の適正化を図る自治体も見られる [6]．

　なお，学校事務は，学校の教育活動を実施するために必要な，教育活動以外の事務的・補助的な業務全般を指し，各学校では校務分掌組織に事務組織（上記の例では「事務管理部」）が位置づけられている．ここでは，事務職員によってその業務が主に担われている．

　教授学習組織には，学習組織としての学年学級制，そして教授組織として学級担任制，教科担任制がある．まず，学年学級制は児童・生徒を年齢（学年）ごとに学習集団を編成したものであり，義務標準法では学級の児童生徒数の標準を 40 人（ただし小学校第 1 学年では 35 人）とし，また小学校設置基準，中学

校設置基準において教諭などを一学級当たり一人以上置くこととされている．そして教員は担任などを務める学級の学年組織に所属することとなる．

　また，学級担任制（全教科担任制）は小学校において採用されている形態であり，教員が学級の児童・生徒の学習指導や生徒指導の全般を担当する仕組みである．これは教師にとっては子どもの理解が深まり，学習指導と生徒指導の双方からの子どもへの働きかけができるなどの利点がある一方で，いわゆる「学級王国」化や教科指導での専門性の低下，学級間格差，さらには学級崩壊への対応の難しさなどの問題も起こりうる．近年ではこうした課題の深刻化や教科内容の高度化などに伴い，多くの小学校において，特に中学年以上の学年段階から一部で教科担任制が導入されるようになってきた．

(2)　学年・教科経営，学級経営

　一般的に学校は，「学校」—「学年・教科」—「学級」という 3 つの単位で分化して経営機能が捉えられている．ここでは，学年経営，教科経営，学級経営について学校経営との関わりをもとに検討したい．

　まず，学年経営は，同じ学年に属する教員，児童生徒を 1 つの組織とみなし，学年主任を中心に学年所属教員がそこでの共通課題をもとに教育目標を設定し，その達成に向けて教授・学習活動を協働的に展開することをいう．最終的には，学校経営における学校教育目標の達成へとつながっている．具体的には，学年教育目標の設定，学年教育経営計画の立案・実施・評価，学年会の開催と運営，所属教員間の人間関係の調整や指導・助言などが行われる．学年は学校経営と学級経営をつなぐ中間的な経営組織であり，学年経営は各学級，個々の教員のレベルでの諸課題と学校全体との調整を図るという点で重要である．

　次に教科経営とは，学校経営における学校教育目標の達成に向けて教科ごとに教育目標を設定し，授業や教科指導で取り組まれるべき内容と方法を計画，実施，評価し，たえず質的な改善を図っていく組織的な営みをいう．教科担任制を採る中学・高校の場合，教科経営という概念は比較的理解されやすい一方で，学級担任制の小学校では意識されにくいかもしれない．だが，教科指導は個々の教員の専門性に委ねられる面が大きく，結果として教員間の指導方針・方法や指導力のバラつき，さらには教育結果での格差が生じうる．したがって，

教科経営は教科指導の効果を高めたり，調整するための取り組みとして，その重要性は小中学校，高校を問わず，きわめて大きい．

　最後に学級経営についてである．学級は児童生徒の生活・学習の基本的な単位となるものであり，学校の内部組織の基盤となる組織である．そして学級経営とは，学級担任である教員が，学校経営の基本方針のもとに学級の教育目標を設定し，その効果的な達成に向けて学級の個々の児童生徒やその集団に対する指導を展開する営みである．つまり，学校の教育目標は，学級担任によって具体化され，実践に移されることになる．

　学校経営にあたっては，学校教育目標を達成するためにその内容について共通理解を持つとともに，各学級担任の思いや考え方を生かしつつ協働することが重要である．このように，学校経営においては学級経営，そしてそれを調整する学年経営，教科経営との関連が何よりも重視されることになる．

第3節　近年における学校の組織とその経営に関わる改革動向

（1）学校の組織構造の変革

　1990年代以降の一連の「教育改革」の進展の中で，学校の組織とその経営に関わる変革が展開されている．それはまず，先述のように2000年の学校教育法施行規則の改正によって，校長の職務の執行を補助する機関として職員会議の位置づけが制度上明確化されたことが挙げられる．これにより，学校経営における校長の権限と役割が強化されることになったと言える．

　さらに，2007年の学校教育法の改正で，副校長，主幹教諭，指導教諭という新たな職が学校において設置できることになった．すなわち，校長から命を受けた範囲で校務の一部を自らの権限で処理する副校長，そして校長や副校長を補佐する立場で校務を整理する従来の教頭，さらに，担当する校務について連絡調整や指導，助言を行う役割を担ってきたこれまでの主任に加えて，校長の命を受けて担当する校務に関して一定の責任で取りまとめて整理し，他の教諭などに指示する主幹教諭が置かれることになった．これによって，従来の「鍋ぶた型」組織と指摘されてきた学校組織において，校長のリーダーシップのもとで組織的，機動的な学校運営を行えるよう，学校の組織運営体制，指導体制の強化が図られることになったのである．他方で，指導教諭はみずから授業を

担当しながらも，児童生徒の実態などを受けて他の教員に対して教育指導に関する指導や助言を行う職である．この指導教諭の導入によって，個々の教員の教育実践の改善をはじめとして「教育組織」としての学校の質的向上が期待される．

（2）　校長のリーダーシップと組織マネジメント

　学校の自主性・自律性の確立が志向され，学校裁量の拡大が図られる中で，校長や副校長，教頭にはリーダーシップを発揮して，学校や地域の状況や課題を把握しつつ，組織的，機動的に学校運営を行うことが重要視されるようになってきた．このため，学校の内外から人材を幅広く登用できるよう，2000 年から校長について，教員免許状を取得しておらず，「教育に関する職」（学校教育法施行規則第 20 条）に就いたことがない者（いわゆる「民間人校長」）の登用ができるようになった．さらに教頭についても 2006 年から同様に資格要件が緩和されている．ここでは，いわゆる「民間」での経営の発想と手法を学校に導入することが意図されている．

　また，こうした動向とともに注目されてきたのが「組織マネジメント」の手法である．学校における組織マネジメントとは，「学校内外の能力・資源を開発・活用し，学校に関与する人たちのニーズに適応させながら，学校教育目標を達成していく過程（活動)」である[7]．つまり，学校は，校長のリーダーシップのもとで教職員が協働しながら学校経営に参画するなど組織としてその教育活動を展開していくことが重要とされてきた．このことから，学校に組織マネジメントの発想を導入するため，文科省において校長，教頭，主任を対象とした学校組織マネジメント研修のカリキュラムが開発されるとともに，各教育委員会においても組織マネジメント研修が取り組まれている．

（3）　教授学習組織の改善

　他方で，主に少人数教育と関わって教授学習組織における改革も進められている．学校での児童生徒のもっとも基本的な学習・生活上の単位である学級の規模の縮小（少人数学級編制）や学級編制の弾力化，種々の個別の教育課題への対応などのための教職員配置の改善が図られてきた．これらは，第 6 次および

第 7 次の義務教育諸学校教職員定数改善計画（1993〜2000 年度，2001〜2005 年度）以降の国の政策動向や各自治体での独自施策によって教員加配が行われてきたことなどによるものである．

　学級編制に関わっては，2011 年の義務標準法等の改正によって，市町村教育委員会が地域や学校の実態に応じてより柔軟に学級を編制できることになった．この法改正により，都道府県教育委員会が定める学級規模の基準を「標準」とし，たとえば，小学校 1 年生において児童の実情に応じた教育的配慮が必要な場合，例外的に 35 人の標準を超える人数で学級を編制し，担任とティーム・ティーチング担当教員（TT）で授業を実施することなどができるようになっている．

　また各学校においても，少人数の学習集団を編成しての指導や習熟度別指導，ティーム・ティーチングなど，個々の児童により対応した取り組みや，小学校における教科専門的な指導による指導方法の工夫が多く見られるようになってきた．この点に関してたとえば小学校の場合，少人数指導では，実施学年は中・高学年に集中しており，また教科別では算数での実施が圧倒的に多いという．また習熟度別指導では，実施方法は，特定の教科・学年に限定しての実施や単元の学習における展開段階のみでの実施など多様であり，関わる教員もその学年の教員集団のみで取り組むのか，教務主任や教頭，校長などの他の教員も含めて実施するのかも異なっている [8]．これらから，学年学級制，学級担任制などの従来の枠組みにとらわれない，教授学習組織の多様化，柔軟化が進んでいると指摘できよう．

　なお近年では，非常勤の教職員が実際の授業場面や教科指導，生徒指導などに関わることが多く見られるようになってきた．こうした教職員としては，中学・高校での特定教科の授業担当者に加え，近年では先述のような少人数指導や習熟度別指導，ティーム・ティーチングなどの実施のために雇用される者，さらに教員志望の学生のスクールボランティアなど多様である．これらは，学校の人的な側面での充実に他ならないが，一方で，彼らの関わりのありようがその教育活動の成果を大きく左右する場合もあり，既存の教授学習組織における彼らの位置づけの必要性が今日，従来よりも意識されるべきかもしれない．

第4節 学校の組織経営の理論

(1) PDS（PDCA）サイクルのマネジメント・サイクル論

　学校を含めた組織の経営過程は，「計画（Plan）→実施（Do）→評価（See）→計画（Plan）…」というマネジメント・サイクルで成り立つとされている．これは，組織としての目標を設定し，それを達成するための計画を立案して，その計画に従って活動を実施し，その活動の成果や問題点を評価・分析して次の計画へとつなげていくプロセスである．

　これを学校に当てはめると，年度当初に学校教育目標を設定してそれに基づいて教育課程の編成や各教科などの学習活動の目標や内容，評価方法などを含めた指導計画を作成し，そしてそれらを踏まえて教育活動を実施し，児童生徒の学習成果の評価とそれを踏まえて授業や指導計画などを評価して次年度の学校教育目標の設定などにつなげていく一連のサイクルとなる．しかし，最後の「評価」から次の「計画」へとつなげていく段階において評価が計画に生かされていない，または断絶しているとの問題が指摘されている．このために最近では，「計画（Plan）→実施（Do）→評価（Check）→改善（Action）」の PDCA サイクルとして提示される場合も多い．これは，「評価（Check）」の段階で教育活動の実施が指導計画などに沿っているかどうかを検証し，それを踏まえて「改善（Action）」段階において適切な対応を行うことを意図したものである．

　他方で，教育現場においては，年度当初に設定，作成された学校教育目標や指導計画が年度過程においてほとんど認識されていない，活用されていないという点も指摘されている．言い換えれば，学校教育目標などに対する教職員間での合意と共有が求められることになる．こうした点で，学校においてはこれら目標や計画を設定，作成するプロセス自体が，教職員間での合意形成と協働のための意識化を図る上で何よりも重要となる．

(2) 学校の組織文化

　学校には他の組織とは異なる固有の文化があり，さらにこれは，同じ学校であっても，個々の学校に応じて多様である．つまりそれは，その組織の構成員に共有されている信念や価値観，規範であり，組織における構成員の思考や行動に大きな影響を与えている．シャインは組織文化を，「グループが外部への

適応，さらに内部の統合化の問題に取り組むプロセスであり，グループによって学習され，共有される基本的な前提認識（assumptions）のパターン」と定義している[9]．このパターンはそれまで基本的にはその組織において効果的に機能してきたために組織によって適切なものと評価され，結果として，その組織への新しいメンバーに対しても適切な方法として教えられることになる．

　学校の組織文化は，アメリカの効果的学校研究の中で，学校の成果を向上させるには組織構造の変革を進めるだけでは不十分であり，学校の文化的な側面を考慮する必要性が指摘されたことで注目されるようになった．しかし，学校の組織文化は多様で複雑である．たとえば，学校は先述のように個々の教員の裁量性に依拠した組織であることや学年・教科等の集団・組織があり，これらが教員間の協働を抑制してしまうことがある．また，学校には教員だけでなく，管理職や職員，児童生徒，保護者などの集団とその文化があり，それらが複雑に絡み合いながら個々の学校の組織文化が形成されているともいえる．

　日本でも近年，学校の組織文化への関心が高まっている．それは，上述のような，学校における成果の規定要因としての分析を越えて，構築するものとしての捉え方である．それは，改革を志向する強力な文化を学校に創り上げることで学校の教育力の改善を図ろうとするものである．そして，こうした文化の創造と形成に向けて校長によるリーダーシップが注目されている[10]．

（3）　学校におけるリーダーシップ

　このリーダーシップとは，ある組織において共通の目標を達成するために，その組織を構成するある者が他の者の意欲や行動に影響を与えようとする働きかけや行為をいう．それは，組織を，その内部における職位や権限というフォーマルな関係構造で捉えるのではなく，組織構成員間のインフォーマルな関係の在り方に注目するものであり，この点で，後述のように学校でリーダーシップを発揮するのは必ずしも校長だけではない．つまりそれは，校内における指揮系統の強化，効率化を意味するものではないのである．

　日本での校長のリーダーシップに関する研究について，従来は主として校長の役割や力量の観点で展開されてきたが，それに加えて，近年では校長のリーダーシップの在り方として，文化的リーダーシップが注目されている．それは，

学校における教育活動の質がその学校の組織文化という文化的要因によって影響を受けていると捉え，それら文化的な側面，すなわちその学校で共有されている信念や価値観，規範に対してそれらを維持したり，創りかえたりする上での校長のリーダーシップの在り方を重視したものである．成員の裁量性が高く，組織目標が曖昧であるという特性を有する学校組織において，学校の文化的側面とそれに依拠した教育観，教育目標を問い直す過程自体に注目することは重要である．

他方で，校長ではない学校組織の他の成員によるリーダーシップについても注目されている．つまり，トップダウン型のリーダーシップではなく，ミドルアップダウン型リーダーシップや分散型リーダーシップなどである．さらに，主任やそれと実質的に同レベルの経験や力量，指導力を有する教員を「スクールミドル」と位置づけ，そのリーダーシップ（ミドルリーダーシップ）の在り方を究明する研究も行われている．これらのリーダーシップ論は学年・教科などの組織やスクールミドル，メンバーなどの創意を重視して意思形成を図るものであり，個々の教員の専門性を基盤としてその経営が展開される学校として，他の組織一般とは異なるリーダーシップの在り方と言える[11]．

注

1. 小学館「大辞泉」編集部編『大辞泉』小学館，1995 年
2. ベネッセ教育総合研究所『第 5 回学習指導基本調査（小学校・中学校版）』p.40，ベネッセ教育研究開発センター，2010 年
3. 佐古秀一・曽余田浩史・武井敦史「学校づくりの組織論」p.124，『講座現代学校教育の高度化　第 12 巻』学文社，2011 年
4. 堀内 孜『学校経営の機能と構造』pp.38〜40，明治図書，1985 年
5. 学校の組織構造については様々な捉えられ方がされているが，実際にはそれぞれが密接に結びついており，明確な区別は難しい．
6. 「校務分掌の適正化」，文部科学省ホームページ，http://www.mext.go.jp/a_menu/shotou/uneishien/detail/1297222.htm，最終アクセス日 2013 年 11 月 8 日．
7. マネジメント研修カリキュラム等開発会議『学校組織マネジメント研修―これからの校長・教頭等のために―（モデル・カリキュラム）』文部科学省，2004 年
8. 福島正行「少人数教育と学校経営」小島弘道編『学校経営』教師教育テキストシリーズ第 8 巻，学文社，2009 年

9.　エドガー・H・シャイン著, 梅津祐良・横山哲夫訳『組織文化とリーダーシップ』白桃書房, 2012 年

10.　ここでの主要な参考文献として, 勝野正章「学校の組織と文化」小川正人・勝野正章『教育行政と学校経営』放送大学教育振興会, 2012 年. この他, 岡東壽隆監修『教育経営学の視点から教師・組織・地域・実践を考える』北大路書房, 2009 年.

11.　参考文献として, 小島弘道・渕上克義・露口健司「スクールリーダーシップ」『講座現代学校教育の高度化　第 7 巻』学文社, 2010 年

第 15 章

学校教育目標と教育課程経営

第 1 節　教育課程の法制

（1）　教育課程の編成権と基準

　教育課程とは，「教育目標に即した児童・生徒の教育のための意図的・計画的・組織的な教育内容」[1] を意味する．教育課程の編成については，法制上，図 15.1 のようになっている．

　学校教育法第 33 条では「小学校の教育課程に関する事項は，第 29 条及び第30 条の規定に従い，文部科学大臣が定める」と規定されている．この規定に従って，文部科学大臣は，学校教育法施行規則を制定し，教育課程の教科や授業時数を定める．また同施行規則において「教育課程の基準として文部科学大臣が別に公示する小学校学習指導要領によるものとする」（第 52 条）と示されており，学習指導要領を教育課程の基準として性格づけていることがわかる．

　次に教育課程の地方基準について検討する．地教行法第 21 条において，教育委員会の職務権限の 1 つとして「5. 学校の組織編制，教育課程，学習指導，生徒指導及び職業指導に関すること．6. 教科書その他の教材の取扱いに関すること．」をあげている．また，第 33 条では，「教育委員会は，法令又は条例に違反しない限度において，その所管に属する学校その他の教育機関の施設，設備，組織編制，教育課程，教材の取扱その他学校その他の教育機関の管理運営の基本的事項について，必要な教育委員会規則を定めるもの」とされ，教育課程や教材等の教育委員会による管理権が示されている．教育課程の地方基準に関しては，1999 年の地方自治法の改正が行われるまで，地方教育行政機関に

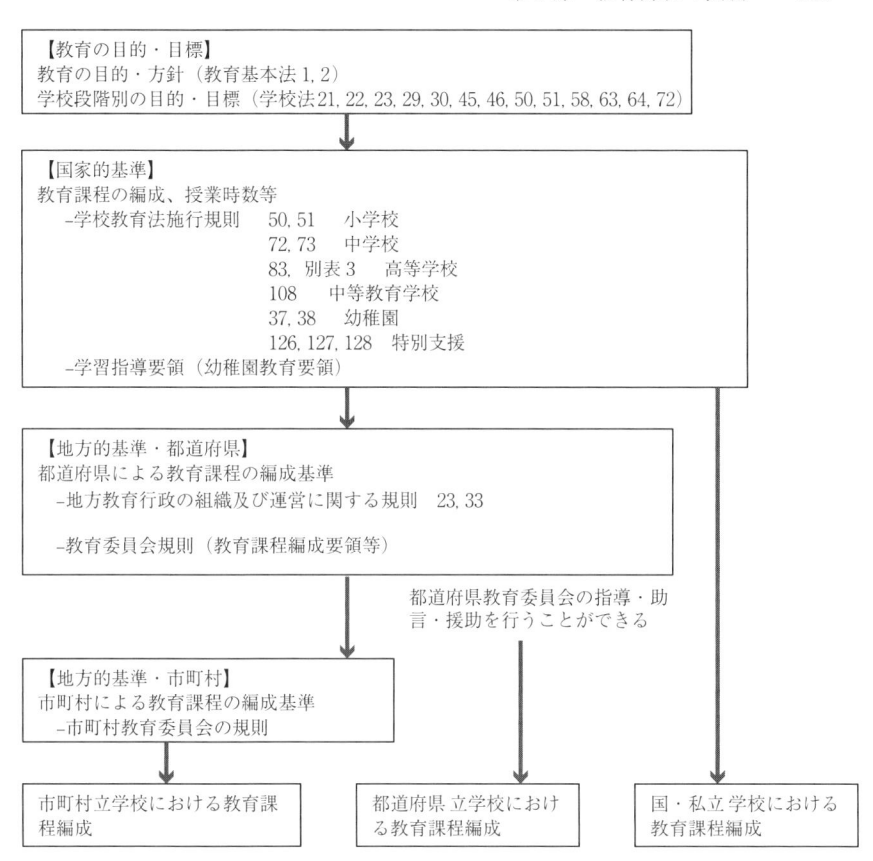

図 15.1　教育課程編成の基本構造（堀内孜編『現代公教育経営学』学術図書出版社，2002年，p.153 を一部修正）

おける重層構造が問題となっていた．たとえば，地教行法において「都道府県教育委員会は，法令に違反しない限り，市町村教育委員会の所管に属する学校その他の教育機関の組織編制，教育過程，教材の取扱その他の教育機関の管理運営の基本的事項について，教育委員会規則で，教育の水準の維持向上のため必要な基準を設けることができる」（第 49 条）と規定されており，都道府県教育委員会が市町村教育委員会の所管する学校や教育機関に対する教育課程の基準を設定することが可能であった．ところが 1999 年の地方自治法改正により，市町村の自主性を高める方針が示されると本条項も削除され，市町村教育委員

会の自主性・自律性の確保が図られた[2].

一方で教育はその本質からして地域や学校の実態に応じて効果的に行う事が求められるため，教育課程の実質的な編成主体は学校であると考えられる．実際，学習指導要領においても「教育課程の編成は各学校において行う」と明示されている．校長は各学校において，学校全体での共通理解と教職員集団の協力のもと，教育課程の編成を行うことが要求される[3]．また近年，教育基本法の改正を受け改正された地教行法第 47 条 5 項において，学校運営協議会を設置する学校の校長は，教育課程編成の基本方針について，協議会の承認を得ることが求められている．本規定からも推測されるように，これまで以上に，校長は地域住民や教員の声を聞き，学校や地域のニーズを受けた教育課程を編成することが要求されているといえる．

（2） 教育課程の要素

学校の教育計画である教育課程は，① 学校の教育目標の設定，② 指導内容の組織化，③ 授業時数の配当が基本的な編成の要素となる[4]．ここでは教育課程に関わる国や教育委員会の示す基準を，法規定・規則に基づいて整理する．

1） 教育目的・目標

教育の目的は，教育基本法第 1 条において，「人格の完成を目指し，平和で民主的な国家及び社会の形成者として必要な資質を備えた心身ともに健康な国民の育成」と示されており，人格の完成をその目的としている．さらに同法第 2 条では，5 つの項目に分けて教育目標が規定される．また，同法第 5 条，第 6 条では，学校教育の目的について「各個人の有する能力を伸ばしつつ社会において自立的に生きる基礎を培い，また，国家及び社会の形成者として必要とされる基本的な資質を養うこと」とし，この目的を達成するために「教育を受ける者の心身の発達に応じて，体系的な教育が組織的に行われなければならない」とされる．

この教育基本法での規定を受け学校教育法は，各学校段階に応じて，教育目標・目的を設定する．具体的に幼稚園，小学校，中学校，高等学校，中等教育学校，特別支援学校別に規定されている．また，各教科等の種類や指導内容については，学校教育法施行規則及び学習指導要領に基準が示されている．

　各学校が学校教育目標を作成する際は，これらを基盤としながらも，当該学校の実状に合わせた具体的な目標の設定が求められる．

2）　指導内容の組織化と授業時数の配当

　学校教育法施行規則では，教科や教科外活動等の具体的な指導内容を，各学校段階に応じて規定する．具体的に，小学校段階に関しては「小学校の教育課程は，国語，社会，算数，理科，生活，音楽，図画工作，家庭及び体育の各教科（以下この節において「各教科」という．），道徳，外国語活動，総合的な学習の時間並びに特別活動によって編成するものとする」（第 50 条）とされる．また，授業時数については，「小学校の各学年における各教科，道徳，外国語活動，総合的な学習の時間及び特別活動のそれぞれの授業時数並びに各学年におけるこれらの総授業時数は，別表第 1 に定める授業時数を標準とする」（第 51 条）と規定される．具体的な授業時数は，表 15.1 のとおりである．

表 **15.1**　小学校の総授業時数

区分		第 1 学年	第 2 学年	第 3 学年	第 4 学年	第 5 学年	第 6 学年
各教科の授業時数	国語	306	315	245	245	175	175
	社会			70	90	100	105
	算数	136	175	175	175	175	175
	理科			90	105	105	105
	生活	102	105				
	音楽	68	70	60	60	50	50
	図画工作	68	70	60	60	50	50
	家庭					60	55
	体育	102	105	105	105	90	90
道徳の授業時数		34	35	35	35	35	35
外国語活動の授業時数						35	35
総合的な学習の時間の授業時数				70	70	70	70
特別活動の授業時数		34	35	35	35	35	35
総授業時数		850	910	945	980	980	980

（学校教育法施行規則　別表 1 より筆者作成）

第 2 節　教育課程経営

（1）　教育課程経営とは

　教育課程経営は，教育課程の編成，実施，評価，改善という組織的な一連の営みである．各学校は，示される基準に基づきながらも，地域や児童生徒の実

態に応じた特色ある学校づくりを実現するために，特色ある効果的な教育課程経営を行うことが求められる．特に，総合的な学習の時間が導入されて以降，学校の主体性に基づく新しい教育課程の編成が期待されている．

教育課程経営は，学校教育目標の達成に向け，カリキュラム開発，教育課程の編成，教育課程の実施，教育課程の評価・改善というサイクルで実施される．その際，管理職は，教育課程経営のビジョンを示し，それに基づく学校教育目標を設定することが求められる．

学校教育目標は，大きく 3 つの要素を踏まえて成立されると言われる．「教育の法体系の中から実体として規定されてくるもの」「学校教育をめぐる社会的役割もしくは社会的機能という側面から規定されてくるもの」「学校の実態に基づく教育課題」の 3 つである[5]．「教育の法体系の中から実体として規定されてくるもの」とは，学校教育目標にかかわる「公教育としての制度的枠組み」としての要素である．教育の目的については，日本国憲法をはじめ教育基本法，学校教育法，学習指導要領の中で規定されている．これらは教育水準を保障するための基準であり，学校教育目標を設置する際には踏まえないといけない枠組みである．また，第 2 の「学校教育をめぐる社会的役割もしくは社会的機能という側面から規定されてくるもの」とは，学校教育に対する社会的ニーズを踏まえて学校教育目標を設定するということである．学校が社会から隔離され閉ざされた空間にならないためにも，今日の社会の動向を踏まえ，学校目標に位置づけることが求められている．第 3 の「学校の実態に基づく教育課題」とは，学校の独自性・特色性に関わる部分である．教育課程の編成主体である学校は，各学校の地域や児童生徒の実状に応じて教育計画を規定することが求められている．これらの 3 つの要素が有機的に関連づけられて，学校教育目標は設定されなければならない．また，今日では，教育課程の評価を想定し，学校教育目標の明確化が求められる．

(2)　教育課程の編成

教育課程の編成においては，教育指導計画の作成，指導組織の編制，時間割・日課表の作成が行われる．教育課程の編成の際には，学校教育目標の達成に向け，学校教育目標と関連した教育課程の全体計画が必要である．特に，教育指

導計画は学校全体に及ぶ総合的な計画でなければならず，領域ごとに計画される．教育指導計画で示される具体的な領域を例示すると以下のようなものがあげられる．

① 　学力・進学保障に関する計画
② 　学校生活に関する計画
③ 　学校運営に関する計画
④ 　学外連携に関する計画

これらの計画は，学校の経営・管理にかかわるものと，教授・学習にかかわるものに分けられる．学校の経営・管理にかかわるものを学校経営計画とし，教授・学習にかかわるものを学校教育計画と称する[6]．学校の経営・管理に関わるものには，校務分担計画，学校事務合理化計画，施設等整備計画，学校予算計画，PTA活動計画などがあげられる．また，教授・学習活動に関わるものには，教育課程計画，児童・生徒活動計画，学校行事計画，学校進路計画などがあてはまる．

これらは，学校レベルでの計画であり，包括的なものであるため，学校教育目標は，学年ごとに学年目標として具体化され，さらにそれに基づき学年計画が立てられる．また各教員は，これらの学校計画・学年計画に基づいて，独自に学級指導計画を作成していく．その際，組織としての教育目標をふまえ，目の前の子どもの発達段階や特性に応じた独自で具体的な教育目標と教育を計画化することが求められる．

学校の教育目標は，あいまいになる傾向にある．それは，成果が見えづらく，具体的な目標を設定することが難しいという教育の持つ特性が関係している．また，これまで，学校の教育活動は，教員の経験や勘に依存する「成り行き管理」で行われる傾向にあった．具体的な目標と計画をたて，系統立てて実施される教育指導計画は，このような「成り行き管理」からの脱却を図る1つの手段でもあるといえる．教育指導計画は，年次的に達成目標が計画される．年次目標が達成された場合に，次年度には何を目標とするのか明記することにより，学校改善の見通しが共有されることが意図されている．

(3) 教育課程の実施

　教育課程を展開する上で実施される教育活動は，小学校においては「各教科」「道徳教育」「特別活動」「外国語活動」「総合的な学習の時間」である．また中学校においては，「各教科」「道徳教育」「特別活動」「総合的な学習の時間」である．これらの教育活動によって教育課程を編成し，それらを実施していくことになる．実施の内容は多様であるが，中でも重要であるのが，実践プランの作成・実施・評価である．学校全体として編成されたカリキュラムをもとに，学校内の各部会や各教師が共同しながら，日常の活動につながる実践プランを計画・作成する．そしてそれらの実践に対する評価をもとに，次年度の改善につなげるというのが具体的な実施サイクルである[7]．

　また，教育課程を実施するのは教員であるが，個々の教員が単独で実践を提供すればいいというものではない．教育課程を運営していく上で重要であるのは，教員同士のつながりである．年間の指導計画を共同で作成したり，その学校の児童生徒の特性に応じた教材開発や資料収集を行ったり，各学級における指導の調整をしたり，他の教員と情報共有や意思疎通を図りながら，教育活動を行うことが重要である．

　その一方で，教育課程を展開していく上で校長のリーダーシップは重要である．教員の教育活動が各学級や各学年において円滑に進むように，管理職である校長は，人的配置を調整し，指導の調整を図り，また指導計画の適性を確認しながら，教育課程の運営を支える必要がある．またその際，教科部会や学年会など，教育課程の実施・編成に関連する組織と共同しながら，個々の教員の教育活動へのサポートだけでなく，学校組織として円滑に教育活動が進むように，校長は教員や地域住民のニーズを把握しながらリーダーシップを発揮することが期待される．

第3節　教育課程の評価と学校の改善

(1) 教育課程の評価

1) 教育課程評価の重要性

　1999年に文科大臣より「児童生徒の学習と教育課程の実施状況の評価の在り方について」という諮問が出され，教育課程審議会は2000年にそれに対する

答申を提出した.

　本答申では具体的な審議事項の 1 つとして,「教育課程の実施状況等から見た学校の自己点検・自己評価の在り方」があげられた.

　答申の内容は以下のようなものであった. 教育課程の実施状況等を自己点検・自己評価し, それを改善の資料として活用することは学校の責務であると, 学校に対し教育課程評価の実施が求められた. また, 各学校が行う自己点検・自己評価の内容については,「教育課程の編成状況・実施状況, 指導方法や指導体制の工夫改善の状況, 児童生徒の学習状況等」が具体的項目としてあげられた. しかし, 各学校における教育課程の自己点検・自己評価は, 各学校の教育目標等に照らして, 校長の責任の下で行われなければならず, 具体的にどのような項目をどのような方法で評価するかについては, 各学校や設置者が地域や学校の実態に応じて適切に工夫できるよう, その裁量権が与えられている. また, 各学校における自己点検・自己評価実施の際は, 保護者や地域の人々の声を取り入れながら進めることが求められる.

　なお, 教育課程評価に関連して, 学校評価も実施される. 教育課程評価が, 教育課程の実施状況を評価対象とするのに対し, 学校評価は, 学校におけるすべての経営活動や教育活動を対象とする評価である [8]. つまり, 教育課程評価は, 学校評価においても重要な位置を占めるものである. 評価を実施する際には, 各評価の対象や役割を明確にし, 共通理解を図ったうえで実施することが重要である.

2) 教育課程の評価者

　教育課程の評価は, たてられた教育計画がどのように展開され, どれほどの効果をあげたのかを把握する重要なものであり, 教育課程の計画に携わった人々がその責任において実施しなければならない.

　教育課程を実際に展開するのは, 教員である. 学習指導要領等の手引きに基づいて, どのような計画でどのように実施するのかは, 教育を実践する教員の責任である. そのような意味から, 個々の教員は, 自身の教育実践に対し, 絶えず振り返り, 次の実践へとつなげていかなければならない.

　その一方で, 教育課程は, 教育行政の示す基準に従って, 地域や児童生徒の発達段階などに応じて, 各学校が校長の責任のもと編成するものである. その

ため，その評価に対する責任も各学校にあると言える．また，教育課程は，学校目標達成を目指す総合的な学校計画であり，その評価対象も広範囲にわたるものである．教員個々の評価に加え，学校長・指導主事・教育長などと協力して，専門的な知識や情報に基づきながら，組織的に評価が行われる必要がある．上述の教育課程審議会においても，「各学校における自己点検・自己評価が適切に行われるよう，関係機関において自己点検・自己評価の内容，方法，公表の在り方等についての研究開発を進めることが必要であり，それらに基づく各学校での実践を進めること」と述べられており，教育研究機関や教育委員会と連携協力しながら学校が主体となって評価を実施することが求められているといえよう．

3) 評価の着眼点

　教育課程評価の着眼点などの具体的な評価内容について，教育課程審議会は「都道府県教育委員会や市町村教育委員会によるガイドラインづくりなどの支援策が講じられることも有効であり，また各学校が自己点検・自己評価した結果を，都道府県教育委員会や市町村教育委員会が把握し今後の指導に生かすとともに，それぞれの地域における学校教育の改善充実に生かしていくことが重要である」としており，都道府県や市町村の教育委員会の示すガイドラインを参考にすることなどが提案されている．

　また，同答申では，教育課程評価の対象について，以下の5点を挙げている．① 各教科，道徳，特別活動及び総合的な学習の時間それぞれについての指導目標，指導計画，授業時数，評価の規準など具体的な教育課程の編成状況，② 各教科等の授業時数や指導内容の実績など事実としての教育課程の実施状況，③ 個別指導やグループ別指導，ティームティーチングなどの個に応じた指導や，体験的な学習，問題解決的な学習，選択学習への取組状況など指導方法や指導体制の工夫改善の状況，④ 年度当初の指導目標の実現状況，児童生徒の基礎・基本の習得状況など児童生徒の学習状況，⑤ 目標に準拠した評価の結果の状況や全国的な学力調査の結果との比較など学校全体としての児童生徒の学習状況，などを自己点検・自己評価することと示されている．

　また，教育課程の評価方法については，校長が一方的に評価を行うのではなく，職員会議などの場で，全職員と協議し合いながら評価を実施することが重

要である．また，実施に当たっては，評価する内容やその後の処理等を考慮して，各学校の実態に応じた適切な方法を工夫する必要がある．これらを踏まえ，教育課程の評価の際の留意点は，以下のように整理できる．

　　○　全教職員の共通理解を図り，組織的に進める．

　　○　評価を年間計画に位置付ける．

　　○　多面的・継続的・客観的に評価する．

　教育課程の評価では，客観性や信頼性をいかに担保するかが重要となる．そのために，個々の指導目標の達成状況から，全校的な教育活動の成果や課題を客観的に明らかにするなど，各学校の特徴にあわせて，工夫することが求められる．

（2）　教育課程経営と学校の改善

　教育課程経営は，教育課程を計画，実施し，さらに評価，改善を図るという一連のサイクルをもったシステムであり，学校経営の中核的機能を担うものである．

　教員は教育専門家としての専門性が認められており，一定程度の権限が付与されているため，学校組織が個業化しやすく，非効率的な組織運営がしばしば問題になってきた．学校を組織として活性化させ，教育活動を充実させるためにも，全教職員で教育課程経営に取り組んでいくことが重要である．

　法的基準として示される教育の目的を把握し，各学校の目標を全教員で共有し，その目的達成に向け，一連の活動を系統立てて計画し実践することは，組織として成長するためにも有効なプロセスである．また，教育課程の評価を行い，全教員で評価結果を共有し，次年度につなげるという教育課程における一連のサイクルは，継続的な学校組織の改善を促すという意味で，学校経営において，中核的な機能を果たす重要なものであるといえる．

　また，学校を地域に開かれたものとし，家庭や地域社会との連携を深めるという視点も重要である．地域に根差した特色ある学校づくりを進めるためにも，教育活動の計画や実施の場面において保護者や地域の人々の協力を得ることは重要である．自己点検・自己評価の実施に当たっては，保護者や地域の人々の声を参考にして進めるとともに，その結果を，保護者や地域の人々に説明し，

意見を聞き，その後の教育課程の編成や指導の改善に反映させ，保護者や地域の人々の協力を得て教育活動を展開していくことが必要である．学校・地域・家庭との連携が唱えられ，これまで以上に種々な変革が求められる学校において，社会のニーズを把握し充実した教育活動を提供するためにも，適切で効果的な教育課程経営が求められるだろう．

注

1.　榊原禎宏「第 11 章　指導行政と教育課程管理」堀内孜編『現代公教育経営学』p.147，学術図書出版社，2002 年

2.　同上，榊原禎宏，p.151

3.　久下栄志郎・堀内孜編『現代教育行政学』p.102，第一法規，1979 年

4.　露口健司「第 6 章　教育課程経営」河野和清編著『現代教育の制度と行政』p.80，福村出版，2008 年

5.　児島邦宏「第 2 章　学校経営計画と教育課程編成」日本教育経営学会編『教育経営と教育課程の編成・実施』pp.34〜35，ぎょうせい，1987 年

6.　同上，児島邦宏，p.57

7.　同上，児島邦宏，p.65

8.　山﨑保寿「第 11 章　教育課程経営」篠原清昭編著『スクールマネジメント—新しい学校経営の方法と実践—』p.181，ミネルヴァ書房，2006 年

第 16 章

学校の内部組織と意思決定

第1節　校長の主たる職務権限の所在と範囲

（1）　全般的事項

　学校の設置者となる教育委員会（教基法第6条1項）は，学校の設置，管理及び廃止に関する事務とその執行について権限を有している（地教行法第23条）．そのため，教育委員会は，法令又は条例に違反しない限度において，自らが設置し管理する学校の施設，設備，組織編制，教育課程，教材の取扱その他学校の管理運営の基本的事項について，必要な教育委員会規則を定めることとされている（地教行法第33条）．

　この教育委員会規則を学校管理規則といい，校長（学教法第37条1項）は，設置者が定めた学校管理規則の下で，校務をつかさどり，所属職員を監督する（同条4項）[1]．

　こうした規定からうかがえるように，現行法制においては，教育委員会に対して包括的な学校管理運営権限を付与し，学校を代表する校長に個々の学校や教職員，児童・生徒の実情に応じた具体的な学校運営権限を与えている．

（2）　人事関係

　任命権者でも服務監督権者でもない校長は，監督対象である職員を自らの意思で選任・昇任させることはできず，所属の県費負担教職員の任免その他の進退に関する意見を市町村委員会に申し出ることはできるものの（地教行法第39条），その意見がどこまで忖度されるかは，その地域の人事慣行等に依存して

いる[2].

　こうした人事権の範囲と学校管理規則が定める枠の下で，校長は，校内人事を行い校務分掌を決定する．そして，設置者である教育委員会は校長の勤務評定を実施し，その上で，設置者である教育委員会が定めた計画に基づいて，校長は職員の勤務実績に応じて勤務評定を実施し，設置者である教育委員会は校長による評定を調整する（同法第 46 条）．

（3）　教育課程関係

　設置者である教育委員会は，教育課程や学習指導，生徒指導，職業指導の管理に関して権限を有し（地教行法第 21 条 5 項），教科書その他の教材の取扱い（同 6 項），教具その他の設備の整備（同 7 項）にも権限を有しており，具体については学校管理規則に定めている．また，教育委員会は，学期及び休業日について設定する（学教法施行令第 29 条）[3].

　こうした定めの下で，校長は，地域の実情や児童・生徒の実態，学校の特色などを踏まえ，学習指導要領総則等の規定に基づき教育課程を編成し年間指導計画を策定し，時間割や学校行事予定を組むなどしているが，教育委員会にそれらを届け出る義務を負い，副教材を使用する場合には，あらかじめ届け出るか，または承認を受けなければならない（地教行法第 33 条 2 項）．そして，校長は，全課程を修了したと認めた者に，卒業証書を授与しなければならない（学教法施行規則第 58 条及びその準用規定）．

（4）　児童生徒の取り扱い

　設置者の就学事務の執行を受けて，校長は，常に，在学する児童・生徒の出席状況を明らかにする義務を負い（同令第 19 条），校長は，学習及び健康の状況を記録した書類の原本（指導要録）を作成しなければならず（学教法施行規則第 24 条 1 項），進学（同 2 項）や転学（同 3 項）にも対応しなければならない．なお，学籍に関する記録は 20 年間，その他の記録は 5 年間，保存しなければならない（同規則第 28 条 2 項）．また，校長は，当該学校に在学する児童・生徒について出席簿を作成しなければならない（同規則第 25 条）．

　さらに，在学する児童・生徒が，休業日を除き引き続き 7 日間出席せず，出

席状況が良好でない場合で，保護者に欠席させる正当な事由がないと認められるときは，校長は，速やかに，その旨を当該児童・生徒の住所がある市町村の教育委員会に通知する義務がある（学教法施行令第 20 条）．なお，就学義務を猶予や免除された保護者の子が，当該猶予期間が過ぎたときや当該猶予や免除が取り消されたときには，校長は，その子を，年齢及び心身の発達状況を考慮して相当学年に編入させることができる（学教法施行規則第 35 条）．

　校長は，毎学年の終了後，速やかに，全課程（中等教育学校の場合は前期課程）を修了した者の氏名を，その者の住所がある市町村の教育委員会に通知しなければならない（学教法施行令 22 条）．また，区域外就学者が全課程（中等教育学校の場合は前期課程）を修了する前に退学したときは，当該学校の校長は，速やかに，その旨を当該児童生徒の住所がある市町村の教育委員会に通知しなければならない（同令第 10 条）．

　以上のように，現行法制においては，子どもの教育を受ける権利を保障することに重点を置いて，入学・出席・在籍について校長に厳格な管理を要請している．

　しかも，学校の懲戒権についても抑制的である（学教法第 11 条，学教法施行規則第 26 条 1 項）[4]．義務教育段階の児童・生徒に対しての停学を認めておらず（同規則 26 条 4 項），退学についても，「併設型中学校」（中高一貫校の場合）を除いて，公立の小・中学校，特別支援学校の学齢児童・生徒に対しては認めていない（同 3 項）．それだけ，児童・生徒に対しては，学校の内で学習機会を保障することが優先されているのである．ただし，義務教育段階の児童・生徒であっても，他の者への危害や権利侵害が著しい場合などには，校長にではなく，市町村教育委員会に，当該児童・生徒の保護者に対する「出席停止」の命令が認められている（学教法第 35 条 1 項）．

（5）　保健・安全関係

1）　心身の健康の保持増進

　学校の設置者は，設置する学校の児童生徒等及び職員の心身の健康の保持増進を図るため，当該学校の施設及び設備並びに管理運営体制の整備充実その他の必要な措置を講ずるよう努めねばならず（学保安法第 4 条），学校環境衛生

基準に照らしてその設置する学校の適切な環境の維持に努めなければならない（同法第6条2項）。

　学校においては，児童生徒等及び職員の健康診断，環境衛生検査など保健に関する事項について計画を策定し，実施しなければならない（同法第5条）。そして，校長は，学校環境衛生基準に照らして校内を点検し，適正を欠くと認めた場合には，遅滞なく，改善に必要な措置を講じるか，それができないときは，設置者にその旨を申し出なければならない（同法第6条3項）。また，救急処置，健康相談又は保健指導を行うに当たっては，必要に応じ，地域の医療機関等の関係機関との連携を図るよう努めねばならない（同法第10条）。

　学校においては，毎学年定期に，児童生徒等（通信教育の学生を除く。）の健康診断を行わなければならず（同法第13条1項），その診断結果に基づいて，疾病の予防処置を行い，又は治療を指示し，運動や作業を軽減する等適切な措置をとる義務がある（同法第14条）。

　性行不良の場合とは異なり，校長は，感染症に関しては学保安法施行令第6条で定めるところにより感染症に罹患している（疑義や可能性を含む）児童・生徒の出席を停止させることができる（同法第19条）。また，感染症の予防上必要があるときは，校長ではなく，学校の設置者が，臨時に，学校の全部又は一部の休業を行うことができる（同法第20条）。

2） 危険防止・安全保障

　学校の設置者は，設置する学校において，事故，加害行為，災害等により児童生徒等に生ずる危険を防止し，及び事故等により児童生徒等に危険又は危害が現に生じた場合において適切に対処することができるよう，当該学校の施設及び設備並びに管理運営体制の整備充実その他の必要な措置を講ずるよう努めねばならない（同法第26条）[5]。

　学校においては，当該学校の施設及び設備の安全点検，児童生徒等に対する通学を含めた学校生活その他の日常生活における安全に関する指導，職員の研修その他学校における安全に関する事項について計画を策定し実施しなければならない（同法第27条）。校長は，学校施設・設備について安全確保上の支障を認めた場合には，遅滞なく改善に必要な措置を講じ，それができないときは設置者にその旨を申し出なければならない（同法第28条）。

　また，当該学校の実情に応じて，危険等発生時において当該学校の職員がとるべき措置の具体的内容及び手順を定めた対処要領を作成しなければならず（同法第 29 条 1 項），校長は，その対処要領の職員に対する周知，訓練の実施その他の危険等発生時において職員が適切に対処するために必要な措置を講じなければならない（同 2 項）．さらに，児童生徒等に危害が生じた場合に，当該児童生徒等及び当該事故等により心理的外傷その他の心身の健康に対する影響を受けた児童生徒等の心身の健康を回復させるため，近隣の地域医療機関等との連携のもとで必要な支援を行わねばならない（同 3 項）．加えて，学校は，保護者との連携を図るとともに，地域の実情に応じて，当該地域を管轄する警察署等の関係機関，地域の安全を確保するための活動を行う団体その他の関係団体，当該地域の住民等の関係者との連携を図るよう努めねばならない（同法第 30 条）．

　なお，非常変災その他急迫の事情があるときは，校長は，臨時に授業を行わないことができるが，この場合に，公立学校についてはこの旨を当該学校を設置する教育委員会に報告しなければならない（学教法施行規則第 63 条及び 104 条・123 条・135 条 2）．

　以上のように，近年の学校事故や事件等への適切な対応を促すよう，かなり細かく必要な措置を求める法規制がなされている．しかも，事柄の突発性や広汎性に配慮して，校長に特定するよりも，包括的に「学校」に義務履行を求める内容が多いと解される．

(6)　職員会議の設置

　上述の学校管理規則に，校長の職務の円滑な執行に資するため，職員会議を置くことを定めることができる（学教法施行規則第 48 条 1 項）．その職員会議は，校長が主宰する（同規則 2 項）．ただし，この規定は，2000（平成 12）年の改正による新規定である．

　職員会議は，慣例的に各学校において開かれてきたが，文部省と教職員組合との政治的対立などを背景にして，校長の諮問機関や補助機関とする説や学校の最高意思決定機関とする説などが示されてきた．そのため，卒業式等での国旗・国歌の扱いなど政治的な問題と絡む議案を巡って職員会議が紛糾し，事件

に発展するケースも少なくなかった[6].

　こうした事態に対して，中央教育審議会答申「今後の地方教育行政の在り方について」（1998年9月）は，「学校に，設置者の定めるところにより，職員会議を置くことができることとすること」,「職員会議は，校長の職務の円滑な執行に資するため，学校の教育方針，教育目標，教育計画，教育課題への対応方策等に関する教職員間の意思疎通，共通理解の促進，教職員の意見交換などを行うものとすること」,「職員会議は，校長が主宰することとし，教員以外の職員も含め，学校の実情に応じて学校のすべての教職員が参加することができるようその運営の在り方を見直すこと」を求めたことによって改正されたのである.

（7）　学校評議員の設置

　職員会議と同様に，上述の中央教育審議会答申によって学教法施行規則に新たに盛り込まれたのは，学校評議員である（同規則第49条1項）[7].

　上述の中央教育審議会答申は，「今後，より一層地域に開かれた学校づくりを推進するためには学校が保護者や地域住民の意向を把握し，反映するとともに，その協力を得て学校運営が行われるような仕組みを設けることが必要であり，このような観点から，学校外の有識者等の参加を得て，校長が行う学校運営に関し幅広く意見を聞き，必要に応じ助言を求めるため，地域の実情に応じて学校評議員を設けることができるよう，法令上の位置付けも含めて検討することが必要である」と提起した．これを受けての改正であった.

　学校評議員を置くところでは，校長は，当該学校の職員以外の者で教育に関する理解及び識見を有するもののうちから適任者を設置者である教育委員会に推薦し，当該教育委員会は，その推薦に応じて学校評議員を委嘱する（学教法施行規則第49条3項）.

第2節　学校の内部組織体制と教職員の参加

（1）　学校における組織的な教育の要請と校務分掌の範囲

　学校においては，教育の目標が達成されるよう，教育を受ける者の心身の発達に応じて，体系的な教育が組織的に行われなければならない（教基法第6条2項）．したがって，上述の校長の職務権限の行使が，校長個人の意思ではな

く，学校としての組織的な意思に基づくことを要請する．しかも，学校は，調和のとれた「学校運営」が行われるためにふさわしい校務分掌の仕組みを整えねばならない（学教法施行規則第 43 条及びその準用規定）．

　なお，ここでいう「学校運営」や，前節で校長がつかさどるとした「校務」について，その範囲に教諭がつかさどる「教育」（学教法第 37 条 11 項）や養護教諭がつかさどる「養護」（同 12 項），栄養教諭がつかさどる「栄養の指導及び管理」（同 13 項）等を含めるのかどうかを巡る論議があるが，「小学校は，文部科学大臣の定めるところにより当該小学校の教育活動その他の学校運営の状況について評価を行い，その結果に基づき学校運営の改善を図るため必要な措置を講ずることにより，その教育水準の向上に努めなければならない．」（同法第 42 条）との規定にあるように，学教法とその関係法規上，「学校運営」には「教育活動」が中核的に位置づいていると解さざるをえず，校務分掌の範囲には，学年や学級，教科組織などの教授・学習関係の事項も含まれるといわねばならない[8]．

（2）　ライン & スタッフとマトリクスの形骸性

　学校は比較的，小規模な集まりである．しかも，職員の大半は教諭であり，小学校の場合には学級を担任していない教諭はほとんどいない．教頭ですら学級担任を兼ねている学校もある．また，管理職と多数の対等な位置に置かれた教職員，というフラットな配置であるため，指示系統がすっきりせず，学級や教科の壁が厚く協働性も成立しにくいという問題もある．教頭職が法制化され（1974 年），その後も主任が省令化（1975 年）されたが，主任制には各地で反対闘争が繰り広げられ，うまく機能しないところも少なくなかった．

　こうした中で，学校を，軍隊や企業のようなライン系列（業務遂行に直接的に関わるメンバー）とスタッフ系列（業務遂行を補佐するメンバー）に分けて組織編制することには無理があり，実際は，そうした系列になぞらえて機能的に捉えざるをえない．

　また，学校は，学年と教科，そして教務部や研究部等の分掌という 3 つの軸で各職員を位置づけることもでき，マトリクス組織という説明もなされるが，実際は員数の関係からマス目が埋まらないことや専門性や代表性に無理がある

ことも少なくない.

　このような問題を抱えながら, 各学校では, 職員間の負担の平等や専門性, 得手不得手などを考慮しながら多様な校内人事と組織編制がなされてきた. しかし, 近年, 職員の年齢構成のいびつさや学校が抱える課題の複雑さがいや増し, さらに大量退職・大量採用の時代を迎えて職員の指導力が急速に劣化するなどの恐れなどを背景に, 総合的なマネジメント力の育成が課題視されるようになっていった.

　そこで, 2007 (平成 19) 年の学教法の一部改正により, 校長のマネジメントを補強するために, 学校に「新しい職」として, 副校長, 主幹教諭, 指導教諭を置くことができるようになった. 特に, 主幹教諭は「校長 (副校長を置く小学校にあつては, 校長及び副校長) 及び教頭を助け, 命を受けて校務の一部を整理し, 並びに児童の教育をつかさどる」(学教法 37 条同 9 項) あるいは「校長 (副校長を置く小学校にあつては, 校長及び副校長) 及び教頭を助け, 命を受けて校務の一部を整理し, 並びに児童の養護又は栄養の指導及び管理をつかさどる」(同 19 項), そして指導教諭は「児童の教育をつかさどり, 並びに教諭その他の職員に対して, 教育指導の改善及び充実のために必要な指導及び助言を行う」(同 10 項) とされ, 主任に期待されてきたミドル・リーダー的な役割遂行を強く求められている.

(3)　学校の組織構造

　地域によって, 校長をはじめ上述の「新しい職」や主任等の位置づけ, 校務分掌の在り方は異なっている. そのため, 配置指針を示した高知県の場合を参照しながら見ていこう.

　「高知県における副校長・主幹教諭・指導教諭の配置に係る指針」(2011 年) によると, 主幹教諭は「ライン機能の強化」, 指導教諭は「スタッフ機能の強化」を図るものとして位置づけている. そして, 主幹教諭の職務としては, 「大規模校や政策的に課題の集中解決を図る学校において, 教頭の代理や補佐を積極的に行い, 組織運営を活性化させるとともに, 調整能力を発揮すること」, 指導教諭の職務としては, 「研究・研修に先進的に取り組む学校において, 校内での指導主事的な立場として, その取組を強力に推進する」ことを期待している.

その上で，「主幹教諭は，主任を統括する副教頭的な位置づけであり，主任とは別の位置づけにする」として，法令上，主幹教諭が主任の職務を整理することも可能となっている（学教法施行規則第 44 条 2 項・45 条 2 項）が，その場合は，上記の職務に支障がないようにすることを求め，校務を整理する場合は教務の内容が望ましいとしている．一方，指導教諭についても同様に主任とは別の位置づけであることを求め，主任に充てることもできる（同規則第 44 条 3 項・45 条 3 項）が上記の職務に支障がないことを求め，主任に充てる場合は研究主任が望ましいとしている．しかも，主幹教諭，指導教諭ともに高知県の場合は「準管理職的な位置づけ」とし，校長や教頭に準じた位置づけの座席になるよう求め，学年に拘束されることなく全体に対して指示や指導を行うことができるよう，学級担任はもとより学年主任等をさせるなど学年に所属することがないこと，企画委員会，運営委員会等の学校経営にかかわる会合には基本的に参加させることを求めている[9]．

　こうした指針の内容からもうかがえるように，主幹教諭・指導教諭の位置づけは高知県固有のものもあるが，高知県に限らず，学校には，校長・教頭等の管理職と学校全体を俯瞰しうる位置に配された主幹教諭等の職員，教諭をもって充てる教務主任・学年主任（同規則第 44 条 1 項），保健主事（同規則第 45 条 1 項），その他の主任（同規則第 47 条），さらに必要に応じて置かれる事務長または事務主任（同規則第 46 条），といった各分掌のリーダーに位置づけられた職員がおり，これらの職員を構成員として，学校全体の企画案や運営方針等を審議・検討する企画委員会（運営委員会等）が組織されている．しかし，こうした委員会の会議運営の在り方は，議長や議決等が法定されているわけではなく，校長の方針や姿勢，慣例・慣行，校内のパワーバランス等によって多様な実態となっている．ただし，校長にとって，概して諮問機関的ないし補助機関的に機能しているといえる．

　各主任等がリーダーとなっている単位も，学校の規模や抱えている課題によって名称や数など異なっているが，学年，教科・領域のほか，教務部・研究推進部・生活部・総務部に分けている学校に出会うことが多い．総合学習部（「総合的な学習の時間」に関する事項の分掌）や道徳研究部（道徳教育に関する事項の分掌）を設けている学校もある．中学校の場合には，生徒指導部，進路指

導（キャリア教育）部を設けているところが多い．小学校の場合，学年の単位は，学級数の減少によって，低学年部・中学年部・高学年部に編制されているところも少なくない．中学校の場合も，同一免許教科担任職員数の減少によって，言語教科部（国語・英語）・理数教科部（理科・数学）・体芸教科部（保健体育・音楽・美術）・総合教科部（社会・技術・家庭）というように統合しているところもある．

この他，都道府県や市町村のレベルで招集される会合や学校行事に併せて，様々な委員会が設置されているのが通例である[10]．また，予算編成のための委員会や学校評価のための委員会を開催する学校もあるが，そのメンバーは，企画委員会等と重なることが多い．

各委員会等の会合の頻度もまた多様であるが，企画委員会等は月 1 回，学年や教科等の会合は各週 1 回，その他の委員会等の会合は必要に応じて適宜開催というのがよく出会うケースであるが，定例的な開催であっても審議事項は時期によって様々で，勤務時間内に終わらせることや開くことが難しいという学校も少なくない．特に中学校の場合，部活動との関係もあって，生徒が帰宅してから会議ということもよく聞く．

(4) 職員会議・学校評議員制度と学校の意思決定

前節でみたように，職員会議は法的には校長の主宰する会合であるが，議決方法などは明定されておらず，形式的には企画委員会と同様に校長の諮問機関的ないし補助機関的な機能を有しているといえる．しかし，実際の運営からすれば，その会合において，職員全体による合意形成や了解，共通理解といった機能が果たされていることがうかがえる．問題は，その内容が教育委員会の方針や校長の意に反してなしうるかであろう．

同様に，学校評議員は，「校長の求めに応じ，学校運営に関し意見を述べることができる」（学教法施行規則 49 条 2 項）という位置づけであり，形式上，「校長の求め」から外れることができないが，地域から幅広く意見を聴くという制度趣旨からすると，やはり問題は，その内容が教育委員会の方針や校長の意に反してなしうるかであろう．

これらの問題を，法制論や権利論の観点から捉えるならばより具体的に検討

していく必要があるが，校長の職務の円滑な執行という点からすると，学校の自己評価（学教法第42条）がどこまで全職員の参加によって組織的に取り組まれ，どこまで実効性を伴っているのか，また，学校に関する保護者及び地域住民その他の関係者の理解を深めるとともに，こうした人々の連携及び協力の推進に資するため，学校の教育活動その他の学校運営の状況に関する情報についてどこまで提供しえているのか（同法第43条），が重要な視点であるといえる[11]。日常的に，児童・生徒の実態や地域の実情に眼を向け，児童・生徒，職員や保護者，地域の関係者の声に耳を傾け，教育委員会の方針や校長自らの考えを，いかに職員や保護者，地域住民等，学校関係者にわかりやすく説明し，理解や納得を促しているか，というコミュニケーション関係の成熟度が問われるのである．

第3節　地域協働による学校づくりの推進

　東日本大震災以降，学校が，児童・生徒の教育という面だけでなく，コミュニティの核，拠り所としても機能していることが広く理解されるようになってきた．この両者の関係構築をいっそう促進する意図をもって，2004（平成16）年6月の地教行法の改正により，文部科学省は学校運営協議会制度の設置を促してきている．この制度のねらいは，保護者や地域住民が一定の権限と責任を持って学校運営に参画することにより，そのニーズを迅速かつ的確に学校運営に反映させるとともに，学校・家庭・地域社会が一体となってより良い教育の実現に取り組むことにある．また，地域の創意工夫を活かした特色ある学校づくりが進むことで，地域全体の活性化も期待されている．なお，学校運営協議会を設置する学校（指定学校）については，法律上の名称は定められておらず，各教育委員会の判断で，適宜，名称を定めることができる．その結果，各地で「地域運営学校」，「コミュニティ・スクール」等と，多様に呼称されている．平成25（2013）年4月1日現在，1,570校が指定されている（前年比387校増，42都道府県で実施．4道県153市区町村で指定）[12]．

　学校運営協議会には，以下のような権限が与えられている（地教行法第47条の5）．

　1．指定学校の運営に関して，教育課程の編成その他教育委員会規則で定め

る事項について，当該学校の校長が作成する基本的な方針の承認を行う．

2. 指定学校の運営に関する事項について，教育委員会又は校長に対し意見を述べる．

3. 指定学校の教職員の採用その他の任用に関する事項について，任命権者に対して直接意見を述べることができ，その意見は任命権者に尊重される．

このように，指定学校においては，学校の基盤である教育課程や教職員配置について，保護者や地域住民が責任と権限を持って意見を述べることが制度的に保障され，その意見を踏まえた学校経営が進められることになる．ただし，学校運営協議会は，教育目標などの大綱について承認を行うことにより，学校運営に関与するものであって，日常の学校運営は，これまでどおり校長の権限と責任で行われる．このため，指定学校においても，学校運営の責任者は校長であることに変わりはない．

　一方，学校評議員は，上述したように，校長の求めに応じて，個人としての立場で，学校運営に関する意見を述べるものであり，学校経営に関して直接関与したり，拘束力のある決定を行ったりするものではない．そのいずれを置くかは，学校を設置する教育委員会が地域の実情等に応じて選択することになる．

　こうした仕組みは，まさに学校づくりとコミュニティ開発との好循環を目指すものと捉えることができ，生活基盤に立脚した教育と学習を実現する新しい教育ガバナンス体制の探究といえよう．ただし，新しい教育委員会制度のもとでは，教育振興計画や首長が定める教育行政の「大綱的方針」のあり方をめぐって，児童生徒の実態に応じ，学校や保護者，そして学校運営協議会等から積極的に意見を述べていくルートの確保が求められる．

注

1. 各地で作成された学校管理規則に対して，「学校の自主性・自律性」を確立するという視点からの見直しを求め，学校管理規則案作成に関する日本教育経営学会・日本教育行政学会合同委員会は，これまでの研究の実績をもとに参考案を提起した（2000年）．詳細は，http://jasea.sakura.ne.jp/teigen/2000_gakkoukannrikisoku.html を参照．

2. 地方分権の推進，教職員人事を巡る事件や研修実施権の所在が議論される中で，中央教育審議会等においても市町村立学校の教職員の人事権を市町村教育委員

会に委譲する等の議論が重ねられてきた．こうした人事権の委譲は，小規模自治体にとって，人事異動の硬直化や停滞をもたらすという問題もある．

3. 近年，急速に進められた市町村合併に伴って，同一市町内において 2 学期制と 3 学期制が併存する問題が派生しており，改めて学期制の考え方や趣旨が問われている．

4. 教職員による児童生徒への体罰やスポーツ団体での体罰が絶えない状況を受けて，文部科学省は，初等中等教育局長とスポーツ・青少年局長の連名で「体罰根絶に向けた取組の徹底について（通知）」（25 文科初第 574 号；2013 年 8 月 9 日付）で全国の教育長等関係者に発信した．これを受けて，各地でガイドライン等が作成されてきている．

5. 児童生徒のいじめ自殺事件が頻発する中で，議員立法のかたちで「いじめ防止対策推進法」が成立し，2013 年 6 月に公布されている．これによって，国や地方公共団体，学校法人，学校は，いじめ防止等の対策を推進するための基本方針の策定等が義務化された．

6. 具体的なケースについては，たとえば坂田仰『学校教育紛争: 事件の概要・判決・争点』春風社，2007 年，を参照．

7. その制度の詳細は，文部事務次官通知「学校教育法施行規則等の一部を改正する省令の施行について（通知）」（文教地第 244 号；2000 年 1 月 21 日付）を参照．

8. 「学校運営」という用語は，法令上の用語として特別な意味を有しており，学校等において一般に理解されている学校経営や学校管理を表すものとして用いられるのではなく，教育活動を含む学校の活動全般を指すものとして使用されている．しかし，その意味を十分に踏まえて「学校評価」を位置づけていない例が多くの学校で見られ，「学校評価」と「授業評価」を別物として捉えているところも少なくない．

9. 高知県におけるこうした実態と問題点については，拙稿「高知県公立小・中学校における主幹教諭配置の初期的実態と問題の所在」『大学・学校づくり研究（名城大学大学院大学・学校づくり研究科紀要)』第 4 号（2012 年 3 月；pp.55〜68）を参照．

10. そうした委員会には，年に 1 回しか開催されないものや機能停止しているものも少なくない．学校における各種委員会の整理統合がもっと検討されるべきであろう．

11. こうした観点からの学校評価の在り方については，拙著『学校評価の「問題」を読み解く』教育出版，2004 年，を参照．

12. コミュニティ・スクールの実態については，佐藤晴雄『コミュニティ・スクールの研究』風間書房，2010 年，を参照．

主要参考文献

- 吉本二郎『学校経営学』国土社，1965 年

- 吉本二郎『学校の経営行為と責任』ぎょうせい，1984 年

- 髙野桂一『学校経営の科学 ②　経営組織論』明治図書，1980 年

- 堀内孜『学校経営の機能と構造』明治図書，1985 年

- 永岡順編『校長・教頭と教師の間―学校経営の再建』ぎょうせい，1990 年

- 堀内孜編『教師と学校経営』第一法規，1993 年

- 木岡一明編『ステップアップ学校組織マネジメント』第一法規，2007 年

- 佐古秀一ほか『学校づくりの組織論』学文社，2011 年

第17章

教職員の構成・配置と学級編制

第1節　教職員配置の制度

(1)　学校設置基準における教員数の基準

　学校には様々な職員が置かれている．学校に置かなければならない職員は，校長，教頭（副校長を置くときは置かないことができる），教諭，養護教諭（養護をつかさどる主幹教諭を置くときは置かないことができる），事務職員（特別の事情のあるときは置かないことができる）である（学校教育法第37条）．

　この内，小，中学校に置かれなければならない教諭等（主幹教諭，指導教諭，教諭）の数は各学校設置基準で1学級あたり1人以上と定められているが，特別の事情があり，かつ，教育上支障がない場合は，校長，副校長若しくは教頭が兼ね，又は助教諭若しくは講師をもって代えることができるとされている．また，高等学校設置基準では副校長及び教頭は課程ごとに1人以上，教諭等の数は収容定員を40で除して得た数以上かつ教育上支障のないものとされ，特別の事情がありかつ教育上支障がない場合は，助教諭又は講師をもって代えることができるとされている．

　以上の教員数は国公私立いずれの学校にも適用される最低基準である．

(2)　公立学校の教職員配置

　公立の義務教育諸学校の場合，国が定める標準に基づいて各都道府県の教職員数の合計が算定され，それが各都道府県の定める教職員配置基準に基づいて各学校に配分される．

表 17.1 都道府県ごとの義務教育諸学校教職員総数を算定する際に基となる事項

全　　体		学校数，学校の学級数，分校数，寄宿舎を置く学校と寄宿する児童生徒数
小・中学校	教頭及び教諭等	複数の協力による指導（ティーム・ティーチング） 少人数指導 多様な選択教科の開設（中学校） 専門的な教科指導（小学校）
	養護教諭等	医療機関がない市町村の数等
	事務職員	就学援助などを受ける児童生徒数の著しく多い学校数
特別支援学校の教頭及び教諭等		主として対象とする障害の種別
特例となる事情		地域の社会的条件で教育上特別の配慮を必要とする事情（小，中学校） 障害以外で特別の配慮を必要とする児童生徒への特別の指導（小，中学校） 障害のある児童生徒への特別の指導と特別の配慮を必要とする事情 主幹教諭を置き運営体制の整備に特別の配慮を必要とする事情（小，中学校） 多様な教育を行うために事務処理上特別の配慮を要するもの（小，中学校） 教員の長期研修，教育指導改善に関する特別研究

　小，中学校（中等教育学校前期課程を含む）の場合，都道府県ごとの教職員数は表17.1に示す事項をもとに算定される（義務標準法第6条〜第15条）．また，そのようにして算定された教職員数は短時間勤務（非常勤）の職を占める者の数に換算することができる（第17条）．

　このようにして算定された教職員総数を各都道府県教育委員会が各学校に配置する．一般的に，各都道府県教育委員会は学校種別ごとに学級数に応じた教職員定数とそこに教職員を追加で配置（加配）するための基準を定めている．市町村立の小，中学校への教職員配置については，市町村ごとに教職員数を算定し各学校への配置は市町村に委ねるケースもある．なお，以上の手続きで配置される教職員はいわゆる県費負担教職員である．市町村はそれぞれ独自の予

算で教職員を採用し学校に配置することができる.

　公立高等学校（中等教育学校の後期課程を含む）の教職員配置については，学校数のほか置かれる課程，学科，生徒の収容定員などを基に各地方公共団体の教職員総数が算定される（高校標準法第7条〜第12条）. また，公立特別支援学校高等部の教職員配置については，学校数，学校の学級数，主として対象とする障害種別，寄宿舎を置く学校数と寄宿する児童生徒数などを基に各地方公共団体の教職員総数が算定される（同15条〜21条）. 各地方公共団体の教育委員会はそのようにして算定された教職員数を各学校に配分する.

第2節　学級編制の制度

(1)　学校設置基準における学級編制の基準

　小，中学校の学級編制については，いずれの設置基準においても，1学級の児童生徒数が40人以下とされ，学級は同学年の児童生徒で編制するとされている（ただし特別の事情があるときは数学年の児童生徒を1学級に編制できる）. 高等学校設置基準では，「同時に授業を受ける一学級の生徒数」が40人以下とされている. 小，中，高いずれの場合も，特別の事情がありかつ教育上支障がない場合はこの限りではないとされている.

(2)　公立学校の学級編制

　公立義務教育諸学校の学級編制の権限は，学校を設置する教育委員会にある. しかし，国は公立義務教育諸学校の学級編制に関する標準を定め，都道府県が国の標準に基づいた学級編制の基準を定めることになっている. 義務標準法に定める学級編制の標準は表17.2のとおりである.

　ここで示されている学級規模は国の標準であり，都道府県の教育委員会はこれを下回る数を学級編制基準として定めることができる. 市町村の教育委員会は「都道府県の教育委員会が定めた基準を標準として」，学校の児童生徒の実態を考慮して学級編制を行い，都道府県教育委員会に届け出る（義務標準法第4条，第5条）. したがって，市町村教育委員会は国の標準と都道府県の基準を超えない限り，独自の学級編制をすることができるようになっている.

　公立高等学校の学級編制については，40人が標準とされているが，やむを得

表 **17.2**　義務標準法に定める義務教育諸学校の学級編制の標準

学校の種類	学級編制の区分	一学級の児童又は生徒の数
小学校	同学年の児童で編制する学級	40 人（第一学年は 35 人）
	二の学年の児童で編制する学級	16 人（第一学年の児童を含む学級は 8 人）
	特別支援学級	8 人
中学校（中等教育学校の前期課程を含む.）	同学年の生徒で編制する学級	40 人
	二の学年の生徒で編制する学級	8 人
	特別支援学級	8 人
特別支援学校の小学部，中学部	重複障害のない場合	6 人
	重複障害の児童生徒で編成する場合	3 人

ない場合や教育委員会が必要と認める場合にはこの限りではないとされている（高校標準法第 6 条）.

第 3 節　教職員配置・学級編制の動向と課題

（1）　公立義務教育諸学校の教職員定数改善

　1958（昭和 33）年に義務標準法が制定されて以来，教育条件整備として教職員定数の改善がなされてきた．およその経緯は次の表 17.3 のとおりである.

　その後，主幹教諭の配置（2008，2009 年度），理数教科の少人数指導（2010

表 **17.3**　教職員定数改善の概要

区分	年度	内容
第 1 次	1959〜1963	学級編制および教職員定数の標準の明定
第 2 次	1964〜1968	45 人学級の実施及び養護学校教職員の定数化等
第 3 次	1969〜1973	4 個学年以上複式学級の解消等
第 4 次	1974〜1978	3 個学年複式学級の解消及び教頭・学校栄養職員の定数化等
第 5 次	1980〜1991	40 人学級の実施等
第 6 次	1993〜2001	指導方法の改善のための定数配置等
第 7 次	2001〜2005	少人数による授業，教頭・養護教諭の複数配置の拡充等

年度），小学校第1学年の35人学級化（2011年度），小学校第2学年の36人以上学級解消（2012年度）などによる教職員定数改善が実施されてきた．2012年9月には文部科学省によって「子どもと正面から向き合うための新たな教職員定数改善計画案（H25〜29年の5カ年計画）」が策定されている．そこでは，中学校3年生までの35人以下学級の実現，複式学級の解消・改善，いじめなど個別の教育課題に対応した教職員配置の充実を行うこととされ，それによって教員一人当たり児童生徒数をOECD平均に近づけることが目指されている．

（2）　分権化による都道府県，市町村の裁量の拡大

　教職員配置と学級編制の制度は，分権改革によって弾力化されてきた．

　義務教育諸学校における教職員配置と学級編制の制度は義務教育費国庫負担制度と関連しているために，分権改革以前においては地方の学校教育の実態を強く規定してきた．すなわち，国の学級編制標準がほとんどそのまま都道府県の学級編制基準となり，市町村はそれに基づいて都道府県の承認を得て学級編制し，そのようにして編制された学級数をもとに，都道府県が教員数を算定し，各学校の教職員数を決定していた．そして，そのようにして算定された教員数が義務教育費国庫負担の対象とされていた．都道府県では独自の予算で教員を採用することが制度上許されていたが，市町村は常勤の教員を採用することができなかった．かつてのこのような制度と比較すると，現在の制度では次のように地方の裁量が拡大されている．

①　都道府県は，国の標準を下回る学級編制基準を定めることができる．

②　市町村が行う学級編制について都道府県の承認は不要で，報告のみである．

③　国の標準に基づいて算定される教職員数を都道府県は非常勤教職員に換算することができる（「定数崩し」と呼ばれる）．

④　国の標準に基づいて算定された教職員数に対する国庫負担金総額の使い道が都道府県にゆだねられ，都道府県が教員の給与や教職員配置を自主的に決定する（「総額裁量制」と呼ばれる）．

⑤　市町村が独自に常勤教員を採用することができる．

以上のような分権化は文部科学省が主導的に推進してきた面もあるが，地方

が独自の施策を実施するために文部科学省に働きかけて実現したものもある．たとえば少人数学級編制（上記 ①）は当初特例的にしか認められなかったが，山形県が先導的に推進し，文部科学省に働きかけて一般的な形で実施できるよう分権化を実現したものである．

（3） 教職員配置・学級編制の実態と課題

以上に述べてきたような政策的，制度的背景の下で，実際の教職員配置と学級編制がどのようになっているかを見ておこう．

まず，学級編制の実態からみると，図17.1に示すように，地方の努力もあって小学校では80%以上（全国平均90.3%）が，中学校では60%以上（全国平均69.0%）が35人以下の学級になっている．ただ，都道府県の教育政策の方針，児童生徒数，財政状況などによって，この割合には差が生じている．35人以下学級がほぼ100%である自治体もあるが，中学校では50%に満たない自治体もある．

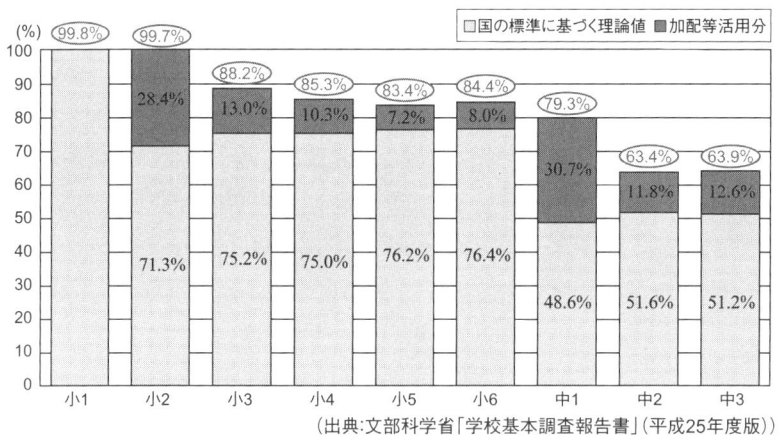

（出典:文部科学省「学校基本調査報告書」(平成25年度版)）

「国の標準に基づく理論値」は，国の標準（小1年：35人学級，小2〜6年40人学級）により算定した場合，35人以下となる学級の割合
「加配等活用分」は，国からの加配等を活用し，都道府県が学級編制の弾力化を実施した結果，35人以下となった学級の割合

図17.1 35人以下学級の割合（学年別），2013年5月1日現在［出典：文部科学省「教育再生の実行に向けた教職員等指導体制の在り方等に関する検討会議　提言資料編」]

表 17.4　教員一人当たり児童生徒数と 1 学級当たり児童生徒数　2013 年（人）

	初等教育		前期中等教育	
	教員一人当たり児童数	1 学級当たり児童数	教員一人当たり生徒数	1 学級当たり生徒数
日本	17	27	14	32
OECD 平均	15	21	13	24

（出典：OECD, Education at a Glance 2015）

表 17.5　非正規教員の任用状況

区分		平成 17 年度	平成 24 年度
非常勤講師	人数	3.6 万人	5.1 万人
	割合	5.2%	7.2%
臨時的任用教員	人数	4.8 万人	6.3 万人
	割合	7.1%	8.9%
非正規教員　計	人数	8.4 万人	11.3 万人
	割合	12.3%	16.1%

［出典：文部科学省『「少人数学級の推進など計画的な教職員定数の改善について」～子どもと正面から向き合う教職員体制の整備～資料編』］

　表 17.4 は教員一人当たり児童生徒数と 1 学級当たり児童生徒数について，日本と OECD 平均を比較したものである．教職員定数改善の結果として OECD 平均に近づいてきているのであるが，とくに 1 学級あたり児童生徒数ではまだ OECD 平均との差は大きく，教育条件整備という点で課題を残していると言える．

　表 17.5 は非正規教員の任用状況を示している．都道府県のいわゆる定数崩しが可能になったことも背景的要因となり，自治体の人件費抑制策の影響もあって，非正規教員が増加する傾向にある．

　図 17.2 と図 17.3 は，それぞれ公立小学校と公立中学校の教員の年齢構成を示したものである．これを見ると，小学校，中学校ともに 50 代が多く，若年層が少ない状態である．しかし，教員の年齢構成については都市部とそれ以外とで大きく異なっている．都市部では，いわゆる団塊世代の教員の大量退職が進む一方で児童生徒数の減少が大きくないことから，新規教員の採用が急激に拡大し，50 代とともに 20 代の若手教員が多い「ワイングラス型」の年齢構成

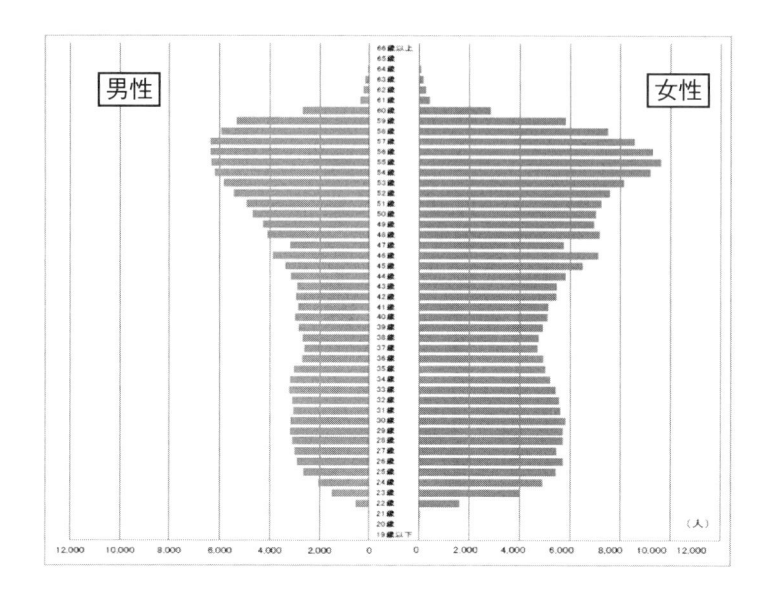

図 **17.2**　公立小学校における本務教員の年齢構成（2013 年度）（人）（文部科学省平成 25 年度学校教員統計調査による）

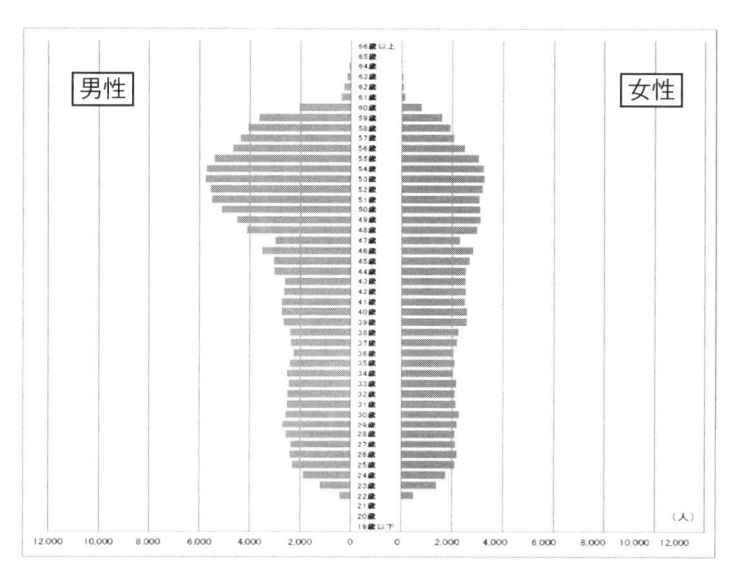

図 **17.3**　公立中学校における本務教員の年齢構成（2013 年度）（人）（文部科学省平成 25 年度学校教員統計調査による）

になっている．他方，都市部以外の地域では，児童生徒数の減少によって新規採用が抑制されているため，ベテラン層の教員が圧倒的に多い「逆ピラミッド型」になっている．

こうした年齢構成のアンバランスは，公教育経営の様々な面で課題をもたらすことが予想される．第一に，都市部では若手教員が急激に増加し，経験に裏付けられた力量という面で課題が生じる．他方，都市部以外では若手が少なく，若手としての特性を生かした指導が学校内に欠如した状態が続くことが懸念される．第二に，学校において世代間が連携し，現場の経験知を引き継ぐことが難しくなっている．第三に，今後ベテラン層が急激に退職することから，スクールリーダーを確保することが課題となる．都市部ではすでに20代の若手が主任を務めることが珍しくない．主幹教諭や教頭，副校長，校長も若くなっていくことが予想される．スクールリーダーの育成が課題となる．

個々の学校レベルでとらえても，教員の年齢，性別構成の特徴が学校経営に課題をもたらす．若手教員が著しく少ない場合，ベテラン教員のモラールの維持，新しい知識や取り組みの導入などの面で課題が生じやすい．逆に，若手教員が著しく多かったり，中堅層が著しく少なくベテラン教員と若手教員が多かったりする場合，世代間の分離による協働性の低下，若手教員育成の難しさ，ミドルリーダーシップの不足などの問題が生じやすい．また，男女間でも児童生徒に対する接し方やワーク・ライフ・バランスに違いのあることが知られている．したがって，教員の男女構成がアンバランスである場合，学校としてバランスの取れた指導が難しくなったり，校務分掌負担の偏りが生じて教員の多忙感の高まりやモラールの低下をもたらしたりする可能性がある．このような個別学校での教員構成の特性がもたらす課題に対して，校内人事や校内研修などの面で十分配慮する必要があるが，外部人材や外部の研修機会の積極的な活用など，より開かれた学校経営を行うことによる対応が求められるところである．

第18章

施設・設備管理と危機管理

第1節　学校施設・設備基準

　学校の施設・設備管理は，学校教育目標を実現するための学校経営を行う上で，学校内部の物的環境を整えることを意味する．施設とは，大きく固定的な物件を意味し，設備は小さく稼働的なものを意味する．つまり，校舎や校地は施設であり，機械や器具は設備として捉えられている．このように，学校施設とは，「土地や校舎・体育館などを中心にするものであり，学校設備とは，それに付随する照明器具や手洗い場などの理科実験設備，放送設備や各種機器をさして使われる」とある[1]．

　そもそも，義務教育諸学校への就学義務を効果的に果たすためには，設置管理者である市区町村教育委員会が，小・中学校を教育上適切な場所に適正な規模で設置する必要がある．このため，市町村教育委員会は，区域内の学齢児童・生徒を就学させるために必要な小学校・中学校を設置する義務が課されている．学校の設置にあたっては，設置基準[2]をみたした上で，監督庁である都道府県教育委員会に届け出なければならない．

　加えて，学校教育法第3条によると，「学校を設置しようとする者は，学校の種類に応じ，文部科学大臣の定める設備，編制その他に関する設置基準に従い，設置しなければならない」とある．これが，学校の設置基準の法的根拠である．学校の設置基準は，公教育の担い手である公共的性格をもつ学校が目的を達成するために，具備すべき一定の標準ないし基準のことである[3]．したがって設置基準とは，学校が人的・物的条件において一定の基準を確保し，その教育水

準を維持していくための最低基準である．同時に教育の機会均等を実現するために不可欠のものである．

　設置基準のうち整備については，学校教育法施行規則第 1 条において「学校には，その学校の目的を実現するために必要な校地，校舎，校具，運動場，図書館又は図書室，保健室その他の設備を設けなければならない．学校の位置は，教育上適切な環境に，これを定めなければならない」とある．学校の目的の実現とは，学校教育活動の総体をさし，児童・生徒の心身の発達に沿った教育活動に応じることが学校施設・設備整備の要件である．また，施設・設備整備の際，保健・環境衛生の維持や児童・生徒や教職員にとって安全で安心な教育・生活環境であることも重要な要件となる．

　上記以外の設置基準については，学校の種類や段階に応じて，一定の設置基準を文部科学省令の形式で定められている．たとえば，小学校では，教室・図書館・保健室・職員室，運動場，体育館を備えるものとする．つまり，これら学校の設置基準に従うことが学校を設置する要件となる．

　「学校施設整備指針」は，教育内容・教育方法等の多様化への対応など，学校教育を進める上で必要な施設機能を確保するために，計画及び設計において必要となる留意事項を示したものである．「小学校施設整備指針」は，近年，学校の在り方や地域社会の学校への期待，学校像などが大きく変わっていることを受け，少子高齢化社会への移行や情報通信技術による変革などの社会状況の変化，学習指導要領の改訂による教育内容・教育方法等の変化に対応した新しい施設整備の具体的な在り方について検討している．たとえば，健康的かつ安全で豊かな施設環境の確保，児童・生徒の学習及び生活の場として，日照，採光，通風等に配慮した良好な環境を確保するとともに，障がいをもつ児童に対しての配慮や，十分な防災性，防犯性など安全性を備えた安心感のある施設環境を形成することが重要であると示されている．また，高機能かつ多機能で変化に対応し得る弾力的な施設環境の整備，地域の生涯学習やまちづくりの核としての施設整備が必要となる．

第2節 学校の施設・設備管理

(1) 学校の施設補助（新築・増築に対する補助，改築に関する補助，大規模改造事業）

　公立の小・中学校において，教室不足がある場合は，校舎・屋内運動場（体育館）等を新築又は増築する．その経費の一部を国が負担することによって，学校の施設整備を実施することができる．本来は設置者である市町村教育委員会が学校の施設を整備する必要があるが，それだけでは市町村の財政力によって地域格差が生じる可能性がある．そのため，学校が新築・増築されるためには，国から補助がなされている．加えて，大規模構造改革事業がなされる場合も補助が可能である．

　公立学校施設の耐震化については，改築や補強に関する費用の3分の1または2分の1を市区町村に国庫補助することでその推進が図られている．また小中学校の場合，施設費負担法や公立学校施設整備費国庫補助要綱により，校舎，屋内運動場の新築，増築について2分の1の国庫負担がなされる．

　公立学校施設の大規模改革事業として，一定の年数が経過することにより通常発生する学校建物の損耗，機能低下に対する復旧措置や建物の用途変更に伴う改装等に対して国庫補助が行われている．耐震補強工事，老朽施設の改築の他に，たとえば法令に適合させるための工事，校内LANの整備工事，スプリンクラーの設置，空調設置工事等が対象となる．工事毎に400万円から2億円といった国庫補助対象の制限がある．

(2) 特別な教科に対する教育設備補助

　教科によっては教育設備を充実させることが，児童・生徒の理解の向上に結びつくことがある．

　「理科教育設備の整備」の国庫補助事業では，理科教育設備整備費等補助金として国から補助がなされる．趣旨は，「学校教育における理科教育の振興を図るため，理科教育振興法に基づき，公・私立の小・中・高等学校等の設置者に対して，理科教育設備の整備に要する経費の一部を補助する」とされる．ここでの理科設備とは，計量器，実験機械器具，野外観察調査用具，標本，模型等である．算数・数学設備としては，計時説明器具，実験実習器具，計算機

等である.

　特別支援教育への設備補助については，国から市町村への補助率としては，通常は 2 分の 1 であり，沖縄の場合は 4 分の 3 となっている．他には，「学校教育設備費等補助金交付要綱」において，教育用コンピューターに対しての補助がある.

(3)　学校施設の目的外使用

　公立学校は，児童生徒の教育を行うという目的を持っており，行政財産として，学校は設置目的に合致した運用がなされなければならない．したがって，通常，公立学校はいわゆる学校としての使用以外は認められていない．しかし，近年，生涯スポーツの普及により，夜間や休日に学校が使用されることがある．これは，学校の施設は，学校教育の目的に使用する場合以外，その他の目的に使用してはならないことに反する（「学校施設の確保に関する法令 2」）が，しかし，法律または規定に基づいて使用する場合と管理者または学校の長の同意を経て使用する場合は，例外として学校施設の目的外使用が認められていることによる.

　法令の規定に基づく使用としては，たとえば，公職選挙に使用する場合である．公選法による投票・開票・立ち合い演説会，また，災害や消防には学校が使用できる．管理者や校長の同意で使用される場合としては，社会教育講座，青年学級やスポーツ等に使用されることがある．これらは，生涯教育の充実の観点から，学校の多目的利用が望まれることを意味する.

　学校設置者である教育委員会（地教行法 23 条・28 条）やその委任を受けた校長は，財産の効率的な活用を図るために「学校教育上支障のない限り … 学校の施設を社会教育その他公共のために，利用させることができる」（学校教育法第 137 条）が，設置目的にかなった利用・管理を行わなければならないので，目的外使用はおのずから制約を与えられているのである．使用許可の判断には，① 学校教育上支障がないか，② 学校施設等を損傷するおそれがないか，③ 公益を害するおそれがないか，④ 専ら私的・営利を目的としていないかが基準とされる．学校の使用が許可されるのは，① 公共団体の用に供するとき，② 使用の目的が当該自治体の事務や事業を推進するうえで効果があるとき，③ 校

長において特に必要やむを得ないとしたときである.

(4) 校長による施設・設備管理

公立義務教育諸学校の施設・管理の最終責任者は,設置者である市町村教育委員会となる.しかし,通常は校長に学校の施設・設備管理の権限が委任されることが多い.校長は,学校の施設・設備(備品を含む)を管理・統括し,その整備を努める必要がある.また,校長は学校の施設・設備の管理にあたっては,学校管理規則等の定めのほか,地方公共団体の財産や公の施設の取り扱いに関する条例や規則の規定に従わなければならない.

加えて校長は,取扱責任者を定めなければならない.学校施設の具体的管理は,校長は教育委員会から委任等を受けた範囲で管理・統括し,校務として個々の財産を職員に分担させる.具体的には ① 施設・設備の管理を統括し,各施設・整備について,教職員の担当区分を決めること,② 施設・設備の整備,保全に努めること,③ 施設・設備の効果的な運用を図ること,④ 施設・設備に関し必要な表簿を作成し,その現有状況を明確にしておくことが挙げられる.

第3節 学校における危機管理

(1) 非常災害と学校(震災対応含む)

児童・生徒にとって安全・安心であるはずの学校が危険に脅かされることがある.たとえば,非常災害,火災・学校事故である.非常災害における学校の対応については,阪神淡路大震災を経験した兵庫県教育委員会が,災害時において学校に避難所が開設された場合に,当該学校の教職員が避難所運営業務に従事する際の内容について明示している例がある.業務内容としては,① 避難者数の確認,② 避難者名簿の作成,③ 避難状況の報告,④ 食糧・飲料水の供給,⑤ 毛布等軽寝具の貸与がある.学校の早期再開を念頭に入れると,避難所の開設は7日以内を原則としている.加えて,避難所運営業務は,自主防災組織による自主運営やボランティアの受け入れ等により,教職員に過度の業務を課してはいけないこととなっている.しかし,一方で,避難所で生活を余儀なくされる人の存在を忘れてはいけない.公務員である教員は個々の人間であると同時に,公共の福祉に携わるといった公務員であることのジレンマが非常事

態においてつきつけられるのである．また，児童生徒等の就学機会の確保をすることも必要となる．義務教育諸学校の場合，震災等の被害や対応が求められた事象に対して誰の責任で対応すべきなのか，国は都道府県や市町村が各学校に対して何を判断するのかを示す必要がある．たとえば，被災した児童生徒の公立学校への受け入れについては，可能な限り弾力的に速やかに受け入れることと，高等学校の場合も収容定員を超えていたとしても，特段の配慮や入学選抜の配慮をすることが記載されている[4]．加えて，心のケアを含む健康相談活動も重要となる．

2011 年の東日本大震災を経て経験をしたことが未来へつながるようにしなければならない．たとえば，学校防災マニュアルを設け，体制整備と備蓄，計画的な安全点検，避難訓練，教職員の研修をすることが必要となる．また，地震等の災害発生時には，応急避難所としての役割を果たすことから，耐震化のみならず，貯水槽，備蓄倉庫，トイレ，自家発電装置などを整備することにより，防災機能の強化を図ることが必要である．また，津波が発生する可能性がある地域においては，児童生徒などの避難経路を確保する等の工夫が必要である．

(2) 学校における防火管理

次に学校での防火管理について示す．

消防法第 8 条によると，学校の管理について権限を有する市町村教育委員会は，政令で定める資格を有する者の内から防火管理者を定める必要がある．ここでの防火管理者の資格とは，都道府県知事・消防本部及び消防署を置く市町村の消防長といった総務省令で定める総務大臣の登録を受けたものが行う防火管理の講習会の課程を修了して与えられるものである．防火管理者の業務として，消防計画の作成，消火・通報・避難訓練の実施，点検等がある．

また学校管理者は，学校に設備する消防用設備等（消火設備・警報設備・避難設備）を技術上の基準に従って設置・維持しなければならない．校長は教育委員会に学校の警備・防火計画を報告し，一般教員は勤務時間中に学校やその付近での火災が生じた場合は，上司の指揮に従い迅速な行動をすることが求められている．

（3）　学校事故

　学校は児童生徒に安全・安心を提供することが求められているが，教育は常に危険と隣り合わせの面がある．たとえば，体育の授業やクラブ活動，学校行事の最中に，事故が生じないように配慮していながらも事故が起こってしまうことがある．このように学校事故は，授業中の事故，クラブ活動中の事故，学校行事中の事故等がある．また最近では，学校の登下校中の事故も存在する．

　学校事故は，学校をめぐって発生したすべての事故をさすこともあるが，学校の教育活動に着目して，① 教師の教育活動中の事故，② 教師の生徒に対する暴行・違法懲戒行為，③ 学校施設・整備の管理などの瑕疵，④ 生徒同士の事故として分けられることもある[5]．特に，体育の授業における事故では，適正な場所の設定や危険を除去するための適切な指導の有無が問われることとなる．また，クラブ活動については，学校の教育活動の一環として行われている以上，児童生徒を指導監督し事故を未然に防ぐ注意義務がある．学校事故が生じた場合は，すぐに教育委員会へ報告する必要がある．

　また，2001 年の大阪教育大学附属小学校での不審者による児童殺傷事件にもあるように，学校では思わぬ危険が生じる場合もある．「学校への不審者侵入時の危機管理マニュアル」[6] は，学校や通学路で子どもが被害者になる事件を阻止するために作成されたものである．

（4）　学校安全に関する学校の責務

　学校安全を推進するための方策としては，① 安全に関する教育の充実，② 学校施設・設備の整備充実，③ 学校における安全に関する組織的取り組みの推進，④ 地域社会・家庭との連携を図った学校安全の推進がある．文部科学省の『学校安全の推進に関する計画』（2012 年 4 月 27 日策定）によると，「学校の施設・設備の設置又は管理に瑕疵があったために，他人に損害が生じた場合には，学校の設置者である地方公共団体が損害賠償責任を負う」[7] とある．国家賠償法によると，校長または教職員個人に対しては損害賠償を直接請求することができない．

　学校安全については，交通安全やプールの安全等に関する教育についてのプログラムを作成している自治体もある．たとえば，東京都教育委員会は，全て

の子どもたちに危険を予測し回避する能力や社会の安全に貢献できる資質・能力を身につけさせる安全教育を推進するため，『安全教育プログラム』を策定している．

　また，学校保健法から 2009 年 4 月 1 日に変更された学校保健安全法では，「学校における児童生徒及び職員の健康の保持促進を図るため，学校における保健管理に関し必要な事項を定めるとともに，学校における教育活動が安全な環境において実施され，児童生徒等の安全の確保が図られるよう，学校における安全管理に関し必要な事項を定め，もって学校教育の円滑な実施とその成果の確保に資することを目的とする」（第 1 条）とある．改正のポイントとしては，学校の施設・設備・管理運営体制の整備・充実について学校設置者の責務を明記したことが挙げられる．また，学校安全のためには，学校と設置者の協力や家庭や地域の関係団体との連携が求められている．学校の施設・設備の安全点検については，校舎等からの落下事故，学校に設置された遊具による事故，地震から想定される被害等を踏まえ，施設・設備の不備や危険個所の点検・確認を行うとともに修繕等の改善措置を講ずることが必要である．学校保健安全法第 26 条では，「学校の設置者は，児童生徒の安全の確保を図るため，その設置する学校において，事故，加害行為，災害等（事故等）による児童生徒等に生ずる危険を防止し，及び事故等により児童生徒等に危険又は危害が現に生じた場合（危険等発生時）において適切に対処することができるよう，当該学校の施設及び設備並びに管理運営体制の整備充実その他必要な措置を講ずるよう努めるものとする」と記載されている．同 27 条では「学校においては，児童生徒等の安全の確保を図るため，当該学校の施設及び設備の安全点検，児童生徒等に対する通学を含めた学校生活その他の日常生活における安全に関する指導，職員の研修その他学校における安全に関する事項について計画を策定し，これを実施しなければならない」とある．このほか，校舎の安全については，耐震化とともにアスベスト対策が挙げられる．このように，学校安全において学校は，安全対策をすること，何かあれば，教育委員会を含め迅速な対応をすることが求められている．

第 4 節　学校の施設・設備管理と危機管理における課題

　学校施設・設備管理や危機管理における課題は多い．学校は，常に危険と隣り合わせである．しかし前もって対処をしておけば，未然に防ぐことのできる危機も存在する．また生じてしまった危機についても，対応によって今後の方向性の改善に繋がる場合がある．たとえば，いじめ問題である．児童生徒が安全で安心な学校生活を送る上で，いじめはあってはならないものである．しかし，いじめは，どの子どもにも，どの学校においても起こり得る可能性がある．いじめに対しては，① 弱いものをいじめることは絶対に許されないという強い認識を持ち，② いじめられている子どもの立場に立った親身な指導，③ いじめは家庭教育の在り方に大きな関わりを有していること，④ いじめ問題は，教師の児童・生徒観や指導の在り方が問われる問題であること，⑤ 家庭・学校・地域社会といった児童・生徒をとりまく全ての関係者が一体となって真剣に取り組むことが必要であることを念頭に置かなければならない[8]．つまり，いじめ対策は，学級問題として取り組むのではなく，学校全体の問題として取り上げる必要がある．たとえば，教員は，カウンセリング指導員と協力して，児童生徒に対しての「心の居場所づくり」を行う，個別支援チームを中心とした組織体制の確立を行う必要性もある．また，文部科学省では，これまでの「① 自分よりも弱いものに対して一方的に，② 身体的・心理的な攻撃を継続的に加え，③ 相手が深刻な苦痛を感じているもの」といういじめの定義から，2006 年度の調査によっていじめられた児童・生徒の立場に立って行うものとし，「当該児童生徒が，一定の人間関係のある者から，心理的・物理的な攻撃を受けたことにより，精神的な苦痛を感じているもの」といじめの定義を変更した．

　学校には，児童・生徒の安全保持義務がある．この点を鑑みると，学校はいじめから児童・生徒を守る注意義務があることになる．また，いじめは教師に隠れて行われることが多いことから，教職員が一丸となり学校全体でいじめを把握する義務がある．そしていじめ行為があると認められる場合は，迅速にかつ慎重に広い範囲を対象とした事情聴取をするなど周到な調査をして，いじめの全容を解明する義務がある．加えていじめに対する一般的な指導のほかに，保護者との連携，校内謹慎措置，学校指定の変更の具申，警察への援助要請，児童相談所への通知などがあり，保護者に報告して協議をはかる必要がある．

　このように，学校の果たすべき役割は，時代とともに変容している．

　学校ではこれまでの役割とは異なった課題に直面している場合もある．たとえば，2011年の東日本大震災を経て，かつては学校で行われることのなかった放射線量低減に向けた対応が福島県内の学校に対しては行われている．

　学校における設備・整備の管理，危機管理といった学校の管理に共通に言えることは，児童・生徒の就学機会の確保をすることの必要性である．この点については，義務教育諸学校の場合，震災等の被害や対応が求められた事象に対して，誰の責任で対応すべきなのかが明らかにされねばならない．国としては，都道府県や市町村教育委員会が各学校に対してそれぞれ何を判断し，責任を取るのかといったことを明らかにした上で，最終的に義務教育を保障する必要がある．学校は，成長し続けている児童・生徒が集う場である．大人だけが集う場とは異なり，予想がつかない状況・危険が常に存在している．その時に，いかに学校が対応するのかについて，常に考える必要がある．

　また，教職員による児童生徒への暴力行為，セクハラ，飲酒運転といった不祥事についても危機管理として対応していく姿勢が必要である．年々，教職員による不祥事が増加している．教職員による不祥事によって教職員や学校全体に対する信頼が失われていくこととなり，家庭や地域との連携を学校がしにくくなることになる．教職員の不祥事に対しては，厳格な懲戒処分（免職，停職，減給）を行う一方で，教職員に1人の人間としての社会性を持たせ，児童生徒の対応に関する悩みについて相談できる体制をつくることなど，管理職の指導が必要となる．また，不祥事が発生した場合は，学校が組織的に動き教育委員会と連携する必要がある．

　今後，学校を管理・運営をしていく上で，学校の果たす役割を明確にし，何をもって学校を良くしていくのかが課題である．加えて，文部科学省や教育委員会は教育活動の充実と積極的なフォロー体制の確立をし，適切な対応ができるように関係機関が連携できるようにしなければならない．

注
1.　神田修・河野重男・高野桂一編『必携　学校経営』p.706，エイデル研究所，1986年
2.　根拠としては，「小・中学校設置基準」，「学校法施行規則」，「義務標準法」が挙げられる．

3. 若井彌一監修『必携 教職六法 2014 年度版』協同出版株式会社，2013 年参照．

4. 文部科学省通知 789 号「平成 16 年新潟県中越地震における被災地域の児童生徒の就学機会の確保について（通知）」（2004 年 10 月）

5. 窪田眞二・小川友次編『教育法規便覧平成 25 年』学陽書房，2013 年参照．

6. 文部科学省『学校への不審者侵入時の危機管理マニュアル』

7. 参考として，国家賠償法第 2 条「公の営造物の設置又は管理に瑕疵があったために他人に損害が生じたときは，国又は公共団体は，これを賠償する責に任ずる」，や民法第 717 条が挙げられる．

8. 文部科学省「学校におけるいじめ問題に関する基本的認識と取組のポイント」，http://www.mext.go.jp/a_menu/shotou/seitoshidou/06102402/002.htm 2016 年 3 月 22 日最終閲覧．

第 19 章

保護者・地域社会との連携と学校参加

第 1 節　学校参加制度の国際的動向

　1980 年代以降，多くの先進諸国では学校に対する分権や規制緩和の進展を背景にして，地域住民や保護者の学校参加制度が整備されてきた．

　たとえばイギリスではもともと学校理事会制度があったが，地域学校経営（Local Management of Schools）方式が整備されたことを契機にして，学校理事会の権限が強化された．同様の学校の権限拡大は，アメリカでは学校に基礎を置いた経営（School-Based Management），オーストラリアでは自律的学校経営（Self-Managing School）と呼ばれ，それぞれ地域学校審議会（Local School Council），学校審議会（School Council）という学校経営に関する意思決定権限を有する機関が制度化されている．学校の裁量が拡大されたことに対応して，学校が教育の成果を高め，社会的に学校経営をチェックするためのガバナンス機関として，こうした参加制度が整備されてきた[1]．

　ドイツの多くの州では，学校の最高意思決定機関として学校会議が置かれている．そこには保護者代表，生徒代表，教員代表が参加し，教員集団，生徒集団，保護者集団の合意に基づいて学校経営に関する意思決定が行われる[2]．

　こうした動向にはいくつかの要因がある．第 1 は，学校教育にかかわる当事者主権の要求である．とりわけ保護者や地域住民あるいは生徒は，比較的強い権限を持った教育行政の下での校長をはじめとする教職員中心の学校経営から排除されてきた経緯があり，当事者主権に基づく参加が要求されてきた．第 2 は，先進諸国が成熟化し経済的に低成長の時代を迎え，個々の学校のニーズに

応じた資源の効率的な使用が必要になったことである．そのために個々の学校レベルでの意思決定が重視されることとなった．第 3 は，以上の 2 点を背景とする学校の経営責任の追及である．そして第 4 は，新自由主義の思想である．規制が緩和され，学校選択や様々な指標による学校間，教員間の競争が公教育経営に導入される中で，保護者や地域住民の意向を把握し，それにこたえることが学校経営の課題となった．以上のような要因によって学校に対する分権や規制緩和が進展し，学校のガバナンス機関として学校参加の仕組みが整備されてきた．ただ，これらの要因は相互に整合的であるとは限らない．当事者主権に基づく共同決定の要求は，自己責任と市場原理を強調する新自由主義的な考え方とは異質である．そのように対立する要求を含みながら，各国において学校参加の制度化とその改善が公教育経営の課題となってきたのである．

　大きく見ると，こうした事情は日本でも同様である．次節で見るように，近代学校制度の発足以来，日本の学校は保護者や地域社会と多様なつながりを形成してきた．新しい時代の要求に合わせてそれを修正し，学校参加制度を整備することが課題とされている．

第 2 節　学校と保護者，地域社会の接面

（1）　子どもの教育・生活を中心とする日常的な関係

　学校と保護者，地域社会は子どもの生活と教育を核として，日常的な関係を持っている．以下に述べる様々なかかわりは，日本の学校が教育実践の中で蓄積してきたものである．

　第 1 に，学校から保護者，地域社会に向けて多様な文書が配布される．学校だより，学年だより，学級だより，保健だより，給食だよりなどである．学校だよりなどは地域全戸配布や全戸回覧のケースもある．連絡帳や通知表を介した家庭とのやり取りも行われている．近年ではホームページや電子メールを用いた情報の発信や連絡も盛んに行われている．

　第 2 に，家庭訪問が行われている．通常年 1 回の定期訪問のほか，生徒指導上の問題などに関わって不定期の家庭訪問が行われる．家庭訪問は児童生徒の家庭を訪れ保護者との意思疎通を図ったり，課題解決のための連携を図ったりするばかりでなく，子どもが生活している地域を理解する機会でもある．

　第 3 に，様々な形で学校の教育活動が公開されている．授業参観や授業公開，運動会や学芸会などに保護者だけでなく，地域住民も参加する．

　第 4 に，地域の人的，社会的，自然的環境を教育資源として学校が利用している．保護者や地域住民が学校支援ボランティアなどとして学校の教育活動に参加する，地域の事業所で職場体験を行う，地域の田畑を借りて栽培活動をする，理科や遠足などで自然環境の観察を行うなど，多様な形態がある．また，地域の諸行事に学校として参加することがある．たとえば地域の文化祭で児童がダンスを披露したり，吹奏楽部が演奏したりするなどである．地域の側から見ると学校の資源を地域が活用しているのであるが，学校の側から見ると地域の行事という資源を学校の教育活動に活用しているといえる．

　第 5 に，PTA 活動がある．PTA は保護者と教職員によって構成される社会教育関係団体であるが，会員の学習活動ばかりでなく，学校に対する様々な支援活動を行っている．保護者以外の地域住民が参加する場合もある．ただ，近年，役員の成り手がいないなど活動が低調になる傾向もある．

　第 6 に，学校は警察や保健所，児童相談所など地域機関と連携している．子どもの教育や生活をめぐる課題を単独の専門機関で解決することが困難なため，相互に連携しあうことが必要になっているのである．

　第 7 に，以上とは方向性を異ならせるが，地域社会が学校の資源を活用している．学校施設が地域住民の文化的，体育的活動に使用されたり，学校が住民向けに公開講座を実施したりしている．多くの学校が災害時の避難所に指定されているのも，地域社会が学校の資源を活用する例である．

（2）　学校運営への意向反映

　教育行政の分権改革の中で，学校運営に保護者や地域住民が参加する制度がつくられてきた．保護者や地域住民の意思を個々の学校レベルで教育経営に反映させる仕組みである．

　まず，2000 年の学校教育法施行規則の改正により，地域に開かれた学校づくりを推進するために学校評議員制度が設けられた．学校は設置者の定めるところにより学校評議員を置くことができるとされている．学校評議員は当該小学校の職員以外の者で教育に関する理解および識見を有するもののうちから，校

長の推薦により，当該小学校の設置者が委嘱し，校長の求めに応じ，学校運営に関し意見を述べることができる．

　学校評議員は，一人一人がそれぞれの責任において校長に意見を述べることができる．だが，設置者の定めや校長の判断により，必要に応じて，学校評議員が一堂に会し意見交換をする機会を設けるなどの運用上の工夫が求められる．ただし，このような学校評議員が一同に会する会合は合議制の機関ではないとされている．

　また，学校評議員は，校長の求めに応じて学校運営に関し意見を述べるものであり，どのような事項について意見を求めるかは校長が判断する．そして，校長は，学校評議員の意見を参考としつつ，自らの権限と責任において，学校運営についての判断，決定を行う．さらに，校長は，学校の教育目標や教育計画，具体的な活動状況等を学校評議員に十分説明することが必要であるとされている．

　なお，2011 年度において，全国公私立学校のうち，学校評議員（類似制度を含む）を設置ずみの学校は，70.4% である．

　次に，学校運営協議会制度が，保護者や地域住民が一定の権限と責任を持って学校運営に参画することを可能とする仕組みとして，2004 年 6 月の地教行法の改正により導入された．なお，市町村教育委員会が所管する学校に学校運営協議会を設置するときには，都道府県教育委員会との協議が義務づけられていたが，2011 年の地教行法改正により，その必要がなくなった．2015 年 4 月現在，全国 2,389 校（全国 5 道県 235 市区町村の教育委員会）に学校運営協議会が設置されている．域内すべての小，中学校に学校運営協議会を設置している市町村は全国で 79 市町村である．学校運営協議会の設置されている学校をコミュニティスクールと呼ぶ．コミュニティスクールをはじめ，学校ごとまたは中学校区単位ごとに地域住民や保護者等が学校運営や教育活動について協議し意見を述べる会議体がある学校は，全国で 5,135 校（全体の 17.1%）である．

　学校運営協議会は，合議制の機関である．その委員は，保護者，地域住民，その他教育委員会が必要と認める者のうちから，教育委員会によって任命される．学校運営協議会は，① 校長が作成した学校運営の基本的な方針を承認する，② 学校の運営について，教育委員会や校長に対して意見を述べる，③ 学校の職員

の人事について，教育委員会に対して意見を述べる，といった権限を有する．

　校長は，承認された基本的な方針や，学校運営に関する意見に基づき，学校運営の責任者として具体的な事項について決定し，校務を行う．さらに，学校運営について，学校運営協議会に対して十分に説明を行い，委員と意見を交換することが求められている．この過程を通じて，保護者や地域住民が，学校運営に関する自らの責任を自覚し，学校運営の支援に積極的に関わっていくことが期待されている．

　また，学校運営協議会の委員には，保護者や地域住民を代表する者として，学校に対する保護者の要望や地域のニーズを学校運営に反映させることが期待されている．

(3)　学校選択制

　市町村教育委員会は保護者に対して児童生徒が就学すべき小，中学校を指定することとなっている（学校教育法施行令第 5 条）．通学区域制度を弾力的に運用し，就学指定について保護者の意向を尊重するのが学校選択制である．

　行政改革委員会「規制緩和の推進に関する意見（第 2 次）―創意で造る新たな日本―」（1996 年）で，保護者の意向に配慮し，生かす方策として学校選択の弾力化が提言された．それを踏まえて 1997 年に文部省（当時）は「通学区域制度の弾力的運用について」によって，① 地域の実情に即し保護者の意向に十分配慮した多様な工夫を行うこと，② 就学校の変更や区域外就学を認める理由として，従来の理由に加え，児童生徒等の具体的な事情に即して相当と認めるときは，保護者の申立てにより，認めることができること，③ 通学区域制度の仕組について，広く周知すること及び就学相談の体制の充実を図ること，を通知した．さらに，2003 年に学校教育法施行規則の一部改正を行い，① 市町村教育委員会が就学すべき小学校又は中学校を指定するに当たって，あらかじめ保護者の意見を聴取することができることを明確化し，その場合，意見の聴取の手続きに関し必要な事項を市町村教育委員会が定め，公表するものとし，また，② 市町村教育委員会が指定した就学校に対する保護者の申立に基づき，市町村教育委員会が就学校指定校を変更する際の要件及び手続に関し，必要な事項を定め，公表するものとした．

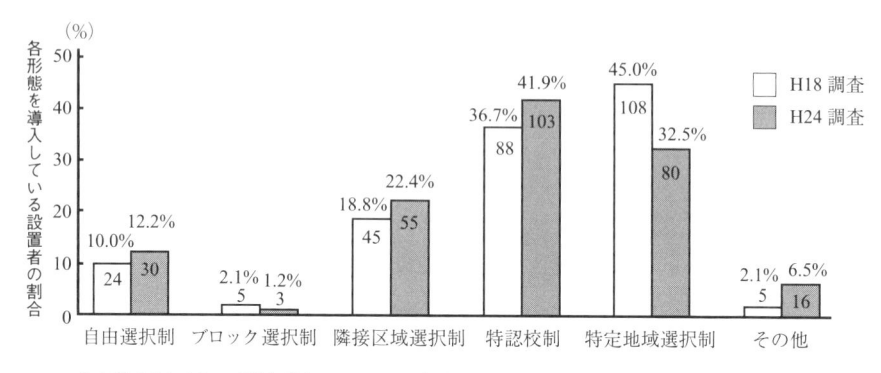

○ 上段はそれぞれの形態を導入している設置者数の，学校選択制実施設置者（H18 調査：240，H24 調査：246）

○ 下段はそれぞれの形態を導入している設置者数（複数回答）

図 19.1　学校選択制の実施形態

（文部科学省「小・中学校における学校選択制の実施状況について」http://www.mext.go.jp/component/a_menu/education/detail/_icsFiles/afieldfile/2013/09/18/1288472_01.pdf, 2013 年 10 月 24 日確認）

　図 19.1 は，学校選択制を実施している教育委員会数を 2006（平成 18）年度と 2012（平成 24）年度で比較したものである．「自由選択制」は市町村内の全ての学校のうち，希望する学校に就学を認めるもの，「ブロック選択制」は市町村内をブロックに分け，ブロック内の希望する学校に就学を認めるもの，「隣接区域選択制」は従来の通学区域は残したままで，隣接する区域内の希望する学校に就学を認めるもの，「特任校制」は従来の通学区域は残したまで，特定校について通学区域に関係なく当該市町村内のどこからでも就学を認めるもの，「特定地域選択制」は従来の通学区域は残したままで，特定の地域に居住する者について学校選択を認めるものである．選択の自由度が高い自由選択制やブロック選択制は実施している教育委員会数が多くないだけでなく，増加する傾向もあまり見られない．2012 年度には学校選択制を実施している 246 教育委員会のうち 12 教育委員会が廃止を検討中あるいは今後の廃止を決定している．

第 3 節　公教育経営における学校—保護者，地域社会関係の課題

（1）　人口減少と学校配置

　明治維新頃の日本の人口はおよそ 3,300 万人であったといわれている[3]．第二次世界大戦後の 1950 年の人口が 8,400 万人，これまでの人口のピークを迎えた 2008 年が 1 億 2,800 万人である．

　大きく見れば，この間 1872 年の「学制」以降，日本社会は学校を作り続けてきた．もちろん，人口移動や市町村合併に伴う学校統廃合も行われたが，2010 年頃まで小学校は 2 万 4,000 校を維持してきた．中学校は 1980 年代から現在に至るまでおよそ 1 万 1,000 校である．

　しかし，国立社会保障・人口問題研究所の予測によると，2060 年の日本の人口はおよそ 8,700 万人でそのうち 65 歳以上の割合がおよそ 40% である．人口移動に伴う農山漁村や都心部の人口減少ではなく，日本社会全体の急激な人口減少と少子高齢化が進行する．およそ 200 年の間に人口の急激な増加と減少を経験するのである．急激な人口増加は，日本社会の急激な近代化と経済成長にともなって生じたが，それが安定期あるいは停滞期に移行するということでもある．

　これまで日本社会は子どもたちが徒歩や自転車などで通学できる場所に，一定の条件を具備した学校を維持し，それが児童生徒の教育機能をのみでなく，地域社会統合の機能も果たしてきた．日本社会が今後もそのような形で学校を維持するのは困難である．12 から 18 学級という学校規模の「標準」や小学校 4 キロメートル，中学校 6 キロメートル以内という通学距離の「標準」は，もはや現実的ではない．実際に「学校の規模と配置の適正化」の名のもとに，学校の統廃合が進められてきている．家庭や地域社会という子どもの生活圏域から学校が遠ざかっていかざるを得ない．学校と保護者，地域社会との関係を考える際の前提が大きく変化する．

　大規模な自然災害や戦争によるのではなく，国としてこれだけ急激に人口が減少することは，大げさに言えばこれまで近代社会が直面しなかった事態であるから，実際にどのような学校配置が望ましいのか誰にも見通せない．学校の存廃は地域社会のありように大きく影響を及ぼすので，これまでも行政が一方的に学校の統廃合を決定したような場合，反対運動が起きて計画が頓挫するこ

とも少なくなかった．逆に言えば，学校の配置が再検討されざるを得ない現状は，改めて保護者や地域住民が自分たちで学校の在り方を構想していくチャンスでもある．従来の行政対住民という対立を超えて，関係者が協働しつつ学校の配置，学校と保護者，地域社会との関係を構想していくことが必要となっている[4]．

2015（平成27）年に文部科学省は「公立小学校・中学校の適正規模・適正配置等に関する手引き」を公表した．そこでは，学校の規模や配置を適正化する際に学校統合に関して留意すべき点ばかりでなく，小規模校を存続させる場合の教育の充実方策や休校した学校の再開とその活性化の工夫などについても述べられている．

（2） 意向反映の機能と構造

学校運営に保護者，地域住民の意向を反映することは，ますます重要になってくるであろう．その際重要なことは，各学校や地域社会の実態に即して適切な仕組みを活かすことである．学校運営協議会の果たす役割も多様であり，学校運営協議会でなくても PTA や学校評議員制度を活用すれば実現できるものも少なくない．

仲田・大林・武井の調査によれば，学校支援や家庭教育支援に関する事項について学校運営協議会は活発な議論を展開しているが，学校組織の経営そのものについてはテーマによって協議の活性度に差異がある．すなわち学校運営協議会の委員は，学校評価や学校教育目標，学校経営方針については積極的に意見を反映させる傾向にあるが，学校の予算・人事に関する項目ではその傾向が認められない．議論だけでなく，実際の活動としても委員が学校支援や家庭教育支援に携わり，「学校─家庭・地域を結節する役割を引き受けている様子が見て取れる」とされている[5]．

保護者や地域住民の意向をどのような構造で反映させるかを考えるときに，配慮すべき重要な点として次の2点を挙げたい．

第1は，保護者や地域住民の多様性である．保護者や地域住民相互の間に価値観や教育観の相違があるのは当然である．それを学校運営に反映させようとすると，解決しがたい葛藤が持ち込まれたり，特定の価値観の押しつけになっ

たりする可能性がある[6]．学校運営協議会の会長などがよほど有能なコーディネーターでない限り，学校に混乱をもたらす可能性がある．

　第2は，教師の専門性である．個別学校レベルでの教育経営への保護者，地域住民の参加を通じて学校の説明責任を追及することは，教師に過大な負荷をもたらすことになり，その専門職性を抑圧する．「教育専門機関である学校の改善は，教師のエンパワーメントなしではあり得ない」のであるから，「『教育の事実』場面を媒介としたアクターどうしの相互作用プロセスとそこにおける教師の専門性にも目を向ける」ことが重要である[7]．イギリスやアメリカ，オーストラリア，ドイツなどの学校参加制度においては，教師も学校理事会や学校審議会，学校会議の正式なメンバーとして加わっている．日本では，職員会議が校長の補助機関とされたことに象徴されるように，制度上，学校経営における教師の専門職性への配慮は低下している．今後，学校経営において教師の専門職性をどう位置付けるかが課題になる．

(3)　市場原理の中の学校

　1980年代以降の新自由主義改革の中で，学校も否応なく市場原理のもとに組み入れられてきた．先にみたように学校選択制の導入は限定的なものにとどまっているが，競争的な資源配分，コストの削減，競争の指標として機能する学力調査の実施など，学校の環境は市場原理を強めている．そこでは，保護者は学校教育の顧客，消費者と意味づけられようとしている．教師，保護者，地域住民が子どもの教育と生活に関わる当事者として連携するのではなく，相互に他者の責任を追及し，自己の利益を守ろうとする分断された関係がつくられてしまう可能性がある．

　市場原理的な刺激は短期的には学校の覚醒を促して，学校教育の改善につながるかもしれない．しかし，長期的には子どもの利益につながるとは考えにくい．ウイッティらは，新自由主義的な改革を導入した国々の学校改革に関する研究を総合して，「個々の改革が教員の仕事にどのような影響を及ぼしたかを区別することは困難であるが，全体的な様子ははっきりしている」と述べ，教師の労働時間の増加，労働強化，職務満足の低下などを指摘し，「こうしたことが累積すると，組織としての学校の健康に関して深刻な問題が提起されるこ

とになる」と警鐘を鳴らしている [8]．教師と学校組織の健康が害されることが，子どもの教育に悪影響を及ぼさないわけがない．学校教育が市場原理に組み込まれるような環境にあるからこそ，学校と保護者，地域社会が教育の当事者として，教育の事実を媒介として連携することが一層重要になる．

注

1. 佐藤博志「学校ガバナンスの理念と課題」小島弘道編『時代の転換と学校経営改革』学文社，2007 年

2. 柳澤良明「学校経営における参加とガバナンス—参加の理念および制度の日独比較を通して—」小島弘道編，同上

3. 鬼頭宏『人口で見る日本史』PHP 研究所，2007 年

4. 丹間康仁「コプロダクション論に基づく『協働』概念の内実化—学校統廃合をめぐる住民と行政の関係性に着目して—」『日本社会教育学会紀要』46，2010 年

5. 仲田康一・大林正史・武井哲郎「学校運営協議会委員の属性・意識・行動に関する研究：質問紙調査の結果から」『琉球大学生涯学習教育研究センター研究紀要』5，2011 年

6. 実際にそのような実態が報告されている．仲田康一「学校運営協議会による保護者啓発の論理と帰結」『教育学研究』78（4），2011 年，同「学校運営協議会における「無言委員」の所在：学校参加と学校をめぐるミクロ社会関係」『日本教育経営学会紀要』52，2010 年．

7. 浜田博文「『学校ガバナンス』改革の現状と課題—教師の専門性をどう位置付けるべきか？—」『日本教育経営学会紀要』54，2012 年

8. Whitty, G.,Power, S., and Halpin, D., *Devolution and Choice in Education*, pp.67-8, Open University Press, 1998

第 20 章

学校評価・教職員評価と学校改善

第1節　学校評価とは

　学校評価とは，2007年に制定された「小学校は，文部科学大臣の定めるところにより当該小学校の教育活動その他の学校運営の状況について評価を行い，その結果に基づき学校運営の改善を図るため必要な措置を講ずることにより，その教育水準の向上に努めなければならない」（学校教育法第42条）に，法的根拠を求めることができる．

　そして，学校教育法施行規則において，自己評価の実施と公表（第66条），保護者など学校関係者による評価の実施と公表（第67条），これら評価結果の設置者への報告（第68条）が規定されている．

　また，これに関連して，「保護者及び地域住民その他の関係者の理解を深めるとともに，これらの者との連携及び協力の推進に資するため，当該小学校の教育活動その他の学校運営の状況に関する情報を積極的に提供」（学校教育法第43条）と，情報提供についても定められている．なお，これらは小学校だけでなく，幼稚園，中学校，高等学校，中等教育学校，特別支援学校，専修学校，各種学校にも準用される．

　以上のように，学校の活動に関して自身と学校関係者による評価を行うこと，そして結果を報告することに努力義務が課されている．こうした学校評価は，表20.1に示すような経緯で現在に至っているが，そこには，学校と教育委員会による学校教育の「質保証」という論理を見出すことができる．

　つまり，これまで公教育を提供してきた側の発想と内容が，必ずしも正当性

表 20.1　学校評価制度の現在までの経緯

年	月	学校評価に関する国の取り組み	
1996（H8）	7月	中教審第 1 次答申「21 世紀を展望した我が国の教育の在り方について」	学校評価の必要性を提言
1998（H10）	9月	中教審答申「今後の地方教育行政の在り方について」	
2000（H12）	12月	教育課程審議会「児童生徒の学習と教育課程の実施状況の評価の在り方について」	
		教育改革国民会議報告―教育を変える 17 の提案― →自己評価と外部評価の導入，評価結果を親や地域と共有する必要性を提言	
2002（H14）	2月	中教審答申「今後の教育免許制度の在り方について」	自己評価の努力義務化
	3月	学校教育法の規定に基づき，小学校および中学校設置基準の新設，幼稚園設置基準並びに高等学校設置基準の一部改正	
		❖文部科学省「小学校設置基準」等 →教育活動その他の学校運営の状況について自ら点検及び評価を行い，その結果を公表するよう努めるものとする ・適切な項目の設定　　・積極的な情報提供	
2004（H16）	4月	国立大学独立行政法人化 私学学校法一部改正	
2005（H17）	6月	「経済財政運営と構造改革に関する基本方針　2005」（骨太の方針）	外部評価・ガイドライン策定の必要性を指摘
	8月	「学校評価システム研究会」発足	
	10月	中教審答申「新しい時代の義務教育を創造する」 →ガイドライン策定，努力義務とされている自己評価の実践・公表の義務化が必要 第三者機関による全国的な外部評価の仕組みも含めて評価を充実する方策を検討。	
2006（H18）	3月	「義務教育諸学校における学校評価ガイドライン」策定	客観的評価・開かれた学校づくりの促進
	7月	「学校評価の推進に関する調査研究協力者会議」発足	
	10月	「教育再生会議」発足	「学校の第三者評価に関する実践研究」事業による学校の第三者評価の試行事業（～平成 20 年度）
	12月	教育基本法改正	
2007（H19）	3月	中教審答申「教育基本法の改正を受けて緊急に必要とされる教育制度の改正について」 →学校評価及び情報提供の規定の新設，第三者評価の在り方についての検討を提言	自己評価の義務化
	6月	調査研究協力者会議「学校評価の在り方と今後の推進方策について中間とりまとめ」 学校教育法改正	
	12月	教育再生会議第三次報告「社会総がかりで教育再生を」 →学校の第三者評価に保護者を入れること，教員の処遇に反映させることなどを標記	
2008（H20）	1月	学校評価ガイドライン〔改訂〕	
2009（H21）	5月	「学校の第三者評価のガイドラインの策定等に関する調査研究協力者会議」発足	自己評価の充実・地域との連携促進
2010（H22）	3月	「学校の第三者評価ガイドラインに盛り込むべき事項等について（報告）」発表	
	7月	学校評価ガイドライン〔平成 22 年改訂〕	

福井県私立高等学校「学校評価」事業企画支援会議「学校経営に対する戦略的支援システムの構築」pp.16-17

［堀内孜編 『公教育経営の展開』 東京書籍］

を持ち得なくなり，需要側のニーズに即するべきことが謳われるようになった．また，提供側が自身を振り返り，改善や改革を図る上でも，評価を行うことが重要と考えられるようになっている．そして，学校教育の「入口」や「過程」だけでなく，「出口」を管理することで，学校教育の説明責任を果たそうとしているのである．

　こんにち，幼稚園から特別支援学校に至る国公私立学校の全体では，法令上の義務である自己評価については 96.7% の学校で実施され，また公立学校について見れば 99.9% の学校において行われている．また，学校関係者評価については前者の 83.9%，また後者の 93.7% で実施されている（文部科学省調査，2011 年度間）．つまり，自己評価はほぼ全ての学校で，また学校関係者による評価についても，ほとんどの学校で行なわれていると言える．

第 2 節　学校評価の内容等

　学校評価は，各学校や学校設置者である教育委員会が創意工夫して行うものだが，その参考に資するべく，目安となるようにと文部科学省が「学校評価ガイドライン」を作成している．現在は「学校ガイドライン［2010 年改訂］」が策定されており，おおよそ次のような内容から構成されている．

　まず，学校評価の目的について，① 各学校が，自らの教育活動その他の学校運営について，目指すべき目標を設定し，その達成状況や達成に向けた取組の適切さ等について評価することにより，学校として組織的・継続的な改善を図ること，② 各学校が，自己評価及び保護者など学校関係者等による評価の実施とその結果の公表，説明により，適切に説明責任を果たすとともに，保護者，地域住民等から理解と参画を得て，学校・家庭・地域の連携協力による学校づくりを進めること，③ 各学校の設置者等が，学校評価の結果に応じて，学校に対する支援や条件整備等の改善措置を講じることにより，一定水準の教育の質を保証し，その向上を図ること，と説明される．

　そして，このために 3 種類の学校評価が示される．それらは，① 校長のリーダーシップのもと学校の全教職員が行う自己評価，② 保護者・学校評議員・地域住民・青少年健全育成関係団体の関係者や接続する学校の教職員その他の学校関係者などから構成される委員会などが，学校を観察したり意見を交換した

りする学校関係者評価，③ 学校運営に関する専門家などによる専門的視点から行う第三者評価である．ただし，自己評価や学校関係者評価と異なって，第三者評価は，学校や設置者が必要と判断した際に行うものであり，評価の実施の義務等が課されている訳ではない．

また，評価項目や指標としての観点例に挙げられているのは，教育課程・学習指導，進路指導（キャリア教育），生徒指導，保健管理，安全管理，特別支援教育，組織・運営，研修（資質向上の取組），教育目標・学校評価，情報提供，保護者・地域住民との連携，教育環境整備の12の点である．

これらは，たとえば「生徒指導」では，学校の教職員全体として生徒指導に取り組む体制の整備の状況，問題行動への対処の状況，非行防止教室の実施の状況，保護者や地域社会，関係機関等との連携協力の状況，スクールカウンセラーやスクールソーシャルワーカー等との連携協力による教育，相談の状況，データ等として児童生徒の出席率及び遅刻の状況などが該当する．

この他にも，「児童生徒の人格的発達のための指導の状況」の観点例としては，自ら考え，自主的・自律的に行動でき，自らの言動に責任を負うことができるような指導の状況，保護者と連携協力して基本的な生活習慣を身につけさせるための工夫の状況，児童生徒の適性を発見し能力を引き出し，それを発揮できるようにするための工夫の状況，豊かな人間関係づくりに向けた指導の状況，命の大切さや環境の保全などについての指導の状況，社会の一員としての意識（公平，公正，勤労，奉仕，公共心，公徳心や情報モラルなど）についての指導の状況，規範意識の向上に向けた指導の状況，データ等として児童生徒の生活習慣の定着や人格的発達の状況や問題行動の発生状況，などが示されている．

ただし，同ガイドラインは，こうした観点はあくまでも例示に過ぎないこと，また全てを網羅するような評価が望ましい訳ではないことも強調している．学校評価は地域や学校によって多様であることを述べているのである．

以上のような仕組みは，学校をいかに改善するだろうか．たとえば，学校評価の結果を良くするべく，教職員が職務により懸命に臨む態度を醸成することに繋がるかもしれない．観察者効果というべき「見られると変化する」という行動特性を活かすこともできるだろう．ただし，次のような問題についても考慮する必要がある．

その一つは，客観的なデータがきわめて乏しい学校において，状況認識といった主観的な物差しを当てたとしても，どれほど学校改善につながるだろうかという点である．教職員や学校関係者がそれぞれに思う，感じるものを合算すれば，学校としての自己評価や学校関係者評価になるだろうか．多くの学校評価に見られる「平均値主義」は，一体どのような事実を語っているのだろう．

もう一つは，ある事実を観察できたとしても，その原因や背景を特定することが難しいために，評価をしても改善のための方策を導くことがなかなかできない点である．たとえば，不登校児童・生徒の比率が高い学校の場合，その原因を何に帰属させればよいのか，授業がわからないからなのか，友人関係がこじれたからなのか，それとも保護者の教育方針の関係か，と究明することは困難であり，また明らかになっても学校としてどうしようもない場合もある．このために勢い，評価をしても「やりっ放し」になってしまい，残るのはもっぱら徒労感，やらされ感だという指摘も，一理あるのではないだろうか．

こうした反論や批判を想定した上で，はたしてどのような学校評価がありうるかについて，さらに議論すべきだろう．

第3節　教職員評価とは

公教育機関である学校を支えるのは，主として教職員なかでも最前線で児童・生徒と接する教員であるという前提のもと（「教育は人なり」），学校教育の「質保証」の重要な道具として教職員評価は位置づけられている．

これを広義に取れば，優秀教職員の表彰や給与等への反映，「指導力不足教員」の再研修ほか免職までを視野に入れた人事上の処遇，あるいは教員免許状更新講習など，いくつかにわたるが，ここでは職能開発の手立ての一つとして位置づけられ，おおよそ2000年後半から始まった教職員評価，その中でも圧倒的多数を占める教員に対する評価に即して見てみよう．

教員評価の仕組みが整えられるようになった契機は，「教師の意欲や努力が報われ評価される体制をつくる」と謳った「教育改革国民会議報告—教育を変える17の提案—」（教育改革国民会議，2000年）に遡る．「学校教育で最も重要なのは一人ひとりの教師である．個々の教師の意欲や努力を認め，良い点を伸ばし，効果が上がるように，教師の評価をその待遇などに反映させる」と，

教員の従来の業務遂行に関する画一的な見方を改めることを求めたのである．

　続く 2001 年,「公務員制度改革大綱」においては,「能力等級を基礎とした新任用制度の確立」が打ち出された．これは「現行の任用制度においては，任用の基準が制度上措置されておらず，評価システムが十分に機能していないこともあって，採用試験区分や採用年次等に基づく画一的・硬直的な人事管理が一般的に見られ，また，勤務実績不良者の判断が難しく，これらの者に対する厳正な処分を十分に行うことができない状況にある．このため，能力等級制度を基礎とした新たな任用制度を整備し，能力基準や能力評価を活用することにより，真に能力本位で適材適所の人事配置を実現する．これにより，人事管理権者は，所属する職員の能力を最大限に活用し，機動的・効率的な行政運営を確保する」という，基本的考え方を示したものである．

　こうした動きを端緒として現在,「任命権者は，職員の執務について定期的に勤務成績の評定を行い，その評定の結果に応じた措置を講じなければならない」(地方公務員法第 40 条) を法的根拠とし,「県費負担教職員の勤務成績の評定は，地方公務員法第 40 条第 1 項の規定にかかわらず，都道府県委員会の計画の下に，市町村委員会が行うものとする」(地方教育行政の組織及び運営に関する法律 [地方教育行政法] 第 46 条) が，これを補って，公立学校に勤務する教員に対する評価が行われるに至っている．

　ここで，1957-58 年をピークとした日本教職員組合などによる勤務評定反対闘争 (「勤評」闘争) で問われた教員の評定と，今日の教員評価との関係を述べておこう．1950 年に制定された地方公務員法は，前述のように勤務成績の評定を定めているが，教員については児童・生徒や保護者等と関わる業務であり，その成績を判断することが難しいという特殊性から，それまで事実上，勤務評定は行われていなかった．これに対して，人事管理の適正化を図ることと，文部省 (当時) は同評定の実施を通達したのである．

　両者はいずれも，人事管理の一環として職員の能力や業績を評価し，その結果に応じた措置を取るという位置づけは変わらない．しかしながら，こんにちの教員評価は客観性や透明性を確保するとともに，人材育成を重視するといった点で，より業績主義的であると言える．このため勤務評定と異なり，評価基準を事前に明らかにするほか，評価者への訓練や苦情処理を含む結果のフィー

ドバックなどを備えるべきものとして設計されている.

　また，教員評価と先に述べた学校評価との関係については，目標管理型の評価制度である点では共通するものの，教員評価が個々の教員の課題の発見と職能開発の手がかりを提供しようとするものに対して，学校評価は構成員それぞれに対する評価ではなく，また公表にも馴染まない点では異なっている（文部科学省「学校評価ガイドライン［2010 年改訂］」).

　なお，両者を「車の両輪」（京都府教育委員会）とする捉え方もあるが，論理的には未だ整合性を十分に持ち得ていないと言うべきである．というのは，学校評価が教職員とくにその多数を占める教員の評価の上に成り立つものではあるが，個々の教員に対する評価の集積が，学校評価を形成する訳ではない．たとえば，1 年 1 組の学級経営が 1 年生の学年経営の部分であり，1 年生から 6 年生の学年経営を合わせたものが学校経営を形づくるとは言えないからである.

第 4 節　教員評価の内容等

　近年の教員評価システムの取り組みについて，文部科学省は 66 の都道府県教育委員会と政令指定市教育委員会の状況を，表 20.2 のように公表している．ここから，多くの教育委員会が，教員評価を能力評価と業績評価に基づき行っていることのほか，「意欲」を評価の観点に含めていることがわかる.

　上記の資料のほか，各県や指定都市の発行する手引き等からは，次のような傾向が認められる.

　① 評価に先立って，各自の目標設定が求められ，校長等との面談を経て目標を設定，中間面談などで適宜，目標の修正や点検を行い，年度末などの最終面談をもって，目標の達成状況を確かめるという，目標管理の手法を採用する教育委員会が多い．また評価方法は，能力評価および業績評価のいずれも絶対評価にもとづくものが圧倒的であり，相対評価による教育委員会はごく少数である.

　② 教諭の評価者については，一次評価者が副校長・教頭，二次評価者が校長であるのが全体の 7 割程度に上る．また，教頭については一次評価者が校長，二次評価者は任命権者の人事担当，校長については一次評価者が同人事担当，二次評価者は教育長等である場合が多い.

　③ 評価者訓練について，評価者全員に対して定期的にその機会を設けている

表 **20.2**　教員評価システムの取組状況（2010 年 4 月 1 日現在）

	都道府県市	1. 実施状況		2. 勤務評定としての位置付け		3. 実施方法			
		ア すべての教育職員、すべての学校で実施	イ 一部の教育職員、一部の学校で実施	ア 地公法に定める勤務評定として実施	イ 地公法に定める勤務評定とは別途実施	能力評価	業績評価	その他の評価	備考（その他の評価）
1	北海道	○			○	○	○		
2	青森県	○			○	○	○	○	意欲の評価
3	岩手県	○			○		○		
4	宮城県	○			○	○	○		昇給に係る勤務状況報告書
5	秋田県	○			○			○	自己目標設定による管理手法と5段階絶対評価システムを併せた総合評価システム
6	山形県	○			○	○	○		
7	福島県	○			○	○	○		
8	茨城県	○			○	○	○		
9	栃木県	○		○		○	○		
10	群馬県	○		○		○	△		
11	埼玉県	○			○			○	業績と行動プロセス（能力と意欲）を総合的に評価
12	千葉県	○		○		○	○		
13	東京都	○			○			○	能力評価、業績評価などを基にした総合評価
14	神奈川県	○			○			○	意欲の評価
15	新潟県	○		○		○	○	○	意欲の評価
16	富山県	○		○		△	△	○	意欲の評価
17	石川県	○		○		○	○	○	意欲の評価
18	福井県	○		○		○	○	○	意欲の評価
19	山梨県	○		○		○	○	○	意欲の評価
20	長野県	○		○		○	○		
21	岐阜県	○		○					
22	静岡県	○		○		○	○		意欲の評価
23	愛知県	○		○		○	○		職務の状況評価
24	三重県	○		○		○	○		
25	滋賀県	○		○		○	○		意欲の評価
26	京都府	○		○		○	○		意欲の評価
27	大阪府	○		○		○	○		業績評価、能力評価に基づく総合評価
28	兵庫県	○		○		△	△		
29	奈良県	○		○		○	○		意欲の評価
30	和歌山県	○			○	○	○		
31	鳥取県	○		○		○	○		意欲の評価
32	島根県	○		○		○	○		
33	岡山県	○		○		○	○		
34	広島県	○		○		○	△	△	勤務実績を給与へ反映させるため、勤務評定に準じて、勤務成績の証明（管理職）
35	山口県	○		○		○	○		意欲の評価
36	徳島県	○			○	△	△		
37	香川県	○		○		△	△		
38	愛媛県		○		○			○	能力評価と業績評価を一体とした総合評価
39	高知県	○		○		○	○	○	意欲や態度の評価
40	福岡県	○		○		○	○		
41	佐賀県	○			○	○	○		
42	長崎県	○		○		○	○		
43	熊本県	○		○		○	○		
44	大分県	○		○		○	○		
45	宮崎県	○		○		○	○		
46	鹿児島県	○		○		○	○		
47	沖縄県	○		○					
48	札幌市	○		○					
49	仙台市	○		○				○	意欲の評価
50	さいたま市	○		○				○	業績と行動プロセス（能力と意欲）を総合的に評価
51	千葉市	○			○			○	「目標による管理」の手法を活用した教員評価システム
52	川崎市	○		○		○	○		意欲の評価
53	横浜市	○		○		○	○		
54	相模原市	○		○		○	○		
55	新潟市	○			○	○	○		意欲の評価
56	静岡市	○			○	○	○		
57	浜松市	○		○		○	○		
58	名古屋市	○		○		○	○	○	意欲の評価
59	京都市	○			○	○	○	○	意欲の評価
60	大阪市	○		○		○	○		業績評価、能力評価に基づく総合評価
61	堺市	○		○		○	○		業績評価、能力評価に基づく総合評価
62	神戸市	○		○		△	△		
63	岡山市	○		○		○	○		
64	広島市	○		○		○	△	△	勤務実績を給与へ反映させるため、勤務評定に準じて、勤務成績の証明（管理職）
65	北九州市	○		○		○	○		
66	福岡市	○		○		○	○		
	合計	65	1	44	22	56	60	33	

（注1）　勤務評定としての位置付けとは、地方公務員法第40条に基づき実施される勤務成績の評定であることを示す。
（注2）　「3.実施方法」欄にある「能力評価」とは、期待し、求められる職務遂行能力について、どの程度発揮できたかを能力基準に照らして評価することを示し、「業績評価」とは、あらかじめ設定した業務目標をどれだけ達成したかを評価することを示す。
（注3）　「3.実施方法」欄において、評価者による評価は実施せず自己評価のみ実施している場合や、一部の職員にのみ実施している場合は「△」を示している。

のは 4 割程度に留まる.

　④ 評価基準等を公表, また評価に関する面談を定期的に実施しているのは, およそ 9 割である.

　⑤ 評価結果の開示について, 被評価者への開示を原則としているのが約 7 割にあたる 48, 非開示を原則にするのが 8, 希望に応じて開示するのが 16 である（能力評価と業績評価で区別するケースもあるため, 総数 66 を上回る）. また, 県民への情報公開および, 評価される教員からの苦情に関する手続きも定められている.

　⑥ 評価結果の活用については, 研修, 配置転換, 昇任, 降任・免職, 昇給・降給, 勤勉手当, 表彰, 条件附採用期間の勤務状況判定などに用いている教育委員会が, 1～3 割ほどで見られる.

　このような概況のもと, 任命権者によってほぼすべての教員に対する評価がこんにち行われているが, 以下のような点を検討することも必要だろう.

　その一つは, 職務が曖昧でその結果も明示できない学校教育の労働においては, 職務の内容と職務従事者の人格とを明確に分けるのが難しいという点についてである. つまり, 能力や業績を評価する際に, その担い手の「人となり」を含めずに行うことは難しい. 評価に際して, 評価者と被評価者の人間関係や判断する際の価値観が投影されかねない点をどのように考えればよいか, が問われる.

　もう一つは, 教員評価のねらいは職能開発にあり, 評価を通じてそれぞれの強みを活かし, 弱みを補うことが課題とされているが, 現在の方法がこの方向に適っているかどうかという点である. たとえば, 評価されても伸ばすことができない, あるいは改善することが難しいような職場環境であれば, 評価のための評価に留まりかねない. 職能開発を促すためには, 評価結果が学校の在り方や教職員の働き方を変えるものでなければならないだろう. この点で, 教員評価を念頭に置いて職務量とその分担の在り方をどう再考するかも, 課題とされる.

関係文献

- 福本みちよ編『学校評価システムの展開に関する実証的研究』玉川大学出版部, 2013 年

- 金子真理子・苅谷剛彦編『教員評価の社会学』岩波書店，2010 年
- 田中耕治編『よくわかる教育評価』ミネルヴァ書房，2010 年

＜資料１＞　近代日本教育略年表

1867	慶応 3	10.14	大政奉還
1868	明治元	3.14	五箇条の御誓文
	(慶応4)		
1869	2	2.5	「諸府県施政順序」，施政大綱のひとつに「小学校ヲ設ル事」
		5.21	京都上京第 27 番組小学校開設
1871	4	7.14	廃藩置県
		7.18	文部省設置
1872	5		東京師範学校設置
		8.2	「学事奨励に関する被仰出書」
		8.3	「学制」
1874	7	1.17	副島種臣ら，「民撰議院設立建白書」提出
1875	8	6.28	「讒謗律」・「新聞紙条例」
1877	10	4.12	東京大学創設
1879	12		「教学聖旨」
		9.29	「教育令」
1880	13	4.5	「集会条例」
		12.28	「教育令」改正
1881	14	5.4	「小学校教則綱領」
		6.18	「小学校教員心得」
1882	15	1.4	「軍人勅諭」
1883	16	7.31	教科書認可制度
1885	18	8.12	「教育令」再改正
		12.22	森有礼，初代文部大臣に就任
1886	19	3.2	「帝国大学令」
		4.10	「小学校令」・「中学校令」・「師範学校令」
1887	20	5.7	「教科用図書検定規則」
1889	22	2.11	「大日本帝国憲法」
		2.11	森文相，暗殺される
1890	23	10.3	「地方学事通則」
		10.30	「教育勅語」
1891	24	11.17	「小学校教則大綱」
1894	27	6.12	「実業教育費国庫補助法」
		6.25	「高等学校令」
		8.1	日清戦争はじまる
1896	29	3.24	「市町村立小学校教員年功加俸国庫補助法」
1898	31	4.1	「師範教育令」
1899	32	2.7	「実業学校令」
		2.8	「高等女学校令」
		10.22	「小学校教育費国庫補助法」
1900	33	3.16	「市町村立小学校教育費国庫補助法」
		8.20	「小学校令改正」，4 年制に統一，義務教育授業料徴収せずの原則
1903	36	3.27	「専門学校令」
		4.13	「小学校令」改正，国定教科書制度成立
1904	37	2.10	日露戦争はじまる
1907	40	3.21	「小学校令」改正，義務教育年限を 6 年に延長
1908	41	10.3	「戊申詔書」
1910	43	8.22	「韓国併合条約」調印
1912	45(大正元)	12.19	憲政擁護大会開催（第一次護憲運動）
1914	3	7.28	第一次世界大戦はじまる
1918	7	3.27	「市町村義務教育費国庫負担法」
		12.6	「大学令」・「高等学校令」
1919	8	8.4	下中弥三郎ら，啓明会結成，初の教員組合
1923	12	11.10	「国民精神作興ニ関スル詔書」
1929	昭和 4	10.24	ニューヨーク株式市場大暴落，世界の大恐慌はじまる
1935	10	2.18	貴族院で美濃部達吉の天皇機関説問題起こる
		4.1	「青年学校令」
		11.18	「教学刷新審議会官制」
1937	12	7.20	文部省に教学局設置
1938	13	4.1	「国家総動員法」
1939	14	5.22	「青少年学徒ニ賜リタル勅語」
1940	15	3.29	「義務教育費国庫負担法」，俸給の半額を国庫負担に
1941	16	3.1	「国民学校令」
		12.8	太平洋戦争起こる
1943	18	4.1	「師範学校令」改正，師範学校・中等学校で国定

年		月日	事項
			教科書使用
		4.1	「学徒出陣」
1944	19	3.7	「決戦非常措置要綱ニ基ク学徒動員実施要綱」閣議決定，国民学校初等科を除き授業を1年間停止
1945	20	8.14	「ポツダム宣言」受諾
		8.15	天皇，「終戦」詔勅放送
		9.15	文部省「新日本建設ノ教育方針」発表
		10.5	「戦時教育令」廃止
		10.22	GHQ，「日本教育制度に対する管理政策」指令，軍国主義・超国家主義教育の禁止，教育の民主化を指示
		12.1	全日本教職員組合結成
		12.5	GHQ，「国家神道，神社神道ニ対スル政府ノ保証，支援，保全，監督並ニ弘布ノ廃止ニ関スル件」
		12.31	GHQ，「修身・日本歴史及ビ地理停止ニ関スル件」
1946	21	3.30	「第1次米国教育使節団報告書」
		5.15	文部省，「新教育指針」発表
		8.10	教育刷新委員会設置
		9.2	社会科授業開始
		9.5	文部省，「くにのあゆみ」発行
		10.8	文部省，「勅語及び詔書等の取扱いについて」通牒，奉読廃止
		11.3	「日本国憲法」公布
1947	22	3.20	文部省，「学習指導要領一般編（試案）」発行
		3.31	「教育基本法」，平和的民主教育など
			「学校教育法」，6・3・3・4制など
		4.1	新学制に基づく小学校，中学校（新制）発足
		5.3	「日本国憲法」施行
		6.8	日本教職員組合結成
		11.11	文部省，指導主事設置を通告，視学を廃止
1948	23	1.27	「高等学校設置基準」
		4.1	高等学校（新制）発足
		4.30	「教科用図書検定規則」
		5.19	衆議院，「教育勅語等排除に関する決議」，参議院「教育勅語などの失効確認に関する決議」
		7.10	「市町村立学校職員給与負担法」
			「教科書の発行に関する臨時措置法」
		7.15	「教育委員会法」
		7.21	公務員の争議行為禁止のマッカーサー書簡を「政令201号」として公布，施行
		9.18	全日本学生自治会総連合（全学連）結成
		10.5	第1回教育委員選挙
		12.10	「世界人権宣言」採択
1949	24	1.12	「教育公務員特例法」
		5.31	「文部省設置法」
			「教育職員免許法」
		6.10	「社会教育法」
			国立大学（新制）69校発足
		9.15	GHQ，「シャウプ勧告」
		12.15	「私立学校法」
1950	25	2.13	東京都教育長，教員246名を整理（レッドパージ）
		3.31	「盲学校及びろう学校の就学義務に関する政令」
		5.30	「文化財保護法」
			「地方財政平衡交付金法」
		6.25	朝鮮戦争（～1952 停戦）
		7.11	日本労働組合総評議会(総評）結成
		9.22	「第2時米国教育使節団報告書」
		10.17	文部省，国旗掲揚・君が代斉唱を通達
		11.10	第2回教育委員選挙
		12.13	「地方公務員法」
1951	26	5.5	「児童憲章」
		9.8	「サンフランシスコ平和条約」「日米安全保障条約」
		11.10	日教組，第1回全国教育研究大会

	11.16	政令諮問委員会，「教育制度の改革に関する答申」
	12.1	「博物館法」
1952	27	2.20	東大ポポロ座事件
		3.27	「私立学校振興法」
		6.6	「中央教育審議会令」
		8.8	「義務教育費国庫負担法」，教員給与の半分を一部国庫負担など
		8.15	「地方自治法改正」，機関委任事務制度が確立
		10.5	第3回教育委員選挙
		11.1	全国市町村に教育委員会設置
1953	28	7.8	山口日記事件
		8.5	「学校教育法・教育委員会法一部改正」，教科書検定権を文部大臣に限定
		8.8	「学校図書館法」
			「理科教育振興法」
		8.27	「公立学校施設費国庫負担」
		10.2	池田・ロバートソン会談
1954	29	6.1	「へき地教育振興法」
			「盲学校，聾学校及び養護学校への就学奨励に関する法律」
		6.3	「義務教育諸学校における教育の政治的中立の確保に関する臨時措置法」「教特法一部改正」（教育二法）
			「学校給食法」
1955	30	8.13	日本民主党，「うれうべき教科書問題」第1集
		10.13	社会党，統一大会
		11.22	保守合同，自由民主党結成
		12.5	文部省，「高校学習指導要領一般編」改訂，「試案」の文字消える
1956	31		都道府県教育長協議会，学校管理規則案を作成
		3.30	「就学困難な児童のための教科用図書の給与に関する法律」
		6.30	「地方教育行政の組織及び運営に関する法律」，任

			命制教育委員会，教育長の任命承認制など
	12.13	「幼稚園設置基準」
	12.18	日本，国連に加盟
1957	32	8.13	文部省，「勤務評定」実施を通達
		12.4	「学校教育法施行規則一部改正」，教頭の省令職化
		12.26	日経連，「科学技術教育振興に関する意見」
1958	33		全国で勤評闘争激化，1都38県で実施
		4.10	「学校保健法」
		4.25	「義務教育諸学校施設費国庫負担法」
		5.1	「公立義務教育諸学校の学級編制及び教職員定数の標準に関する法律」，学級編制標準50人の明示
		7.9	「市町村立学校職員給与負担法一部改正」，校長に管理職手当支給
		8.28	文部省，「小中学校学習指導要領道徳編」告示
		10.1	文部省，「小学校学習指導要領」「中学校学習指導要領」官報掲示
		11.10	「文部省設置法一部改正」，教科書調査官新設
		12.12	文部省，「教科用図書検定基準」告示
1959	34	4.30	「社会教育法一部改正」，官僚統制強化
		11.20	国連総会，「児童の権利宣言」採択
1960	35	4.1	教頭に管理職手当支給
		6.19	「（新）日米安保条約」自然成立
		12.17	池田内閣，「国民所得倍増計画」決定
1961	36	6.16	「スポーツ振興法」
		6.17	「学校教育法一部改正」，高等専門学校の設置
		10.26	文部省，全国一斉学力テスト実施
		11.6	「公立高等学校の設置，適正配置及び教職員定数の標準に関する法律」

西暦	年号	月日	事項
1962	37	3.31	「義務教育諸学校の教科用図書の無償に関する法律」
1963	38	12.21	「義務教育諸学校の教科用図書の無償措置に関する法律」
1964	39	4月	第2次教職員定数改善計画、45人学級の実施
		10.10	東京オリンピック開催
1965	40	6.12	家永三郎、自著の歴史教科書に関する民事訴訟を起こす（「家永教科書裁判」第1次訴訟）
		12月	ラングランが生涯教育を提唱
1966	41	10.4	日本、ILO・ユネスコ「教員の地位に関する勧告」採択
		10.21	ベトナム戦争反戦統一スト
		10.31	中教審、「後期中等教育の拡充について」答申、「期待される人間像」提示
		11.22	文部省、全国一斉学力調査中止を決定（67年より）
1967	42	6.23	家永、行政訴訟を起こす（「家永裁判」第2次訴訟）
1968	43	4.17	美濃部都知事、朝鮮大学校を各種学校として認可
		6.15	「文部省設置法一部改正」、文化庁設置
1969	44	1.18	東大安田講堂事件
		1月	東大、東教大、入試中止決定
		4月	第3次教職員定数改善計画、4個学年以上複式学級解消等
		8.7	「大学運営に関する臨時措置法」
1970	45	3.31	「よど号」ハイジャック事件
		7.17	東京地裁、家永教科書第2次訴訟に対し、家永教科書の検定を憲法・法律違反とする判決（杉本判決）
1971	46	4.30	社教審、「急激な社会構造の変化に対処する社会教育のあり方について」答申
		6.11	中教審、「今後における学校教育の総合的な拡充整備のための基本施策について」答申
		8.16	東京証券取引所、米ドル防衛策で暴落（ドル・ショック）
		8.28	変動相場制に移行
1972	47	2.19	あさま山荘事件
1973	48	9.29	「国立学校設置法一部改正」、筑波大学設置
		10.23	オイル・ショック（第1次石油危機）はじまる
1974	49	2.25	「学校教育の水準の維持向上のための義務教育諸学校の教育職員の人材確保に関する法律」（「人確法」）
		4月	第4次教職員定数改善計画、3個学年複式学級解消、教頭定数化
		6.1	「学校教育法一部改正」、教頭の法律職化
		7.16	東京地裁、家永教科書第1次訴訟に対し国家教育権説の判決（高津判決）
		10.4	文部省、都道府県教委は市町村教委の内申なしでも教員任免権を行使できるとの法解釈を通達
1975	50	7.11	「学校教育法一部改正」、専修学校創設
		7.11	「義務教育諸学校等の女子教育職員及び医療施設、社会福祉施設等の看護婦、保母等の育児休業に関する法律」
		12.20	東京高裁、家永教科書第2次訴訟控訴審判決、国の控訴棄却、検定の違法性を認める判決（畔上判決）
		12.26	「学校教育法施行規則一部改正」、学校主任省令職化
1976	51	5.25	「学校教育法一部改正」、

			独立大学院制度			12.7	教養審,「教員の資質能力の向上方策について」答申
1977	52	5.2	大学入試センター発足				
1978	53	6.16	中教審,「教員の資質能力向上について」答申	1988	63	4.1	単位制高校発足
		6.17	上越教育大学・兵庫教育大学設置（新構想による国立教員養成大学）			5.8	「教特法一部改正」「地教行法改正」,初任者研修制度化
		12月	第2次石油危機はじまる			12.21	「教免法改正」,免許状種別の改正
1979	54	4.1	「学校教育法一部改正」,養護学校義務制	1989	平成元	3.28	リクルート事件で,文部事務次官が逮捕
		5.25	中野区,「教育委員準公選条例」公布			10.3	東京地裁,家永教科書第3次訴訟に対し,検定制度は合憲としながら「できるだけ抑制的であること」とする（加藤判決）
		7.2	文部省,「盲聾養護学校学習指導要領」告示				
		9.21	「国際人権規約」（社会権規約）（自由権規約）国内発効			11.20	国連総会,「子どもの権利に関する条約」採択（94.5.22,国内発効）
1980	55	4月	第5次教職員定数改善計画,40人学級実施等	1990	2	6.29	「生涯学習振興整備法」
1981	56	6.11	中教審,「生涯教育について」答申	1991	3	4.19	中央教育審議会,「新しい時代に対応する教育の諸制度の改革について」答申
		6.11	「放送大学学園法」（1983年開学）				
1982	57	4.8	最高裁,家永教科書裁判第2次訴訟上告審判決,原判決棄却（中村判決）	1992	4	3.23	「学校教育法施行規則一部改正」,学校週5日制実施
		7.20	中国・韓国など,歴史教科書記述で問題に	1993	5	1.28	「学校教育法施行規則一部改正」,障害児の通級指導
1983	58	6.3	中教審,「教科書の在り方について」答申			3.16	最高裁,家永教科書裁判第1次訴訟判決,検定は合憲合法,家永敗訴（可部判決）
		11.22	教養審,「教員の養成及び免許制度の改善について」答申				
1984	59	1.19	家永,第3次教科書訴訟提訴,国家賠償請求			4月	第6次教職員定数改善計画,指導方法改善加配措置等
		8.7	「臨時教育審議会設置法」（9月,初総会）			10.20	東京高裁,家永教科書裁判第3次訴訟判決,家永一部勝訴（川上判決）
1986	61	3.19	東京高裁,家永教科書第1次訴訟判決,検定は合憲合法（鈴木判決,家永全面敗訴）	1994	6	11.24	「学校教育法施行規則一部改正」,学校週5日制月2回実施
1987	62	8.7	臨教審,「教育改革に関する第4次答申」（最終答申）,個性重視・生涯学習体系への移行・変化への対応を教育改革の方向性とする（20日,臨教審解散）	1995	7	5月	地方分権推進委員会発足
				1996	8	7.19	中教審,「21世紀を展望した我が国の教育のあり方について」第1次答申,「生きる力」「ゆとり」に

ついて提言

1997	9	6.11	中教審，「21世紀を展望した我が国の教育の在り方について」答申
		6.18	「小学校及び中学校の教諭の普通免許状の授与に係る教育職員免許法特例等に関する法律」，小・中学校教員志望者に介護体験を義務付ける議員立法（通称「マッキー法」）
		8.29	最高裁，家永教科書裁判第3次訴訟，検定裁量権の逸脱を一部容認（大野判決），32年に及ぶ訴訟終結
1998	10	4.28	文部省，「教育改革プログラム再改定」，完全学校週5日制実施（2002年度から）
		6.4	「教免法改正」，教職科目引上げ等
		6.5	「学校教育法一部改正」，中等教育学校創設
		6.9	「中央省庁等改革基本法」，文部省が文部科学省へ（2002年から）
		6.30	中教審，「『新しい時代を拓く心を育てるために』—次世代を育てる心を失う危機—」答申
		9.21	中教審，「今後の地方教育行政の在り方について」答申
		12.14	文部省告示，「小学校学習指導要領」「中学校学習指導要領」，授業時数削減，教育内容の精選，「総合的な学習の時間」等（2002年完全実施）
1999	11	5.26	「児童買春，児童ポルノに係る行為等の処罰及び児童の保護等に関する法律」
		7.16	「地方分権一括法」，「地教行法」等改正
		8.13	「国旗及び国家に関する法律」
2000	12	1.12	「学校教育法施行規則一部改正」，校長の資格要件緩和，職員会議補助機関の明確化，学校評議員制度の導入
		3.27	教育改革国民会議初会合（江崎玲於奈座長）
		3.29	「教免法一部改正」，社会人の教員登用への道拡大
		4.28	「教特法一部改正」，大学院修学休業制度
		5.24	「児童虐待防止法」
2001	13	4月	第7次教職員定数改善プラン，学級編制基準の弾力化等
		7.11	「地教行法一部改正」，公立高通学区域撤廃
2002	14	3.29	「小学校設置基準」「中学校設置基準」
		6.12	「教特法一部改正」，10年経験者研修創設
		12.18	「構造改革特別区域法」
2003	15	3.31	「学校教育法施行規則一部改正」，公立小中学校の選択制
		3.31	「専門職大学院設置基準」
		10.7	中教審，「初等中等教育における当面の教育課程及び指導の充実・改善方策について」答申
2004	16	3.4	中教審，「今後の学校の管理運営の在り方について」答申
		4.1	国立大学，独立行政法人化
		4.1	義務教育費国庫負担金に総額裁量制導入
		5.21	「学校教育法一部改正」，栄養教諭創設
		6.9	「地教行法一部改正」，地域運営学校の創設
2005	17	6.17	「食育基本法」
		10.26	中教審，「新しい時代の義務教育を創造する」答申
2006	18	3.30	文科省，「義務教育諸学校における学校評価ガイドライン」策定

		3.31	「義務教育費国庫負担法一部改正」，負担率引き下げ
		4 月	第 8 次教職員定数改善計画，小学校第 1 学年の 35 人学級編制推進等
		6.21	「学校教育法一部改正」，「特別支援学校」名称使用等
		10.1	「認定こども園」制度
		10.10	「教育再生会議」設置
		12.5	「教育基本法」，戦後初の改正
2007	19	2.2	文科相，体罰についての解釈を 60 年ぶりに見直す，「問題行動を起こす児童生徒に対する指導について」別紙
2008	20	1.31	「学校評価ガイドライン」改訂
		2.19	中教審，「新しい時代を切り拓く生涯学習の振興方策について」答申
		4.22	「全国学力・学習状況調査」実施
		6.18	「学校保健法一部改正」，「学校保健安全法」と改称等
		7.1	「教育振興基本計画」閣議決定
2010	22	7.20	「学校評価ガイドライン」再改訂
2011	23	1.31	中教審，「今後の学校におけるキャリア教育・職業教育の在り方について」答申
		3.11	東日本大震災
		4.22	「義務標準法一部改正」，小 1 の 35 人以下学級推進，市町村教委の学級編制の柔軟化等
		6.3	「民法一部改正」，児童虐待した父母の親権停止
2012	24	8.22	「子育て三法」
		9.8	「教科書採択の改善について」（通知）
2013	25	1.24	「教育再生実行会議」第一回会合

		3.13	「体罰の禁止及び児童生徒理解に基づく指導の徹底について」（通知）
		4.5	「教育委員会制度等の在り方について」（教育再生実行会議第二次提言）
		6.14	「教育振興基本計画」（第二期）閣議決定
		6.26	「子どもの貧困対策の推進に関する法律」
		6.28	「いじめ防止対策推進法」
		12.13	中教審「今後の地方教育行政の在り方について」答申
2014	26	1.17	「義務教育諸学校教科用図書検定基準」，政府見解の尊重規定
		6.20	「地教行法一部改正」，総合教育会議の設置，首長の大綱策定（2015 年施行）
		8.29	「子供の貧困対策に関する大綱」閣議決定
2015	27	6.24	「学校教育法一部改正」，義務教育学校（2016 年施行）
		10.28	中教審「教職員定数に関する緊急提言」
		10.29	「高等学校等における政治的教養の教育と高等学校等の生徒による政治的活動等について」（通知）
		12.21	中教審「これからの学校教育を担う教員の資質能力の向上について 〜学び合い，高め合う教員育成コミュニティの構築に向けて〜」，「新しい時代の教育や地方創生の実現に向けた学校と地域の連携・協働の在り方と今後の推進方策について」，「チームとしての学校の在り方と今後の改善方策について」答申

＜資料2＞　教育史資料

学事奨励に関する被仰出書（学制序文）

（明治5年8月2日太政官布告第214号）

人々自ら其身を立て其産を治め其業を昌にして以て其生を遂るゆゑんのものは他なし身を脩め智を開き才芸を長ずるによるなり而て其身を脩め知を開き才芸を長ずるは学にあらざれば能はず是れ学校の設あるゆゑんにして日用常行言語書算を初め士官農商百工技芸及び法律政治天文医療等に至る迄凡人の営むところの事学あらさるはなし人能く其才のあるところに応じ勉励してこれに従事ししかして後初て生を治め産を興し業を昌にするを得べしされば学問は身を立つるの財本ともいふべきものにして人たるもの誰か学ばずして可ならんや夫の道路に迷ひ飢餓に陥り家を破り身を喪の徒の如きは畢竟不学よりしてかかる過ちを生ずるなり従来学校の設ありてより年を歴ること久しといへども或は其道を得ざるよりして人其方向を誤り学問は士人以上の事とし農工商及婦女子に至つては之を度外におき学問の何物たるを辨せず又士人以上の稀に学ぶものも動もすれば国家の為にすと唱へ身を立るの基たるを知ずして或は詞章記誦の末に趨り空理虚談の途に陥り其論高尚に似たりといへども之を身に行ひ事に施すこと能ざるもの少からず是すなわち沿襲の習弊にして文明普ねからず才芸長ぜずして貧乏破産喪家の徒多きゆゑんなり是故に人たるものは学ばずんばあるべからず之を学ぶには宜しく

其旨を誤るべからずこれに依て今般文部省に於て学制を定め追々教則をも改正し布告に及ぶべきにつき自今以後一般の人民華士族卒農工商及婦女子必ず邑に不学の戸なく家に不学の人なからしめん事を期す人の父兄たるもの宜しく此意を体認し其愛育の情を厚くし其子弟をして必ず学に従事せしめざるべからざるものなり高上の学に至りては其人の材能に任かすといへとも幼童の子弟は男女の別なく小学に従事せしめざるものは其父兄の越度たるべき事

但従来沿襲の弊学問は士人以上の事とし国家の為にすと唱ふるを以て学費及其衣食の用に至る迄多く官に依頼しこれを給するに非ざれば学ざる事と思ひ一生を自棄するもの少なからず是皆惑へるの甚しきものなり自今以後此等の弊を改め一般の人民他事を拋ち自ら奮て必ず学に従事せしむべき様心得べき事

右之通被　仰出候条地方官ニ於テ辺隅小民ニ至ル迄不洩様便宜解釈ヲ加ヘ精細申諭文部省規則ニ随ヒ学問普及致候様方法ヲ設可施行事
　　明治五年壬申七月　　　　　　　　太政官

教育ニ関スル勅語（教育勅語）

（明治23年10月30日）

朕惟フニ我カ皇祖皇宗國ヲ肇ムルコト宏遠ニ徳ヲ樹ツルコト深厚ナリ我カ臣民克ク忠ニ克ク孝ニ億兆心ヲ一ニシテ世々厥ノ美ヲ濟セルハ此レ我カ國體ノ精華ニシテ教育ノ淵源亦實ニ此ニ存ス爾臣民父母ニ孝ニ兄弟ニ友ニ夫婦相和シ朋友相信シ恭儉己レヲ持シ博愛衆ニ及ホシ學ヲ修メ業ヲ習ヒ以テ智能ヲ啓發シ徳器ヲ成就シ進テ公益ヲ廣メ世務ヲ開キ常ニ國憲ヲ重シ國法ニ遵ヒ一旦緩急アレハ義勇公ニ

奉シ以テ天壌無窮ノ皇運ヲ扶翼スヘシ是ノ如
キハ獨リ朕カ忠 良ノ臣民タルノミナラス又以
テ 爾 祖先ノ遺風ヲ顯 彰スルニ足ラン
斯ノ道ハ實ニ我カ皇祖皇宗ノ遺訓ニシテ子孫
臣民ノ倶ニ遵 守スヘキ所 之ヲ古今ニ通シテ
謬 ラス之ヲ中 外ニ施 シテ悖ラス朕 爾 臣民
ト倶ニ拳々服膺シテ咸其徳ヲ一ニセンコトヲ
庶幾フ

米国教育使節団報告書（要旨）

（1946 年 3 月 31 日）

日本の教育の目的および内容高度に中央集権
化された教育制度は，かりにそれが極端な国家
主義と軍国主義の網の中に捕えられていない
にしても，強固な官僚政治にともなう害悪を受
けるおそれがある．教師各自が画一化される
ことなく適当な指導の下に，それぞれの職務を
自由に発展させるためには，地方分権化が必要
である．かくするとき教師は初めて，自由な日
本国民を作りあげる上に，その役割をはたしう
るであろう．この目的のためには，ただ一冊の
認定教科書や参考書では得られぬ広い知識と，
型通りの試験では試され得ぬ深い知識が，得ら
れなくてはならない．カリキュラムは単に認
容された一体の知識だけではなく，学習者の内
体的および精神的活動をも加えて構成されてい
るものである．それには個々の生徒の異たる
学習体験および能力の相違が考慮されるので
ある．それ故にそれは教師をふくめた協力活
動によって作成され，生徒の経験を活用しその
独創力を発揮させなくてはならないのである．
（中略）
初等および中等学校の教育行政　教育の民主
化の目的のために，学校管理を現在の如く中央
集権的なものよりむしろ地方分権的なものに
すべきであるという原則は，人の認めるところ
である．学校における勅語の朗読・御真影の奉
拝等の式を挙げることは望ましくない．文部
省は本使節団の提案によれば，各種の学校に対
し技術的の援助および専門的な助言を与えると
いう重要な任務を負うことになるが，地方の学
校に対するその直接の支配力は大いに減少す
ることであろう．市町村および都道府県の住
民を広く教育行政に参画させ，学校に対する内
務省地方官吏の管理行政を排除するために，市

町村および都道府県に一般投票により選出せ
る教育行政機関の創設を，われわれは提案する
次第である．かかる機関には学校の認可・教員
の免許状の附与・教科書の選定に関し相当の権
限が附与されるであろう．現在はかかる権限
は全部中央の文部省ににぎられている．

課税で維持し，男女共学制を採り，かつ授業料
無徴収の学校における義務教育の引上げをな
し，修業年限を九か年に延長，換言すれば生徒
が十六歳に達するまで教育を施す年限延長改革
案をわれわれは提案する．さらに，生徒は最初
の六か年は現在と同様小学校において，次の三
か年は，現在小学校の卒業児童を入学資格とす
る各種の学校の合併改変によって創設される
べき「初級中等学校」において，修学すること
をわれわれは提案する．これらの学校におい
ては，全生徒に対し職業および教育指導をふく
む一般的教育が施されるべきであり，かつ個々
の生徒の能力の相違を考慮しうるよう，十分弾
力性を持たせなくてはならない．さらに三年
制の「上級中等学校」をも設置し，授業料は無
徴収，ゆくゆくは男女共学制を採り，初級中等
学校よりの進学希望者全部に種々の学習の機
会が提供されるようにすべきである．（後略）
（文部科学省ホームページより抜粋し，転載）

教員の地位に関する勧告

（1966 年 10 月 5 日，教員の地位に関する特別
政府間会議採択）

2　この勧告は，保育所，幼稚園，初等学校，
中間学校又は中等学校（技術教育，職業教育
又は美術教育を行なう学校を含む．）のいず
れを問わず，中等教育段階の修了までの公私
の学校のすべての教員に適用する．

5　教員の地位は，教育の目的及び目標に照ら
して評価される教育の必要性に相応したも
のとする．教員の適切な地位及び教職に対
する公衆の正当な尊敬が教育の目的及び目
標の完全な実現にとって大きな重要性を有
することを認識するものとする．

6　教職は，専門職と認められるものとする．
教職は，きびしい不断の研究により得られ，
かつ，維持される専門的な知識及び技能を教
員に要求する公共の役務の一形態であり，ま
た，教員が受け持つ生徒の教育及び福祉につ
いて各個人の及び共同の責任感を要求する

ものである.

31　当局及び教員は，教育の質及び内容並び
　に教育技術の体系的改善を確保するための
　現職教育の重要性を認識するものとする.
45　教職における雇用の安定及び身分の保障
　は，教育及び教員の利益に欠くことができな
　いものであり，学制又は学校内の組織の変更
　があった場合にも保護されるものとする.
46　教員は，教員としての地位又は分限に影
　響を及ぼす恣意的処分から十分に保護され
　るものとする.
61　教員は，職責の遂行にあたって学問の自
　由を享受するものとする. 教員は，生徒に最
　も適した教具及び教授法を判断する資格を
　特に有しているので，教材の選択及び使用，
　教科書の選択並びに教育方法の適用にあたっ
　て，承認された計画のわく内で，かつ，教育
　当局の援助を得て，主要な役割が与えられる
　ものとする.
63　いかなる指導監督制度も，教員の職務の
　遂行に際して教員を鼓舞し，かつ，援助する
　ように計画されるものとし，また，教員の自
　由，創意及び責任を減殺しないようなものと
　する.
64（1）教員の勤務についてなんらかの直接評
　定が必要とされる場合には，このような勤務
　評定は，客観的なものとし，当該教員に知ら
　されるものとする.
　（2）教員は，不当と考える勤務評定に対して
　不服を申し立てる権利を有するものとする.
70　すべての教員は，その専門職としての地
　位が相当程度教員自身に依存していること
　を認識して，そのすべての職務においてでき
　る限り高度の水準に達するよう努めるもの
　とする.
85　教員は価値のある専門家であるので，そ
　の仕事は，時間及び労力を浪費することがな
　いように組織され，かつ，援助されるものと
　する.
　　（文部科学省ホームページより抜粋し，転載）

「生涯教育について」

（ポール・ラングラン（波多野完治訳），第3回
成人教育推進国際委員会提出ワーキングペー
パー，1965年パリ）

第二章　生涯教育の体系
（前略）

目下のところ，生涯教育を専門に取り扱う省
は，もちろん世界じゅうどこにも存在しない
し，行政官庁すらないのである. 社会教育団体
のうちにも，この生涯教育を公式用語として
もっているものは少ない. ありていにいうと，
生涯教育の意味するところは，「実体」ではな
くて，ある種の用語例，ある種の一連のアイ
ディア・原則，またはある一連の関心および研
究方向をさししめすにすぎないものである.

第二節　体系化への試み
ここで体系というのは，教育課程のいろいろな
側面やいろいろな時期（小・中・高など）をま
とめて全体としてみるばあい，人生全体におけ
る教育の分節と相互依存関係をどう処理する
か，という努力の方向をさすのである. （中略）
新しい教育概念のもとにおいては，学校教育，
社会教育などのいままでのいろいろの異なっ
た教育活動のタイプ・様相として壁によって仕
切られていたくぎりが，とりはらわれなくては
ならない. すなわち，教育は，人間存在のあら
ゆる部門に行われるものであり，人格発展のあ
らゆる流れのあいだ―つまり人生―を通じて
行われなくてはならない. こうして教育諸部
門のあいだには活発にして，能動的な交流が行
われるべきものである. 今日以後，教育諸部門
は相互に他に依存し，他を予想せずにはナンセ
ンスであるところの，首尾一貫した統一構造の
ものと考えられるべきである.
　　（日本ユネスコ国内委員会『社会教育の新し
　　　　　　　　　い方向』，1967年）

臨時教育審議会「教育改革に関する第四次答申（最終答申）」

（1987年8月7日）

第二章　教育改革の視点
本審議会は，二一世紀のための教育の目標の実
現に向けて，教育の現状を踏まえ，時代の進展
に対応し得る教育の改革を推進するための基
本的な考え方として，以下のように考えた. こ
のうち，「個性重視の原則」は今次教育改革で
最も重視されなければならない基本的な原理
とした.

一　個性重視の原則
今次教育改革において最も重要なことは，これ
までの我が国の根深い病弊である画一性，硬

直性，閉鎖性を打破して，個人の尊厳，個性の尊重，自由・自律，自己責任の原則，すなわち「個性重視の原則」を確立することである．この「個性重視の原則」に照らし，教育の内容，方法，制度，政策など教育の全分野について抜本的に見直していかなければならない．（中略）

二　生涯学習体系への移行
我が国が今後，社会の変化に主体的に対応し，活力ある社会を築いていくためには，学歴社会の弊害を是正するとともに，学習意欲の新たな高まりと多様な教育サービス供給体系の登場，科学技術の進展などに伴う新たな学習需要の高まりにこたえ，学校中心の考え方を改め，生涯学習体系への移行を主軸とする教育体系の総合的再編成を図っていかなければならない．（中略）

三　変化への対応
今後，我が国が創造的で活力ある社会を築いていくためには，教育は時代や社会の絶えざる変化に積極的かつ柔軟に対応していくことが必要である．なかでも，教育が直面している最も重要な課題は国際化ならびに情報化への対応である．（中略）

第三章　改革のための具体的方策
第一節　生涯学習体制の整備
これからの学習は，学校教育の基盤の上に各人の自発的意思に基づき，必要に応じて，自己に適した手段・方法を自らの責任において自由に選択し，生涯を通じて行われるべきものである．
生涯学習体系への移行を目指し，従来の学校教育に偏っていた状況を改め，人生の各段階の要請にこたえ，新たな観点から，家庭，学校，地域など社会の各分野の広範な教育・学習の体制や機会を総合的に整備する必要がある．（中略）

第三節　初等中等教育の充実と改革
初等中等教育は，生涯学習の基礎となるものであり，人間形成の基礎として必要な資質を養うとともに，豊かな個性や社会性を培うための基礎的・基本的事項を修得させ，真の学力とすこやかな体，ひろい心，さらに，自らが主体的に学習する意志・態度を育てるという重要な役割を担っている．こうした観点から，初等中等教育の充実と必要な改革を図っていく．（中略）

第六節　教育行財政の改革
教育行財政の改革は，大胆かつ細心な規制緩和，教育における自由・自律，自己責任の原則の確立および多様な選択の機会の拡大という基本的な考え方に立って進めなければならない．また，官・民の総力を結集して，教育・研究，文化・スポーツの分野の飛躍的振興を図るため，多様な資金が効果的に流入してくるよう適切な方策を講ずる必要がある．（後略）

＜資料 3 ＞　教育法規

●日本国憲法（抄）

（昭和 21 年 11 月 3 日）

（個人の尊重，幸福追求権，公共の福祉）

第 13 条　すべて国民は，個人として尊重される．生命，自由及び幸福追求に対する国民の権利については，公共の福祉に反しない限り，立法その他の国政の上で，最大の尊重を必要とする．

（法の下の平等，貴族制度の否認，栄典）

第 14 条　すべて国民は，法の下に平等であつて，人種，信条，性別，社会的身分又は門地により，政治的，経済的又は社会的関係において，差別されない．

2　華族その他の貴族の制度は，これを認めない．

3　栄誉，勲章その他の栄典の授与は，いかなる特権も伴はない．栄典の授与は，現にこれを有し，又は将来これを受ける者の一代に限り，その効力を有する．

（思想・良心の自由）

第 19 条　思想及び良心の自由は，これを侵してはならない．

（信教の自由，政教分離）

第 20 条　信教の自由は，何人に対してもこれを保障する．いかなる宗教団体も，国から特権を受け，又は政治上の権力を行使してはならない．

2　何人も，宗教上の行為，祝典，儀式又は行事に参加することを強制されない．

3　国及びその機関は，宗教教育その他いかなる宗教的活動もしてはならない．

（集会・結社・表現の自由，検閲の禁止，通信の秘密）

第 21 条　集会，結社及び言論，出版その他一切の表現の自由は，これを保障する．

2　検閲は，これをしてはならない．通信の秘密は，これを侵してはならない．

（学問の自由）

第 23 条　学問の自由は，これを保障する．

（生存権，国の社会保障義務）

第 25 条　すべて国民は，健康で文化的な最低限度の生活を営む権利を有する．

2　国は，すべての生活部面について，社会福祉，社会保障及び公衆衛生の向上及び増進に努めなければならない．

（教育を受ける権利，教育の義務）

第 26 条　すべて国民は，法律の定めるところにより，その能力に応じて，ひとしく教育を受ける権利を有する．

2　すべて国民は，法律の定めるところにより，その保護する子女に普通教育を受けさせる義務を負ふ．義務教育は，これを無償とする．

（勤労の権利・義務，勤労条件の基準，児童の酷使の禁止）

第 27 条　すべて国民は，勤労の権利を有し，義務を負ふ．

2　賃金，就業時間，休息その他の勤労条件に関する基準は，法律でこれを定める．

3　児童は，これを酷使してはならない．

（労働基本権）

第 28 条　勤労者の団結する権利及び団体交渉その他の団体行動をする権利は，これを保障する．

（公の財産の支出利用の制限）

第 89 条　公金その他の公の財産は，宗教上の組織若しくは団体の使用，便益若しくは維持のため，又は公の支配に属しない慈善，教育若しくは博愛の事業に対し，これを支出し，又はその利用に供してはならない．

●教育基本法

（平成 18 年 12 月 20 日
法律第 120 号）

教育基本法（昭和 22 年法律第 25 号）の全部を改正する．

我々日本国民は，たゆまぬ努力によって築いてきた民主的で文化的な国家を更に発展させるとともに，世界の平和と人類の福祉の向上に貢献することを願うものである．

我々は，この理想を実現するため，個人の尊厳を重んじ，真理と正義を希求し，公共の精神を尊び，豊かな人間性と創造性を備えた人間の育成を期するとともに，伝統を継承し，新しい文化の創造を目指す教育を推進する．

ここに，我々は，日本国憲法の精神にのっとり，我が国の未来を切り拓く教育の基本を確立し，その振興を図るため，この法律を制定する．

第1章　教育の目的及び理念

（教育の目的）

第1条　教育は，人格の完成を目指し，平和で民主的な国家及び社会の形成者として必要な資質を備えた心身ともに健康な国民の育成を期して行われなければならない．

（教育の目標）

第2条　教育は，その目的を実現するため，学問の自由を尊重しつつ，次に掲げる目標を達成するよう行われるものとする．

1　幅広い知識と教養を身に付け，真理を求める態度を養い，豊かな情操と道徳心を培うとともに，健やかな身体を養うこと．

2　個人の価値を尊重して，その能力を伸ばし，創造性を培い，自主及び自律の精神を養うとともに，職業及び生活との関連を重視し，勤労を重んずる態度を養うこと．

3　正義と責任，男女の平等，自他の敬愛と協力を重んずるとともに，公共の精神に基づき，主体的に社会の形成に参画し，その発展に寄与する態度を養うこと．

4　生命を尊び，自然を大切にし，環境の保全に寄与する態度を養うこと．

5　伝統と文化を尊重し，それらをはぐくんできた我が国と郷土を愛するとともに，他国を尊重し，国際社会の平和と発展に寄与する態度を養うこと．

（生涯学習の理念）

第3条　国民一人一人が，自己の人格を磨き，豊かな人生を送ることができるよう，その生涯にわたって，あらゆる機会に，あらゆる場所において学習することができ，その成果を適切に生かすことのできる社会の実現が図られなければならない．

（教育の機会均等）

第4条　すべて国民は，ひとしく，その能力に応じた教育を受ける機会を与えられなければならず，人種，信条，性別，社会的身分，経済的地位又は門地によって，教育上差別されない．

2　国及び地方公共団体は，障害のある者が，その障害の状態に応じ，十分な教育を受けられるよう，教育上必要な支援を講じなければならない．

3　国及び地方公共団体は，能力があるにもかかわらず，経済的理由によって修学が困難な者に対して，奨学の措置を講じなければならない．

第2章　教育の実施に関する基本

（義務教育）

第5条　国民は，その保護する子に，別に法律で定めるところにより，普通教育を受けさせる義務を負う．

2　義務教育として行われる普通教育は，各個人の有する能力を伸ばしつつ社会において自立的に生きる基礎を培い，また，国家及び社会の形成者として必要とされる基本的な資質を養うことを目的として行われるものとする．

3　国及び地方公共団体は，義務教育の機会を保障し，その水準を確保するため，適切な役割分担及び相互の協力の下，その実施に責任を負う．

4　国又は地方公共団体の設置する学校における義務教育については，授業料を徴収しない．

（学校教育）

第6条　法律に定める学校は，公の性質を有するものであって，国，地方公共団体及び法律に定める法人のみが，これを設置することができる．

2　前項の学校においては，教育の目標が達成されるよう，教育を受ける者の心身の発達に応じて，体系的な教育が組織的に行われなければならない．この場合において，教育を受ける者が，学校生活を営む上で必要な規律を重んずるとともに，自ら進んで学習に取り組む意欲を高めることを重視して行われなければならない．

（大学）

第7条　大学は，学術の中心として，高い教養と専門的能力を培うとともに，深く真理を探究して新たな知見を創造し，これらの成果を広く社会に提供することにより，社会の発展に寄与するものとする．

2　大学については，自主性，自律性その他の大学における教育及び研究の特性が尊重されなければならない．

（私立学校）

第8条　私立学校の有する公の性質及び学校教育において果たす重要な役割にかんがみ，国及び地方公共団体は，その自主性を尊重しつつ，助成その他の適当な方法によって私立学校教育の振興に努めなければならない．

（教員）

第9条　法律に定める学校の教員は，自己の崇

高な使命を深く自覚し，絶えず研究と修養に励み，その職責の遂行に努めなければならない．

2　前項の教員については，その使命と職責の重要性にかんがみ，その身分は尊重され，待遇の適正が期せられるとともに，養成と研修の充実が図られなければならない．

（家庭教育）

第10条　父母その他の保護者は，子の教育について第一義的責任を有するものであって，生活のために必要な習慣を身に付けさせるとともに，自立心を育成し，心身の調和のとれた発達を図るよう努めるものとする．

2　国及び地方公共団体は，家庭教育の自主性を尊重しつつ，保護者に対する学習の機会及び情報の提供その他の家庭教育を支援するために必要な施策を講ずるよう努めなければならない．

（幼児期の教育）

第11条　幼児期の教育は，生涯にわたる人格形成の基礎を培う重要なものであることにかんがみ，国及び地方公共団体は，幼児の健やかな成長に資する良好な環境の整備その他適当な方法によって，その振興に努めなければならない．

（社会教育）

第12条　個人の要望や社会の要請にこたえ，社会において行われる教育は，国及び地方公共団体によって奨励されなければならない．

2　国及び地方公共団体は，図書館，博物館，公民館その他の社会教育施設の設置，学校の施設の利用，学習の機会及び情報の提供その他の適当な方法によって社会教育の振興に努めなければならない．

（学校，家庭及び地域住民等の相互の連携協力）

第13条　学校，家庭及び地域住民その他の関係者は，教育におけるそれぞれの役割と責任を自覚するとともに，相互の連携及び協力に努めるものとする．

（政治教育）

第14条　良識ある公民として必要な政治的教養は，教育上尊重されなければならない．

2　法律に定める学校は，特定の政党を支持し，又はこれに反対するための政治教育その他政治的活動をしてはならない．

（宗教教育）

第15条　宗教に関する寛容の態度，宗教に関する一般的な教養及び宗教の社会生活にお

ける地位は，教育上尊重されなければならない．

2　国及び地方公共団体が設置する学校は，特定の宗教のための宗教教育その他宗教的活動をしてはならない．

第3章　教育行政

（教育行政）

第16条　教育は，不当な支配に服することなく，この法律及び他の法律の定めるところにより行われるべきものであり，教育行政は，国と地方公共団体との適切な役割分担及び相互の協力の下，公正かつ適正に行われなければならない．

2　国は，全国的な教育の機会均等と教育水準の維持向上を図るため，教育に関する施策を総合的に策定し，実施しなければならない．

3　地方公共団体は，その地域における教育の振興を図るため，その実情に応じた教育に関する施策を策定し，実施しなければならない．

4　国及び地方公共団体は，教育が円滑かつ継続的に実施されるよう，必要な財政上の措置を講じなければならない．

（教育振興基本計画）

第17条　政府は，教育の振興に関する施策の総合的かつ計画的な推進を図るため，教育の振興に関する施策についての基本的な方針及び講ずべき施策その他必要な事項について，基本的な計画を定め，これを国会に報告するとともに，公表しなければならない．

2　地方公共団体は，前項の計画を参酌し，その地域の実情に応じ，当該地方公共団体における教育の振興のための施策に関する基本的な計画を定めるよう努めなければならない．

第4章　法令の制定

第18条　この法律に規定する諸条項を実施するため，必要な法令が制定されなければならない．

附　則〔抄〕

（施行期日）

1　この法律は，公布の日から施行する．

●教育基本法 （旧法）

$$\left(\begin{array}{c}\text{昭和 22 年 3 月 31 日}\\\text{法律第 25 号}\end{array}\right)$$

朕は，枢密顧問の諮詢を経て，帝国議会の協賛を経た教育基本法を裁可し，ここにこれを公

布せしめる.

教育基本法

① われらは, さきに, 日本国憲法を確定し, 民主的で文化的な国家を建設して, 世界の平和と人類の福祉に貢献しようとする決意を示した. この理想の実現は, 根本において教育の力にまつべきものである.

② われらは, 個人の尊厳を重んじ, 真理と平和を希求する人間の育成を期するとともに, 普遍的にしてしかも個性ゆたかな文化の創造をめざす教育を普及徹底しなければならない.

③ ここに, 日本国憲法の精神に則り, 教育の目的を明示して, 新しい日本の教育の基本を確立するため, この法律を制定する.

第1条（教育の目的）　教育は, 人格の完成をめざし, 平和的な国家及び社会の形成者として, 真理と正義を愛し, 個人の価値をたつとび, 勤労と責任を重んじ, 自主的精神に充ちた心身とも健康な国民の育成を期して行われなければならない.

第2条（教育の方針）　教育の目的は, あらゆる機会に, あらゆる場所において実現されなければならない. この目的を達成するためには, 学問の自由を尊重し, 実際生活に即し, 自発的精神を養い, 自他の敬愛と協力によつて, 文化の創造と発展に貢献するように努めなければならない.

第3条（教育の機会均等）　すべて国民は, ひとしく, その能力に応ずる教育を受ける機会与えられなければならないものであつて, 人種, 信条, 性別, 社会的身分, 経済的地位又は門地によつて, 教育上差別されない.

② 国及び地方公共団体は, 能力があるにもかかわらず, 経済的理由によつて修学困難な者に対して, 奨学の方法を講じなければならない.

第4条（義務教育）　国民は, その保護する子女に, 9年の普通教育を受けさせる義務を負う.

② 国又は地方公共団体の設置する学校における義務教育については, 授業料は, これを徴収しない.

第5条（男女共学）　男女は, 互に敬重し, 協力し合わなければならないものであつて, 教育上男女の共学は, 認められなければならない.

第6条（学校教育）　法律に定める学校は, 公の性質をもつものであつて, 国又は地方公共団体の外, 法律に定める法人のみが, これを設置することができる.

② 法律に定める学校の教員は, 全体の奉仕者であつて, 自己の使命を自覚し, その職責の遂行に努めなければならない. このためには, 教員の身分は, 尊重され, その待遇の適正が, 期せられなければならない.

第7条（社会教育）　家庭教育及び勤労の場所その他社会において行われる教育は, 国及び地方公共団体によつて奨励されなければならない.

② 国及び地方公共団体は, 図書館, 博物館, 公民館等の施設の設置, 学校の施設の利用その他適当な方法によつて教育の目的の実現に努めなければならない.

第8条（政治教育）　良識ある公民たるに必要な政治的教養は, 教育上これを尊重しなければならない.

② 法律に定める学校は, 特定の政党を支持し, 又はこれに反対するための政治教育その他政治的活動をしてはならない.

第9条（宗教教育）　宗教に関する寛容の態度及び宗教の社会生活における地位は, 教育上これを尊重しなければならない.

② 国及び地方公共団体の設置する学校は, 特定の宗教のための宗教教育その他宗教的活動をしてはならない.

第10条（教育行政）　教育は, 不当な支配に服することなく, 国民全体に対し直接に責任を負つて行われるべきものである.

② 教育行政は, この自覚のもとに, 教育の目的を遂行するに必要な諸条件の整備確立を目標として行われなければならない.

第11条（補則）　この法律に掲げる諸条項を実施するために必要がある場合には, 適当な法令が制定されなければならない.

　　　　附則

この法律は, 公布の日から, これを施行する.

〔注〕　本法は, 教育基本法（平成18年法律第120号）によって全部が改正された.

●地方教育行政の組織及び運営に関する法律

（昭和31年6月30日　法律第162号）

第1章　総則

（この法律の趣旨）

第 1 条 この法律は，教育委員会の設置，学校その他の教育機関の職員の身分取扱その他地方公共団体における教育行政の組織及び運営の基本を定めることを目的とする.

（基本理念）

第 1 条の 2 地方公共団体における教育行政は，教育基本法（平成 18 年法律第 120 号）の趣旨にのつとり，教育の機会均等，教育水準の維持向上及び地域の実情に応じた教育の振興が図られるよう，国との適切な役割分担及び相互の協力の下，公正かつ適正に行われなければならない.

（大綱の策定等）

第 1 条の 3 地方公共団体の長は，教育基本法第 17 条第 1 項に規定する基本的な方針を参酌し，その地域の実情に応じ，当該地方公共団体の教育，学術及び文化の振興に関する総合的な施策の大綱（以下単に「大綱」という.）を定めるものとする.

2 地方公共団体の長は，大綱を定め，又はこれを変更しようとするときは，あらかじめ，次条第 1 項の総合教育会議において協議するものとする.

3 地方公共団体の長は，大綱を定め，又はこれを変更したときは，遅滞なく，これを公表しなければならない.

4 第 1 項の規定は，地方公共団体の長に対し，第 21 条に規定する事務を管理し，又は執行する権限を与えるものと解釈してはならない.

（総合教育会議）

第 1 条の 4 地方公共団体の長は，大綱の策定に関する協議及び次に掲げる事項についての協議並びにこれらに関する次項各号に掲げる構成員の事務の調整を行うため，総合教育会議を設けるものとする.

一 教育を行うための諸条件の整備その他の地域の実情に応じた教育，学術及び文化の振興を図るため重点的に講ずべき施策

二 児童，生徒等の生命又は身体に現に被害が生じ，又はまさに被害が生ずるおそれがあると見込まれる場合等の緊急の場合に講ずべき措置

2 総合教育会議は，次に掲げる者をもつて構成する.

一 地方公共団体の長

二 教育委員会

三 総合教育会議は，地方公共団体の長が招集する.

四 教育委員会は，その権限に属する事務に関して協議する必要があると思料するときは，地方公共団体の長に対し，協議すべき具体的事項を示して，総合教育会議の招集を求めることができる.

五 総合教育会議は，第 1 項の協議を行うに当たつて必要があると認めるときは，関係者又は学識経験を有する者から，当該協議すべき事項に関して意見を聴くことができる.

六 総合教育会議は，公開する. ただし，個人の秘密を保つため必要があると認めるとき，又は会議の公正が害されるおそれがあると認めるときその他公益上必要があると認めるときは，この限りでない.

七 地方公共団体の長は，総合教育会議の終了後，遅滞なく，総合教育会議の定めるところにより，その議事録を作成し，これを公表するよう努めなければならない.

八 総合教育会議においてその構成員の事務の調整が行われた事項については，当該構成員は，その調整の結果を尊重しなければならない.

九 前各項に定めるもののほか，総合教育会議の運営に関し必要な事項は，総合教育会議が定める.

第 2 章 教育委員会の設置及び組織

第 1 節 教育委員会の設置，教育長及び委員並びに会議

（設置）

第 2 条 都道府県，市（特別区を含む. 以下同じ.）町村及び第 21 条に規定する事務の全部又は一部を処理する地方公共団体の組合に教育委員会を置く.

（組織）

第 3 条 教育委員会は，教育長及び 4 人の委員をもつて組織する. ただし，条例で定めるところにより，都道府県若しくは市又は地方公共団体の組合のうち都道府県若しくは市が加入するものの教育委員会にあつては教育長及び 5 人以上の委員，町村又は地方公共団体の組合のうち町村のみが加入するものの教育委員会にあつては教育長及び 2 人以上

の委員をもつて組織することができる.

（任命）

第4条 教育長は，当該地方公共団体の長の被選挙権を有する者で，人格が高潔で，教育行政に関し識見を有するもののうちから，地方公共団体の長が，議会の同意を得て，任命する.

2 委員は，当該地方公共団体の長の被選挙権を有する者で，人格が高潔で，教育，学術及び文化（以下単に「教育」という.）に関し識見を有するもののうちから，地方公共団体の長が，議会の同意を得て，任命する.

3 次の各号のいずれかに該当する者は，教育長又は委員となることができない.

一 破産手続開始の決定を受けて復権を得ない者

二 禁錮以上の刑に処せられた者

4 教育長及び委員の任命については，そのうち委員の定数に1を加えた数の2分の1以上の者が同一の政党に所属することとなつてはならない.

5 地方公共団体の長は，第2項の規定による委員の任命に当たつては，委員の年齢，性別，職業等に著しい偏りが生じないように配慮するとともに，委員のうちに保護者（親権を行う者及び未成年後見人をいう. 第47条の5第2項において同じ.）である者が含まれるようにしなければならない.

（任期）

第5条 教育長の任期は3年とし，委員の任期は4年とする. ただし，補欠の教育長又は委員の任期は，前任者の残任期間とする.

2 教育長及び委員は，再任されることができる.

（兼職禁止）

第6条 教育長及び委員は，地方公共団体の議会の議員若しくは長，地方公共団体に執行機関として置かれる委員会の委員（教育委員会にあつては，教育長及び委員）若しくは委員又は地方公共団体の常勤の職員若しくは地方公務員法（昭和25年法律第261号）第28条の5第1項に規定する短時間勤務の職を占める職員と兼ねることができない.

（罷免）

第7条 地方公共団体の長は，教育長若しくは委員が心身の故障のため職務の遂行に堪えないと認める場合又は職務上の義務違反その他教育長若しくは委員たるに適しない非

行があると認める場合においては，当該地方公共団体の議会の同意を得て，その教育長又は委員を罷免することができる.

2 地方公共団体の長は，教育長及び委員のうち委員の定数に1を加えた数の2分の1から1を減じた数（その数に1人未満の端数があるときは，これを切り上げて得た数）の者が既に所属している政党に新たに所属するに至つた教育長又は委員があるときは，その教育長又は委員を直ちに罷免するものとする.

3 地方公共団体の長は，教育長及び委員のうち委員の定数に1を加えた数の2分の1以上の者が同一の政党に所属することとなつた場合（前項の規定に該当する場合を除く.）には，同一の政党に所属する教育長及び委員の数が委員の定数に1を加えた数の2分の1から1を減じた数（その数に1人未満の端数があるときは，これを切り上げて得た数）になるように，当該地方公共団体の議会の同意を得て，教育長又は委員を罷免するものとする. ただし，政党所属関係について異動のなかつた教育長又は委員を罷免することはできない.

4 教育長及び委員は，前3項の場合を除き，その意に反して罷免されることがない.

（解職請求）

第8条 地方公共団体の長の選挙権を有する者は，政令で定めるところにより，その総数の3分の1（その総数が40万を超え80万以下の場合にあつてはその40万を超える数に6分の1を乗じて得た数と40万に3分の1を乗じて得た数とを合算して得た数，その総数が80万を超える場合にあつてはその80万を超える数に8分の1を乗じて得た数と40万に6分の1を乗じて得た数と40万に3分の1を乗じて得た数とを合算して得た数）以上の者の連署をもつて，その代表者から，当該地方公共団体の長に対し，教育長又は委員の解職を請求することができる.

2 地方自治法（昭和22年法律第67号）第86条第2項，第3項及び第4項前段，第87条並びに第88条第2項の規定は，前項の規定による教育長又は委員の解職の請求について準用する. この場合において，同法第87条第1項中「前条第1項に掲げる職に在る者」とあるのは「教育委員会の教育長又は委員」と，同法第88条第2項中「第86条第1項の規定による選挙管理委員若しくは監査委

員又は公安委員会の委員の解職の請求」とあるのは「地方教育行政の組織及び運営に関する法律（昭和31年法律第162号）第8条第1項の規定による教育委員会の教育長又は委員の解職の請求」と読み替えるものとする.

（失職）

第9条 教育長及び委員は，前条第2項において準用する地方自治法第87条の規定によりその職を失う場合のほか，次の各号のいずれかに該当する場合においては，その職を失う.

一 第4条第3項各号のいずれかに該当するに至つた場合

二 前号に掲げる場合のほか，当該地方公共団体の長の被選挙権を有する者でなくなつた場合

2 地方自治法第143条第1項後段及び第2項の規定は，前項第2号に掲げる場合における地方公共団体の長の被選挙権の有無の決定及びその決定に関する争訟について準用する.

（辞職）

第10条 教育長及び委員は，当該地方公共団体の長及び教育委員会の同意を得て，辞職することができる.

（服務等）

第11条 教育長は，職務上知ることができた秘密を漏らしてはならない. その職を退いた後も，また，同様とする.

2 教育長又は教育長であつた者が法令による証人，鑑定人等となり，職務上の秘密に属する事項を発表する場合においては，教育委員会の許可を受けなければならない.

3 前項の許可は，法律に特別の定めがある場合を除き，これを拒むことができない.

4 教育長は，常勤とする.

5 教育長は，法律又は条例に特別の定めがある場合を除くほか，その勤務時間及び職務上の注意力の全てをその職責遂行のために用い，当該地方公共団体がなすべき責を有する職務にのみ従事しなければならない.

6 教育長は，政党その他の政治的団体の役員となり，又は積極的に政治運動をしてはならない.

7 教育長は，教育委員会の許可を受けなければ，営利を目的とする私企業を営むことを目的とする会社その他の団体の役員その他人事委員会規則（人事委員会を置かない地方公共団体においては，地方公共団体の規則）で定

める地位を兼ね，若しくは自ら営利を目的とする私企業を営み，又は報酬を得ていかなる事業若しくは事務にも従事してはならない.

8 教育長は，その職務の遂行に当たつては，自らが当該地方公共団体の教育行政の運営について負う重要な責任を自覚するとともに，第1条の2に規定する基本理念及び大綱に則して，かつ，児童，生徒等の教育を受ける権利の保障に万全を期して当該地方公共団体の教育行政の運営が行われるよう意を用いなければならない.

第12条 前条第1項から第3項まで，第6項及び第8項の規定は，委員の服務について準用する.

2 委員は，非常勤とする.

（教育長）

第13条 教育長は，教育委員会の会務を総理し，教育委員会を代表する.

2 教育長に事故があるとき，又は教育長が欠けたときは，あらかじめその指名する委員がその職務を行う.

（会議）

第14条 教育委員会の会議は，教育長が招集する.

2 教育長は，委員の定数の3分の1以上の委員から会議に付議すべき事件を示して会議の招集を請求された場合には，遅滞なく，これを招集しなければならない.

3 教育委員会は，教育長及び在任委員の過半数が出席しなければ，会議を開き，議決をすることができない. ただし，第6項の規定による除斥のため過半数に達しないとき，又は同一の事件につき再度招集しても，なお過半数に達しないときは，この限りでない.

4 教育委員会の会議の議事は，第7項ただし書の発議に係るものを除き，出席者の過半数で決し，可否同数のときは，教育長の決するところによる.

5 教育長に事故があり，又は教育長が欠けた場合の前項の規定の適用については，前条第2項の規定により教育長の職務を行う者は，教育長とみなす.

6 教育委員会の教育長及び委員は，自己，配偶者若しくは3親等以内の親族の一身上に関する事件又は自己若しくはこれらの者の従事する業務に直接の利害関係のある事件については，その議事に参与することができない. ただし，教育委員会の同意があるとき

は，会議に出席し，発言することができる．

7　教育委員会の会議は，公開する．ただし，人事に関する事件その他の事件について，教育長又は委員の発議により，出席者の3分の2以上の多数で議決したときは，これを公開しないことができる．

8　前項ただし書の教育長又は委員の発議は，討論を行わないでその可否を決しなければならない．

9　教育長は，教育委員会の会議の終了後，遅滞なく，教育委員会規則で定めるところにより，その議事録を作成し，これを公表するよう努めなければならない．

（教育委員会規則の制定等）

第15条　教育委員会は，法令又は条例に違反しない限りにおいて，その権限に属する事務に関し，教育委員会規則を制定することができる．

2　教育委員会規則その他教育委員会の定める規程で公表を要するものの公布に関し必要な事項は，教育委員会規則で定める．

（教育委員会の議事運営）

第16条　この法律に定めるもののほか，教育委員会の会議その他教育委員会の議事の運営に関し必要な事項は，教育委員会規則で定める．

第2節　事務局

（事務局）

第17条　教育委員会の権限に属する事務を処理させるため，教育委員会に事務局を置く．

2　教育委員会の事務局の内部組織は，教育委員会規則で定める．

（指導主事その他の職員）

第18条　都道府県に置かれる教育委員会（以下「都道府県委員会」という．）の事務局に，指導主事，事務職員及び技術職員を置くほか，所要の職員を置く．

2　市町村に置かれる教育委員会（以下「市町村委員会」という．）の事務局に，前項の規定に準じて指導主事その他の職員を置く．

3　指導主事は，上司の命を受け，学校（学校教育法（昭和22年法律第26号）第1条に規定する学校及び就学前の子どもに関する教育，保育等の総合的な提供の推進に関する法律（平成18年法律第77号）第2条第7項に規定する幼保連携型認定こども園（以下「幼保連携型認定こども園」という．）をいう．以下同じ．）における教育課程，学習

指導その他学校教育に関する専門的事項の指導に関する事務に従事する．

4　指導主事は，教育に関し識見を有し，かつ，学校における教育課程，学習指導その他学校教育に関する専門的事項について教養と経験がある者でなければならない．指導主事は，大学以外の公立学校（地方公共団体が設置する学校をいう．以下同じ．）の教員（教育公務員特例法（昭和24年法律第1号）第2条第2項に規定する教員をいう．以下同じ．）をもつて充てることができる．

5　事務職員は，上司の命を受け，事務に従事する．

6　技術職員は，上司の命を受け，技術に従事する．

7　第1項及び第2項の職員は，教育委員会が任命する．

8　教育委員会は，事務局の職員のうち所掌事務に係る教育行政に関する相談に関する事務を行う職員を指定するものとする．

9　前各項に定めるもののほか，教育委員会の事務局に置かれる職員に関し必要な事項は，政令で定める．

（事務局職員の定数）

第19条　前条第1項及び第2項に規定する事務局の職員の定数は，当該地方公共団体の条例で定める．ただし，臨時又は非常勤の職員については，この限りでない．

（事務局職員の身分取扱）

第20条　第18条第1項及び第2項に規定する事務局の職員の任免，給与，懲戒，服務その他の身分取扱に関する事項は，この法律及び教育公務員特例法に特別の定があるものを除き，地方公務員法の定めるところによる．

第3章　教育委員会及び地方公共団体の長の職務権限

（教育委員会の職務権限）

第21条　教育委員会は，当該地方公共団体が処理する教育に関する事務で，次に掲げるものを管理し，及び執行する．

一　教育委員会の所管に属する第30条に規定する学校その他の教育機関（以下「学校その他の教育機関」という．）の設置，管理及び廃止に関すること．

二　教育委員会の所管に属する学校その他の教育機関の用に供する財産（以下「教育財産」という．）の管理に関すること．

三 教育委員会及び教育委員会の所管に属する学校その他の教育機関の職員の任免その他の人事に関すること．

四 学齢生徒及び学齢児童の就学並びに生徒，児童及び幼児の入学，転学及び退学に関すること．

五 教育委員会の所管に属する学校の組織編制，教育課程，学習指導，生徒指導及び職業指導に関すること．

六 教科書その他の教材の取扱いに関すること．

七 校舎その他の施設及び教具その他の設備の整備に関すること．

八 校長，教員その他の教育関係職員の研修に関すること．

九 校長，教員その他の教育関係職員並びに生徒，児童及び幼児の保健，安全，厚生及び福利に関すること．

十 教育委員会の所管に属する学校その他の教育機関の環境衛生に関すること．

十一 学校給食に関すること．

十二 青少年教育，女性教育及び公民館の事業その他社会教育に関すること．

十三 スポーツに関すること．

十四 文化財の保護に関すること．

十五 ユネスコ活動に関すること．

十六 教育に関する法人に関すること．

十七 教育に係る調査及び基幹統計その他の統計に関すること．

十八 所掌事務に係る広報及び所掌事務に係る教育行政に関する相談に関すること．

十九 前各号に掲げるもののほか，当該地方公共団体の区域内における教育に関する事務に関すること．

（長の職務権限）

第22条 地方公共団体の長は，大綱の策定に関する事務のほか，次に掲げる教育に関する事務を管理し，及び執行する．

一 大学に関すること．

二 幼保連携型認定こども園に関すること．

三 私立学校に関すること．

四 教育財産を取得し，及び処分すること．

五 教育委員会の所掌に係る事項に関する契約を結ぶこと．

六 前号に掲げるもののほか，教育委員会の所掌に係る事項に関する予算を執行すること．

（職務権限の特例）

第23条 前2条の規定にかかわらず，地方公共団体は，前条各号に掲げるもののほか，条例の定めるところにより，当該地方公共団体の長が，次の各号に掲げる教育に関する事務のいずれか又は全てを管理し，及び執行することとすることができる．

一 スポーツに関すること（学校における体育に関することを除く．）．

二 文化に関すること（文化財の保護に関することを除く．）．

2 地方公共団体の議会は，前項の条例の制定又は改廃の議決をする前に，当該地方公共団体の教育委員会の意見を聴かなければならない．

（事務処理の法令準拠）

第24条 教育委員会及び地方公共団体の長は，それぞれ前3条の事務を管理し，及び執行するに当たつては，法令，条例，地方公共団体の規則並びに地方公共団体の機関の定める規則及び規程に基づかなければならない．

（事務の委任等）

第25条 教育委員会は，教育委員会規則で定めるところにより，その権限に属する事務の一部を教育長に委任し，又は教育長をして臨時に代理させることができる．

2 前項の規定にかかわらず，次に掲げる事務は，教育長に委任することができない．

一 教育に関する事務の管理及び執行の基本的な方針に関すること．

二 教育委員会規則その他教育委員会の定める規程の制定又は改廃に関すること．

三 教育委員会の所管に属する学校その他の教育機関の設置及び廃止に関すること．

四 教育委員会及び教育委員会の所管に属する学校その他の教育機関の職員の任免その他の人事に関すること．

五 次条の規定による点検及び評価に関すること．

六 第27条及び第29条に規定する意見の申出に関すること．

3 教育長は，教育委員会規則で定めるところにより，第1項の規定により委任された事務又は臨時に代理した事務の管理及び執行の状況を教育委員会に報告しなければならない．

4 教育長は，第1項の規定により委任された事務その他その権限に属する事務の一部を事務局の職員若しくは教育委員会の所管に属する学校その他の教育機関の職員（以下この

項及び次条第1項において「事務局職員等」
という.）に委任し，又は事務局職員等をし
て臨時に代理させることができる.

（教育に関する事務の管理及び執行の状況の点
検及び評価等）

第26条　教育委員会は，毎年，その権限に属
する事務（前条第1項の規定により教育長に
委任された事務その他教育長の権限に属す
る事務（同条第4項の規定により事務局職員
等に委任された事務を含む.）を含む.）の管
理及び執行の状況について点検及び評価を
行い，その結果に関する報告書を作成し，こ
れを議会に提出するとともに，公表しなけれ
ばならない.

2　教育委員会は，前項の点検及び評価を行う
に当たつては，教育に関し学識経験を有する
者の知見の活用を図るものとする.

（幼保連携型認定こども園に関する意見聴取）

第27条　都道府県知事は，第24条第2号に
掲げる私立学校に関する事務を管理し，及び
執行するに当たり，必要と認めるときは，当
該都道府県委員会に対し，学校教育に関する
専門的事項について助言又は援助を求める
ことができる．地方公共団体の長は，当該地
方公共団体が設置する幼保連携型認定こど
も園に関する事務のうち，幼保連携型認定こ
ども園における教育課程に関する基本的事
項の策定その他の当該地方公共団体の教育
委員会の権限に属する事務と密接な関連を
有するものとして当該地方公共団体の規則
で定めるものの実施に当たつては，当該教育
委員会の意見を聴かなければならない.

2　地方公共団体の長は，前項の規則を制定し，
又は改廃しようとするときは，あらかじめ，
当該地方公共団体の教育委員会の意見を聴
かなければならない.

（幼保連携型認定こども園に関する意見の陳述）

第27条の2　教育委員会は，当該地方公共団
体が設置する幼保連携型認定こども園に関す
る事務の管理及び執行について，その職務に
関して必要と認めるときは，当該地方公共団
体の長に対し，意見を述べることができる.

（幼保連携型認定こども園に関する資料の提
供等）

第27条の3　教育委員会は，前2条の規定に
よる権限を行うため必要があるときは，当該
地方公共団体の長に対し，必要な資料の提供
その他の協力を求めることができる.

（幼保連携型認定こども園に関する事務に係る
教育委員会の助言又は援助）

第27条の4　地方公共団体の長は，第22条第
2号に掲げる幼保連携型認定こども園に関す
る事務を管理し，及び執行するに当たり，必
要と認めるときは，当該地方公共団体の教育
委員会に対し，学校教育に関する専門的事
項について助言又は援助を求めることがで
きる.

（私立学校に関する事務に係る都道府県委員会
の助言又は援助）

第27条の5　都道府県知事は，第22条第3号
に掲げる私立学校に関する事務を管理し，及
び執行するに当たり，必要と認めるときは，
当該都道府県委員会に対し，学校教育に関す
る専門的事項について助言又は援助を求め
ることができる.

（教育財産の管理等）

第28条　教育財産は，地方公共団体の長の総
括の下に，教育委員会が管理するものとする.

2　地方公共団体の長は，教育委員会の申出を
まつて，教育財産の取得を行うものとする.

3　地方公共団体の長は，教育財産を取得した
ときは，すみやかに教育委員会に引き継がな
ければならない.

（教育委員会の意見聴取）

第29条　地方公共団体の長は，歳入歳出予算
のうち教育に関する事務に係る部分その他
特に教育に関する事務について定める議会
の議決を経るべき事件の議案を作成する場
合においては，教育委員会の意見をきかなけ
ればならない.

第4章　教育機関
第1節　通則

（教育機関の設置）

第30条　地方公共団体は，法律で定めるとこ
ろにより，学校，図書館，博物館，公民館そ
の他の教育機関を設置するほか，条例で，教
育に関する専門的，技術的事項の研究又は教
育関係職員の研修，保健若しくは福利厚生に
関する施設その他の必要な教育機関を設置
することができる.

（教育機関の職員）

第31条　前条に規定する学校に，法律で定め
るところにより，学長，校長，園長，教員，
事務職員，技術職員その他の所要の職員を
置く.

2　前条に規定する学校以外の教育機関に，法

律又は条例で定めるところにより，事務職員，技術職員その他の所要の職員を置く．

3　前 2 項に規定する職員の定数は，この法律に特別の定がある場合を除き，当該地方公共団体の条例で定めなければならない．ただし，臨時又は非常勤の職員については，この限りでない．

（教育機関の所管）

第 32 条　学校その他の教育機関のうち，大学及び幼保連携型認定こども園は地方公共団体の長が，その他のものは教育委員会が所管する．ただし，第 23 条第 1 項の条例の定めるところにより地方公共団体の長が管理し，及び執行することとされた事務のみに係る教育機関は，地方公共団体の長が所管する．

（学校等の管理）

第 33 条　教育委員会は，法令又は条例に違反しない限度において，その所管に属する学校その他の教育機関の施設，設備，組織編制，教育課程，教材の取扱その他学校その他の教育機関の管理運営の基本的事項について，必要な教育委員会規則を定めるものとする．この場合において，当該教育委員会規則で定めようとする事項のうち，その実施のためには新たに予算を伴うこととなるものについては，教育委員会は，あらかじめ当該地方公共団体の長に協議しなければならない．

2　前項の場合において，教育委員会は，学校における教科書以外の教材の使用について，あらかじめ，教育委員会に届け出させ，又は教育委員会の承認を受けさせることとする定を設けるものとする．

（教育機関の職員の任命）

第 34 条　教育委員会の所管に属する学校その他の教育機関の校長，園長，教員，事務職員，技術職員その他の職員は，この法律に特別の定めがある場合を除き，教育委員会が任命する．

（職員の身分取扱）

第 35 条　第 31 条第 1 項又は第 2 項に規定する職員の任免，給与，懲戒，服務その他の身分取扱に関する事項は，この法律及び他の法律に特別の定がある場合を除き，地方公務員法の定めるところによる．

（所属職員の進退に関する意見の申出）

第 36 条　学校その他の教育機関の長は，この法律及び教育公務員特例法に特別の定がある場合を除き，その所属の職員の任免その他の進退に関する意見を任命権者に対して申し出ることができる．この場合において，大学附置の学校の校長にあつては，学長を経由するものとする．

第 2 節　市町村立学校の教職員

（任命権者）

第 37 条　市町村立学校職員給与負担法（昭和 23 年法律第 135 号）第 1 条及び第 2 条に規定する職員（以下「県費負担教職員」という．）の任命権は，都道府県委員会に属する．

2　前項の都道府県委員会の権限に属する事務に係る第 25 条第 2 項の規定の適用については，同項第 4 号中「職員」とあるのは，「職員並びに第 37 条第 1 項に規定する県費負担教職員」とする．

（市町村委員会の内申）

第 38 条　都道府県委員会は，市町村委員会の内申をまつて，県費負担教職員の任免その他の進退を行うものとする．

2　前項の規定にかかわらず，都道府県委員会は，同項の内申が県費負担教職員の転任（地方自治法第 252 条の 7 第 1 項の規定により教育委員会を共同設置する一の市町村の県費負担教職員を免職し，引き続いて当該教育委員会を共同設置する他の市町村の県費負担教職員に採用する場合を含む．以下この項において同じ．）に係るものであるときは，当該内申に基づき，その転任を行うものとする．ただし，次の各号のいずれかに該当するときは，この限りでない．

一　都道府県内の教職員の適正な配置と円滑な交流の観点から，一の市町村（地方自治法第 252 条の 7 第 1 項の規定により教育委員会を共同設置する場合における当該教育委員会を共同設置する他の市町村を含む．以下この号において同じ．）における県費負担教職員の標準的な在職期間その他の都道府県委員会が定める県費負担教職員の任用に関する基準に従い，一の市町村の県費負担教職員を免職し，引き続いて当該都道府県内の他の市町村の県費負担教職員に採用する必要がある場合

二　前号に掲げる場合のほか，やむを得ない事情により当該内申に係る転任を行うことが困難である場合

3　市町村委員会は，次条の規定による校長の意見の申出があつた県費負担教職員について第 1 項又は前項の内申を行うときは，当該

校長の意見を付するものとする.

（校長の所属教職員の進退に関する意見の申出）

第 39 条　市町村立学校職員給与負担法第 1 条及び第 2 条に規定する学校の校長は, 所属の県費負担教職員の任免その他の進退に関する意見を市町村委員会に申し出ることができる.

（県費負担教職員の任用等）

第 40 条　第 37 条の場合において, 都道府県委員会（この条に掲げる一の市町村に係る県費負担教職員の免職に関する事務を行う者及びこの条に掲げる他の市町村に係る県費負担教職員の採用に関する事務を行う者の一方又は双方が第 55 条第 1 項, 第 58 条第 1 項又は第 61 条第 1 項の規定により当該事務を行うこととされた市町村委員会である場合にあつては, 当該一の市町村に係る県費負担教職員の免職に関する事務を行う教育委員会及び当該他の市町村に係る県費負担教職員の採用に関する事務を行う教育委員会）は, 地方公務員法第 27 条第 2 項及び第 28 条第 1 項の規定にかかわらず, 一の市町村の県費負担教職員（非常勤の講師（同法第 28 条の 5 第 1 項に規定する短時間勤務の職を占める者を除く. 以下同じ.）を除く. 以下この条, 第 42 条, 第 43 条第 3 項, 第 44 条, 第 45 条第 1 項, 第 46 条, 第 47 条, 第 58 条第 2 項, 第 59 条及び第 61 条第 2 項において同じ.）を免職し, 引き続いて当該都道府県内の他の市町村の県費負担教職員に採用することができるものとする. この場合において, 当該県費負担教職員が当該免職された市町村において同法第 22 条第 1 項（教育公務員特例法第 12 条第 1 項の規定において読み替えて適用する場合を含む.）の規定により正式任用になつていた者であるときは, 当該県費負担教職員の当該他の市町村における採用については, 地方公務員法第 22 条第 1 項の規定は, 適用しない.

（県費負担教職員の定数）

第 41 条　県費負担教職員の定数は, 都道府県の条例で定める. ただし, 臨時又は非常勤の職員については, この限りでない.

2　県費負担教職員の市町村別の学校の種類ごとの定数は, 前項の規定により定められた定数の範囲内で, 都道府県委員会が, 当該市町村における児童又は生徒の実態, 当該市町村が設置する学校の学級編制に係る事情等を

総合的に勘案して定める.

3　前項の場合において, 都道府県委員会は, あらかじめ, 市町村委員会の意見を聴き, その意見を十分に尊重しなければならない.

（県費負担教職員の給与, 勤務時間その他の勤務条件）

第 42 条　県費負担教職員の給与, 勤務時間その他の勤務条件については, 地方公務員法第 24 条第 6 項の規定により条例で定めるものとされている事項は, 都道府県の条例で定める.

（服務の監督）

第 43 条　市町村委員会は, 県費負担教職員の服務を監督する.

2　県費負担教職員は, その職務を遂行するに当つて, 法令, 当該市町村の条例及び規則並びに当該市町村委員会の定める教育委員会規則及び規程（前条又は次項の規定によつて都道府県が制定する条例を含む.）に従い, かつ, 市町村委員会その他職務上の上司の職務上の命令に忠実に従わなければならない.

3　県費負担教職員の任免, 分限又は懲戒に関して, 地方公務員法の規定により条例で定めるものとされている事項は, 都道府県の条例で定める.

4　都道府県委員会は, 県費負担教職員の任免その他の進退を適切に行うため, 市町村委員会の行う県費負担教職員の服務の監督又は前条, 前項若しくは第 47 条の 3 第 1 項の規定により都道府県が制定する条例若しくは同条第 2 項の都道府県の定めの実施について, 技術的な基準を設けることができる.

（職階制）

第 44 条　県費負担教職員の職階制は, 地方公務員法第 23 条第 1 項の規定にかかわらず, 都道府県内の県費負担教職員を通じて都道府県が採用するものとし, 職階制に関する計画は, 都道府県の条例で定める.

（研修）

第 45 条　県費負担教職員の研修は, 地方公務員法第 39 条第 2 項の規定にかかわらず, 市町村委員会も行うことができる.

2　市町村委員会は, 都道府県委員会が行う県費負担教職員の研修に協力しなければならない.

（勤務成績の評定）

第 46 条　県費負担教職員の勤務成績の評定は, 地方公務員法第 40 条第 1 項の規定にかかわ

らず，都道府県委員会の計画の下に，市町村委員会が行うものとする．

（地方公務員法の適用の特例）

第47条 この法律に特別の定めがあるもののほか，県費負担教職員に対して地方公務員法を適用する場合においては，同法中次の表の上欄に掲げる規定の中欄に掲げる字句は，それぞれ同表の下欄に掲げる字句に読み替えるものとする．

規定	読み替えられる字句	読み替える字句
第16条各号列記以外の部分	職員	職員（第3号の場合にあつては，都道府県教育委員会又は地方教育行政の組織及び運営に関する法律第55条第1項，第58条第1項若しくは第61条第1項の規定により同法第37条第1項に規定する県費負担教職員の任用に関する事務を行うこととされた市町村教育委員会の任命に係る職員及び懲戒免職の処分を受けた当時属していた地方公共団体の職員）
第16条第3号	当該地方公共団体において	都道府県教育委員会（地方教育行政の組織及び運営に関する法律第55条第1項，第58条第1項又は第61条第1項の規定により同法第37条第1項に規定する県費負担教職員の懲戒に関する事務を行うこととされた市町村教育委員会を含む．）により

第26条の2第1項及び第26条の3第1項	任命権者	市町村教育委員会
第28条の4第1項	当該地方公共団体	市町村
	常時勤務を要する職	当該市町村を包括する都道府県の区域内の市町村の常時勤務を要する職
第28条の5第1項	当該地方公共団体	市町村
	短時間勤務の職（	当該市町村を包括する都道府県の区域内の市町村の短時間勤務の職（
第29条第1項第1号	この法律若しくは第57条に規定する特例を定めた法律	この法律，第57条に規定する特例を定めた法律若しくは地方教育行政の組織及び運営に関する法律
第34条第2項	任命権者	市町村教育委員会
第37条	地方公共団体	都道府県及び市町村
第38条	任命権者	市町村教育委員会

2 前項に定めるもののほか，県費負担教職員に対して地方公務員法の規定を適用する場合における技術的読替は，政令で定める．

（県費負担教職員の免職及び都道府県の職への採用）

第47条の2 都道府県委員会は，地方公務員法第27条第2項及び第28条第1項の規定にかかわらず，その任命に係る市町村の県費負担教職員（教諭，養護教諭，栄養教諭，助教諭及び養護助教諭（同法第28条の4第1項又は第28条の5第1項の規定により採用された者（以下この項において「再任用職員」という．）を除く．）並びに講師（再任用職員及び非常勤の講師を除く．）に限る．）で次の各号のいずれにも該当するもの（同法第28条第1項各号又は第2項各号のいずれか

に該当する者を除く.）を免職し，引き続いて当該都道府県の常時勤務を要する職（指導主事並びに校長，園長及び教員の職を除く.）に採用することができる.

一　児童又は生徒に対する指導が不適切であること.

二　研修等必要な措置が講じられたとしてもなお児童又は生徒に対する指導を適切に行うことができないと認められること.

2　事実の確認の方法その他前項の県費負担教職員が同項各号に該当するかどうかを判断するための手続に関し必要な事項は，都道府県の教育委員会規則で定めるものとする.

3　都道府県委員会は，第1項の規定による採用に当たつては，公務の能率的な運営を確保する見地から，同項の県費負担教職員の適性，知識等について十分に考慮するものとする.

4　第40条後段の規定は，第1項の場合について準用する. この場合において，同条後段中「当該他の市町村」とあるのは，「当該都道府県」と読み替えるものとする.

（県費負担教職員のうち非常勤講師の報酬等及び身分取扱い）

第47条の3　県費負担教職員のうち非常勤の講師の報酬及び職務を行うために要する費用の弁償の額並びにその支給方法については，都道府県の条例で定める.

2　この章に規定するもののほか，県費負担教職員のうち非常勤の講師の身分取扱いについては，都道府県の定めの適用があるものとする.

（初任者研修に係る非常勤講師の派遣）

第47条の4　市（地方自治法第252条の19第1項の指定都市（以下「指定都市」という.）を除く. 以下この条において同じ.）町村の教育委員会は，都道府県委員会が教育公務員特例法第23条第1項の初任者研修を実施する場合において，市町村の設置する小学校，中学校，高等学校，中等教育学校（後期課程に定時制の課程（学校教育法第4条第1項に規定する定時制の課程をいう. 以下同じ.）のみを置くものに限る.）又は特別支援学校に非常勤の講師（高等学校にあつては，定時制の課程の授業を担任する非常勤の講師に限る.）を勤務させる必要があると認めるときは，都道府県委員会に対し，当該都道府県委員会の事務局の非常勤の職員の派遣を求

めることができる.

2　前項の規定による求めに応じて派遣される職員（第4項において「派遣職員」という.）は，派遣を受けた市町村の職員の身分を併せ有することとなるものとし，その報酬及び職務を行うために要する費用の弁償は，当該職員の派遣をした都道府県の負担とする.

3　市町村の教育委員会は，第1項の規定に基づき派遣された非常勤の講師の服務を監督する.

4　前項に規定するもののほか，派遣職員の身分取扱いに関しては，当該職員の派遣をした都道府県の非常勤の講師に関する定めの適用があるものとする.

第3節　学校運営協議会

第47条の5　教育委員会は，教育委員会規則で定めるところにより，その所管に属する学校のうちその指定する学校（以下この条において「指定学校」という.）の運営に関して協議する機関として，当該指定学校ごとに，学校運営協議会を置くことができる.

2　学校運営協議会の委員は，当該指定学校の所在する地域の住民，当該指定学校に在籍する生徒，児童又は幼児の保護者その他教育委員会が必要と認める者について，教育委員会が任命する.

3　指定学校の校長は，当該指定学校の運営に関して，教育課程の編成その他教育委員会規則で定める事項について基本的な方針を作成し，当該指定学校の学校運営協議会の承認を得なければならない.

4　学校運営協議会は，当該指定学校の運営に関する事項（次項に規定する事項を除く.）について，教育委員会又は校長に対して，意見を述べることができる.

5　学校運営協議会は，当該指定学校の職員の採用その他の任用に関する事項について，当該職員の任命権者に対して意見を述べることができる. この場合において，当該職員が県費負担教職員（第55条第1項，第58条第1項又は第61条第1項の規定により市町村委員会がその任用に関する事務を行う職員を除く.）であるときは，市町村委員会を経由するものとする.

6　指定学校の職員の任命権者は，当該職員の任用に当たつては，前項の規定により述べられた意見を尊重するものとする.

7　教育委員会は，学校運営協議会の運営が著

しく適正を欠くことにより，当該指定学校の運営に現に著しい支障が生じ，又は生ずるおそれがあると認められる場合においては，その指定を取り消さなければならない．

8 指定学校の指定及び指定の取消しの手続，指定の期間，学校運営協議会の委員の任免の手続及び任期，学校運営協議会の議事の手続その他学校運営協議会の運営に関し必要な事項については，教育委員会規則で定める．

第 5 章 文部科学大臣及び教育委員会相互間の関係等

（文部科学大臣又は都道府県委員会の指導，助言及び援助）

第 48 条 地方自治法第 245 条の 4 第 1 項の規定によるほか，文部科学大臣は都道府県又は市町村に対し，都道府県委員会は市町村に対し，都道府県又は市町村の教育に関する事務の適正な処理を図るため，必要な指導，助言又は援助を行うことができる．

2 前項の指導，助言又は援助を例示すると，おおむね次のとおりである．

一 学校その他の教育機関の設置及び管理並びに整備に関し，指導及び助言を与えること．

二 学校の組織編制，教育課程，学習指導，生徒指導，職業指導，教科書その他の教材の取扱いその他学校運営に関し，指導及び助言を与えること．

三 学校における保健及び安全並びに学校給食に関し，指導及び助言を与えること．

四 教育委員会の委員及び校長，教員その他の教育関係職員の研究集会，講習会その他研修に関し，指導及び助言を与え，又はこれらを主催すること．

五 生徒及び児童の就学に関する事務に関し，指導及び助言を与えること．

六 青少年教育，女性教育及び公民館の事業その他社会教育の振興並びに芸術の普及及び向上に関し，指導及び助言を与えること．

七 スポーツの振興に関し，指導及び助言を与えること．

八 指導主事，社会教育主事その他の職員を派遣すること．

九 教育及び教育行政に関する資料，手引書等を作成し，利用に供すること．

十 教育に係る調査及び統計並びに広報及び教育行政に関する相談に関し，指導及び助言を与えること．

十一 教育委員会の組織及び運営に関し，指導及び助言を与えること．

3 文部科学大臣は，都道府県委員会に対し，第 1 項の規定による市町村に対する指導，助言又は援助に関し，必要な指示をすることができる．

4 地方自治法第 245 条の 4 第 3 項の規定によるほか，都道府県知事又は都道府県委員会は文部科学大臣に対し，市町村長又は市町村委員会は文部科学大臣又は都道府県委員会に対し，教育に関する事務の処理について必要な指導，助言又は援助を求めることができる．

（是正の要求の方式）

第 49 条 文部科学大臣は，都道府県委員会又は市町村委員会の教育に関する事務の管理及び執行が法令の規定に違反するものがある場合又は当該事務の管理及び執行を怠るものがある場合において，児童，生徒等の教育を受ける機会が妨げられていることその他の教育を受ける権利が侵害されていることが明らかであるとして地方自治法第 245 条の 5 第 1 項若しくは第 4 項の規定による求め又は同条第 2 項の指示を行うときは，当該教育委員会が講ずべき措置の内容を示して行うものとする．

（文部科学大臣の指示）

第 50 条 文部科学大臣は，都道府県委員会又は市町村委員会の教育に関する事務の管理及び執行が法令の規定に違反するものがある場合又は当該事務の管理及び執行を怠るものがある場合において，児童，生徒等の生命又は身体に現に被害が生じ，又はまさに被害が生ずるおそれがあると見込まれ，その被害の拡大又は発生を防止するため，緊急の必要があるときは，当該教育委員会に対し，当該違反を是正し，又は当該怠る事務の管理及び執行を改めるべきことを指示することができる．ただし，他の措置によつては，その是正を図ることが困難である場合に限る．

（文部科学大臣の通知）

第 50 条の 2 文部科学大臣は，第 49 条に規定する求め若しくは指示又は前条の規定による指示を行つたときは，遅滞なく，当該地方公共団体（第 49 条に規定する指示を行つたときにあつては，当該指示に係る市町村）の長及び議会に対して，その旨を通知するものとする．

（文部科学大臣及び教育委員会相互間の関係）

第51条　文部科学大臣は都道府県委員会又は市町村委員会相互の間の，都道府県委員会は市町村委員会相互の間の連絡調整を図り，並びに教育委員会は，相互の間の連絡を密にし，及び文部科学大臣又は他の教育委員会と協力し，教職員の適正な配置と円滑な交流及び教職員の勤務能率の増進を図り，もつてそれぞれその所掌する教育に関する事務の適正な執行と管理に努めなければならない．

第52条　削除

（調査）

第53条　文部科学大臣又は都道府県委員会は，第48条第1項及び第51条の規定による権限を行うため必要があるときは，地方公共団体の長又は教育委員会が管理し，及び執行する教育に関する事務について，必要な調査を行うことができる．

2　文部科学大臣は，前項の調査に関し，都道府県委員会に対し，市町村長又は市町村委員会が管理し，及び執行する教育に関する事務について，その特に指定する事項の調査を行うよう指示をすることができる．

（資料及び報告）

第54条　教育行政機関は，的確な調査，統計その他の資料に基いて，その所掌する事務の適切かつ合理的な処理に努めなければならない．

2　文部科学大臣は地方公共団体の長又は教育委員会に対し，都道府県委員会は市町村長又は市町村委員会に対し，それぞれ都道府県又は市町村の区域内の教育に関する事務に関し，必要な調査，統計その他の資料又は報告の提出を求めることができる．

（幼保連携型認定こども園に係る事務の処理に関する指導，助言及び援助等）

第54条の2　地方公共団体の長が管理し，及び執行する当該地方公共団体が設置する幼保連携型認定こども園に関する事務に係る第48条から第50条の2まで，第53条及び前条第2項の規定の適用については，これらの規定（第48条第4項を除く．）中「都道府県委員会」とあるのは「都道府県知事」と，第48条第4項中「都道府県委員会に」とあるのは「都道府県知事に」と，第49条及び第50条中「市町村委員会」とあるのは「市町村長」と，「当該教育委員会」とあるのは「当該地方公共団体の長」と，第50条の2中

「長及び議会」とあるのは「議会」と，第53条第1項中「第48条第1項及び第51条」とあるのは「第48条第1項」と，「地方公共団体の長又は教育委員会」とあるのは「地方公共団体の長」と，同条第2項中「市町村長又は市町村委員会」とあるのは「市町村長」と，前条第2項中「地方公共団体の長又は教育委員会」とあるのは「地方公共団体の長」と，「市町村長又は市町村委員会」とあるのは「市町村長」とする．

（職務権限の特例に係る事務の処理に関する指導，助言及び援助等）

第54条の3　第23条第1項の条例の定めるところにより都道府県知事が管理し，及び執行する事務に係る第48条，第53条及び第54条第2項の規定の適用については，これらの規定（第48条第4項を除く．）中「都道府県委員会」とあるのは「都道府県知事」と，第48条第4項中「都道府県委員会に」とあるのは「都道府県知事に」と，第53条第1項中「第48条第1項及び第51条」とあるのは「第48条第1項」とする．

（条例による事務処理の特例）

第55条　都道府県は，都道府県委員会の権限に属する事務の一部を，条例の定めるところにより，市町村が処理することとすることができる．この場合においては，当該市町村が処理することとされた事務は，当該市町村の教育委員会が管理し及び執行するものとする．

2　前項の条例を制定し又は改廃する場合においては，都道府県知事は，あらかじめ，当該都道府県委員会の権限に属する事務の一部を処理し又は処理することとなる市町村の長に協議しなければならない．

3　市町村長は，前項の規定による協議を受けたときは，当該市町村委員会に通知するとともに，その意見を踏まえて当該協議に応じなければならない．ただし，第23条第1項の条例の定めるところにより，当該市町村委員会が，当該市町村が処理し又は処理することとする事務の全てを管理し，及び執行しない場合は，この限りでない．

4　都道府県の議会は，第1項の条例の制定又は改廃の議決をする前に，当該都道府県委員会の意見を聴かなければならない．

5　第1項の規定により都道府県委員会の権限に属する事務（都道府県の教育委員会規則に

基づくものに限る．）の一部を市町村が処理し又は処理することとする場合であつて，同項の条例の定めるところにより教育委員会規則に委任して当該事務の範囲を定める場合には，都道府県委員会は，当該教育委員会規則を制定し又は改廃しようとするときは，あらかじめ，当該事務を処理し又は処理することとなる市町村委員会に協議しなければならない．この場合において，当該事務が第2十3条第1項の条例の定めるところにより当該市町村の長が処理し又は処理することとなるものであるときは，当該協議を受けた市町村委員会は，当該市町村長に通知するとともに，その意見を踏まえて当該協議に応じなければならない．

6　市町村の長は，その議会の議決を経て，都道府県知事に対し，第1項の規定により当該都道府県委員会の権限に属する事務の一部を当該市町村が処理することとするよう要請することができる．

7　前項の規定による要請があつたときは，都道府県知事は，速やかに，当該都道府県委員会に通知するとともに，その意見を踏まえて当該市町村の長と協議しなければならない．

8　市町村の議会は，第6項の議決をする前に，当該市町村委員会の意見を聴かなければならない．ただし，第23条第1項の条例の定めるところにより，当該市町村委員会が，第6項の要請に係る事務の全てを管理し，及び執行しない場合は，この限りでない．

9　地方自治法第252条の17の3並びに第252条の17の4第1項，第3項及び第4項の規定は，第1項の条例の定めるところにより，都道府県委員会の権限に属する事務の一部を市町村が処理する場合について準用する．この場合において，これらの規定中「規則」とあるのは「教育委員会規則」と，「都道府県知事」とあるのは「都道府県教育委員会」と，「市町村長」とあるのは「市町村教育委員会（地方教育行政の組織及び運営に関する法律（昭和31年法律第162号）第23条第1項の条例の定めるところにより当該市町村の長が管理し，及び執行する事務については，市町村長）」と読み替えるものとする．

10　第23条第1項の条例の定めるところにより都道府県知事が管理し，及び執行する事務については，当該事務を都道府県委員会が管理し，及び執行する事務とみなして，第1

項から第3項まで及び第6項から前項までの規定を適用する．この場合において，第7項中「速やかに，当該都道府県委員会に通知するとともに，その意見を踏まえて」とあるのは「速やかに，」と，前項中「これらの規定中「規則」とあるのは「教育委員会規則」と，「都道府県知事」とあるのは「都道府県教育委員会」と，」とあるのは「同条第4項中」とする．

（市町村の教育行政の体制の整備及び充実）

第55条の2　市町村は，近隣の市町村と協力して地域における教育の振興を図るため，地方自治法第252条の7第1項の規定による教育委員会の共同設置その他の連携を進め，地域における教育行政の体制の整備及び充実に努めるものとする．

2　文部科学大臣及び都道府県委員会は，市町村の教育行政の体制の整備及び充実に資するため，必要な助言，情報の提供その他の援助を行うよう努めなければならない．

第6章　雑則

（抗告訴訟等の取扱い）

第56条　教育委員会は，教育委員会若しくはその権限に属する事務の委任を受けた行政庁の処分（行政事件訴訟法（昭和37年法律第139号）第3条第2項に規定する処分をいう．以下この条において同じ．）若しくは裁決（同条第3項に規定する裁決をいう．以下この条において同じ．）又は教育委員会の所管に属する学校その他の教育機関の職員の処分若しくは裁決に係る同法第11条第1項（同法第38条第1項（同法第43条第2項において準用する場合を含む．）又は同法第43条第1項において準用する場合を含む．）の規定による地方公共団体を被告とする訴訟について，当該地方公共団体を代表する．

（保健所との関係）

第57条　教育委員会は，健康診断その他学校における保健に関し，政令で定めるところにより，保健所を設置する地方公共団体の長に対し，保健所の協力を求めるものとする．

2　保健所は，学校の環境衛生の維持，保健衛生に関する資料の提供その他学校における保健に関し，政令で定めるところにより，教育委員会に助言と援助を与えるものとする．

（指定都市に関する特例）

第58条　指定都市の県費負担教職員の任免，給与（非常勤の講師にあつては，報酬及び職

務を行うために要する費用の弁償の額）の決定，休職及び懲戒に関する事務は，第 37 条第 1 項の規定にかかわらず，当該指定都市の教育委員会が行う．

2　指定都市の県費負担教職員の研修は，第 45 条，教育公務員特例法第 21 条第 2 項，第 23 条第 1 項，第 24 条第 1 項，第 25 条及び第 25 条の 2 の規定にかかわらず，当該指定都市の教育委員会が行う．

（中核市に関する特例）

第 59 条　地方自治法第 252 条の 22 第 1 項の中核市（以下「中核市」という．）の県費負担教職員の研修は，第 45 条，教育公務員特例法第 21 条第 2 項，第 23 条第 1 項，第 24 条第 1 項，第 25 条及び第 25 条の 2 の規定にかかわらず，当該中核市の教育委員会が行う．

（組合に関する特例）

第 60 条　地方公共団体が第 21 条に規定する事務の全部を処理する組合を設ける場合においては，当該組合を組織する地方公共団体には教育委員会を置かず，当該組合に教育委員会を置くものとする．

2　地方公共団体が第 21 条に規定する事務の一部を処理する組合を設ける場合において，当該組合を組織する地方公共団体のうち，第 23 条第 1 項の条例の定めるところにより，その自ら処理する第 21 条に規定する事務の全てをその長が管理し，及び執行することとしたものには，教育委員会を置かない．

3　第 21 条に規定する事務の一部を処理する組合のうち，第 23 条第 1 項の条例の定めるところにより，その処理する第 21 条に規定する事務の全てをその管理者（地方自治法第 287 条の 3 第 2 項の規定により管理者に代えて理事会を置く同法第 285 条の一部事務組合にあつては，理事会）又は長（同法第 291 条の 13 において準用する同法第 287 条の 3 第 2 項の規定により長に代えて理事会を置く広域連合にあつては，理事会．第 8 項及び第 10 項において同じ．）が管理し，及び執行するものとしたものには，教育委員会を置かない．

4　地方公共団体が第 21 条に規定する事務の全部又は一部を処理する組合を設けようとする場合において，当該地方公共団体に教育委員会が置かれているときは，当該地方公共団体の議会は，地方自治法第 290 条又は第 291 条の 11 の議決をする前に，当該教育委員会の意見を聴かなければならない．ただし，第 23 条第 1 項の条例の定めるところにより，当該地方公共団体の教育委員会が，当該組合が処理することとなる第 21 条に規定する事務を管理し，及び執行していないときは，この限りでない．

5　総務大臣又は都道府県知事は，第 21 条に規定する事務の全部又は一部を処理する地方公共団体の組合の設置について，地方自治法第 284 条第 2 項の許可の処分又は同条第 2 項若しくは第 3 項の許可の処分をする前に，総務大臣にあつては文部科学大臣，都道府県知事にあつては当該都道府県委員会の意見を聴かなければならない．ただし，第 23 条第 1 項の条例の定めるところにより，当該都道府県委員会が，当該組合（当該都道府県が加入しないものに限る．）が処理することとなる第 21 条に規定する事務を管理し，及び執行していないときは，都道府県委員会の意見を聴くことを要しない．

6　第 21 条に規定する事務の一部を処理する地方公共団体の組合に置かれる教育委員会の教育長又は委員は，第 6 条の規定にかかわらず，その組合を組織する地方公共団体の教育委員会の教育長又は委員と兼ねることができる．

7　地方自治法第 291 条の 2 第 2 項の条例の定めるところにより，都道府県が，都道府県委員会の権限に属する事務のうち都道府県の加入しない広域連合の事務に関連するものを当該広域連合において処理することとする場合については，同条第 3 項の規定にかかわらず，第 55 条第 2 項から第 5 項まで及び第 9 項の規定を準用する．

8　地方自治法第 291 条の 2 第 5 項の規定により，都道府県の加入しない広域連合の長が，都道府県に対し，当該広域連合の事務に密接に関連する都道府県委員会の権限に属する事務の一部を当該広域連合が処理することとするよう要請する場合については，第 55 条第 8 項の規定を準用する．この場合において，当該要請があつたときは，都道府県知事は，速やかに，当該都道府県委員会に通知しなければならない．

9　地方自治法第 291 条の 2 第 2 項の条例の定めるところにより，都道府県が，第 23 条第 1 項の条例の定めるところにより都道府県知事が管理し，及び執行する事務のうち都道府

県の加入しない広域連合の事務に関連するものを当該広域連合において処理することとする場合については，同法第291条の2第3項の規定にかかわらず，第55条第2項，第3項及び第9項の規定を準用する．この場合において，同項中「これらの規定中「規則」とあるのは「教育委員会規則」と，「都道府県知事」とあるのは「都道府県教育委員会」と，」とあるのは，「同条第4項中」と読み替えるものとする．

10　地方自治法第291条の2第5項の規定により，都道府県の加入しない広域連合の長が，都道府県に対し，当該広域連合の事務に密接に関連する第23条第1項の条例の定めるところにより都道府県知事が管理し，及び執行する事務の一部を当該広域連合が処理することとするよう要請する場合については，第55条第8項の規定を準用する．

11　前各項に定めるもののほか，第21条に規定する事務の全部又は一部を処理する地方公共団体の組合の設置，解散その他の事項については，地方自治法第3編第3章の規定によるほか，政令で特別の定めをすることができる．

（中等教育学校を設置する市町村に関する特例）

第61条　市（指定都市を除く．以下この項において同じ．）町村の設置する中等教育学校（後期課程に定時制の課程のみを置くものを除く．次項において同じ．）の県費負担教職員の任免，給与（非常勤の講師にあつては，報酬及び職務を行うために要する費用の弁償の額）の決定，休職及び懲戒に関する事務は，第37条第1項の規定にかかわらず，当該市町村の教育委員会が行う．

2　市（指定都市及び中核市を除く．以下この項において同じ．）町村が設置する中等教育学校の県費負担教職員の研修は，第45条，教育公務員特例法第21条第2項，第23条第1項，第24条第1項及び第25条の規定にかかわらず，当該市町村の教育委員会が行う．

（政令への委任）

第62条　この法律に定めるもののほか，市町村の廃置分合があつた場合及び指定都市の指定があつた場合におけるこの法律の規定の適用の特例その他この法律の施行に関し必要な事項は，政令で定める．

（事務の区分）

第63条　都道府県が第48条第1項（第54条の2及び第54条の3の規定により読み替えて適用する場合を含む．）の規定により処理することとされている事務（市町村が処理する事務が地方自治法第2条第8項に規定する自治事務又は同条第9項第2号に規定する第2号法定受託事務である場合においては，第48条第3項（第54条の2及び第54条の3の規定により読み替えて適用する場合を含む．）に規定する文部科学大臣の指示を受けて行うものに限る．），第53条第2項（第54条の2及び第54条の3の規定により読み替えて適用する場合を含む．）の規定により処理することとされている事務，第60条第5項の規定により処理することとされている事務（都道府県委員会の意見を聴くことに係るものに限る．）並びに第55条第9項（同条第10項により読み替えて適用する場合並びに第60条第7項において準用する場合及び同条第9項において読み替えて準用する場合を含む．）において準用する同法第252条の17の3第2項及び第3項並びに第252条の17の4第1項及び第3項の規定により処理することとされている事務は，同法第2条第9項第1号に規定する第1号法定受託事務とする．

●学校教育法（抄）

$$\left(\begin{array}{l}\text{昭和22年3月31日}\\\text{法律第26号}\end{array}\right)$$

第1章　総則

（学校の定義）

第1条　この法律で，学校とは，幼稚園，小学校，中学校，高等学校，中等教育学校，特別支援学校，大学及び高等専門学校とする．

（学校の設置者）

第2条　学校は，国（国立大学法人法（平成15年法律第112号）第2条第1項に規定する国立大学法人及び独立行政法人国立高等専門学校機構を含む．以下同じ．），地方公共団体（地方独立行政法人法（平成15年法律第118号）第68条第1項に規定する公立大学法人を含む．次項において同じ．）及び私立学校法第3条に規定する学校法人（以下学校法人と称する．）のみが，これを設置することができる．

2　この法律で，国立学校とは，国の設置する学校を，公立学校とは，地方公共団体の設置

する学校を，私立学校とは，学校法人の設置
する学校をいう．
（学校設置基準）
第 3 条　学校を設置しようとする者は，学校の
種類に応じ，文部科学大臣の定める設備，編
制その他に関する設置基準に従い，これを設
置しなければならない．
（設置者による管理・負担）
第 5 条　学校の設置者は，その設置する学校を
管理し，法令に特別の定のある場合を除いて
は，その学校の経費を負担する．
（授業料の徴収）
第 6 条　学校においては，授業料を徴収するこ
とができる．ただし，国立又は公立の小学校
及び中学校，中等教育学校の前期課程又は特
別支援学校の小学部及び中学部における義
務教育については，これを徴収することがで
きない．
（校長・教員の配置）
第 7 条　学校には，校長及び相当数の教員を置
かなければならない．
（児童・生徒・学生の懲戒）
第 11 条　校長及び教員は，教育上必要がある
と認めるときは，文部科学大臣の定めるとこ
ろにより，児童，生徒及び学生に懲戒を加え
ることができる．ただし，体罰を加えること
はできない．
第 2 章　義務教育
（義務教育）
第 16 条　保護者（子に対して親権を行う者（親
権を行う者のないときは，未成年後見人）を
いう．以下同じ．）は，次条に定めるところ
により，子に 9 年の普通教育を受けさせる義
務を負う．
（就学義務）
第 17 条　保護者は，子の満 6 歳に達した日の
翌日以後における最初の学年の初めから，満
12 歳に達した日の属する学年の終わりまで，
これを小学校又は特別支援学校の小学部に就
学させる義務を負う．ただし，子が，満 12
歳に達した日の属する学年の終わりまでに
小学校又は特別支援学校の小学部の課程を
修了しないときは，満 15 歳に達した日の属
する学年の終わり（それまでの間において当
該課程を修了したときは，その修了した日の
属する学年の終わり）までとする．
2　保護者は，子が小学校又は特別支援学校の
小学部の課程を修了した日の翌日以後にお

ける最初の学年の初めから，満 15 歳に達し
た日の属する学年の終わりまで，これを中学
校，中等教育学校の前期課程又は特別支援学
校の中学部に就学させる義務を負う．
3　前 2 項の義務の履行の督促その他これらの
義務の履行に関し必要な事項は，政令で定
める．
（病弱等による就学義務の猶予・免除）
第 18 条　前条第 1 項又は第 2 項の規定によつ
て，保護者が就学させなければならない子
（以下それぞれ「学齢児童」又は「学齢生徒」
という．）で，病弱，発育不完全その他やむ
を得ない事由のため，就学困難と認められる
者の保護者に対しては，市町村の教育委員会
は，文部科学大臣の定めるところにより，同
条第 1 項又は第 2 項の義務を猶予又は免除
することができる．
（就学の援助）
第 19 条　経済的理由によつて，就学困難と認
められる学齢児童又は学齢生徒の保護者に
対しては，市町村は，必要な援助を与えなけ
ればならない．
（教育の目標）
第 21 条　義務教育として行われる普通教育は，
教育基本法（平成 18 年法律第 120 号）第 5
条第 2 項に規定する目的を実現するため，次
に掲げる目標を達成するよう行われるもの
とする．
　一　学校内外における社会的活動を促進し，
自主，自律及び協同の精神，規範意識，公
正な判断力並びに公共の精神に基づき主
体的に社会の形成に参画し，その発展に寄
与する態度を養うこと．
　二　学校内外における自然体験活動を促進
し，生命及び自然を尊重する精神並びに環
境の保全に寄与する態度を養うこと．
　三　我が国と郷土の現状と歴史について，正
しい理解に導き，伝統と文化を尊重し，そ
れらをはぐくんできた我が国と郷土を愛す
る態度を養うとともに，進んで外国の文化
の理解を通じて，他国を尊重し，国際社会
の平和と発展に寄与する態度を養うこと．
　四　家族と家庭の役割，生活に必要な衣，食，
住，情報，産業その他の事項について基礎
的な理解と技能を養うこと．
　五　読書に親しませ，生活に必要な国語を正
しく理解し，使用する基礎的な能力を養う
こと．

六 生活に必要な数量的な関係を正しく理解し，処理する基礎的な能力を養うこと．

七 生活にかかわる自然現象について，観察及び実験を通じて，科学的に理解し，処理する基礎的な能力を養うこと．

八 健康，安全で幸福な生活のために必要な習慣を養うとともに，運動を通じて体力を養い，心身の調和的発達を図ること．

九 生活を明るく豊かにする音楽，美術，文芸その他の芸術について基礎的な理解と技能を養うこと．

十 職業についての基礎的な知識と技能，勤労を重んずる態度及び個性に応じて将来の進路を選択する能力を養うこと．

第 4 章 小学校

（教育の目的）

第 29 条 小学校は，心身の発達に応じて，義務教育として行われる普通教育のうち基礎的なものを施すことを目的とする．

（教育の目標）

第 30 条 小学校における教育は，前条に規定する目的を実現するために必要な程度において第 21 条各号に掲げる目標を達成するよう行われるものとする．

2 前項の場合においては，生涯にわたり学習する基盤が培われるよう，基礎的な知識及び技能を習得させるとともに，これらを活用して課題を解決するために必要な思考力，判断力，表現力その他の能力をはぐくみ，主体的に学習に取り組む態度を養うことに，特に意を用いなければならない．

（体験活動）

第 31 条 小学校においては，前条第 1 項の規定による目標の達成に資するよう，教育指導を行うに当たり，児童の体験的な学習活動，特にボランティア活動など社会奉仕体験活動，自然体験活動その他の体験活動の充実に努めるものとする．この場合において，社会教育関係団体その他の関係団体及び関係機関との連携に十分配慮しなければならない．

（修業年限）

第 32 条 小学校の修業年限は，6 年とする．

（教育課程）

第 33 条 小学校の教育課程に関する事項は，第 29 条及び第 30 条の規定に従い，文部科学大臣が定める．

（教科用図書・教材の使用）

第 34 条 小学校においては，文部科学大臣の検定を経た教科用図書又は文部科学省が著作の名義を有する教科用図書を使用しなければならない．

2 前項の教科用図書以外の図書その他の教材で，有益適切なものは，これを使用することができる．

3 第 1 項の検定の申請に係る教科用図書に関し調査審議させるための審議会等（国家行政組織法（昭和 23 年法律第 120 号）第八条に規定する機関をいう．以下同じ．）については，政令で定める．

（児童の出席停止）

第 35 条 市町村の教育委員会は，次に掲げる行為の一又は二以上を繰り返し行う等性行不良であつて他の児童の教育に妨げがあると認める児童があるときは，その保護者に対して，児童の出席停止を命ずることができる．

一 他の児童に傷害，心身の苦痛又は財産上の損失を与える行為

二 職員に傷害又は心身の苦痛を与える行為

三 施設又は設備を損壊する行為

四 授業その他の教育活動の実施を妨げる行為

2 市町村の教育委員会は，前項の規定により出席停止を命ずる場合には，あらかじめ保護者の意見を聴取するとともに，理由及び期間を記載した文書を交付しなければならない．

3 前項に規定するもののほか，出席停止の命令の手続に関し必要な事項は，教育委員会規則で定めるものとする．

4 市町村の教育委員会は，出席停止の命令に係る児童の出席停止の期間における学習に対する支援その他の教育上必要な措置を講ずるものとする．

（職員）

第 37 条 小学校には，校長，教頭，教諭，養護教諭及び事務職員を置かなければならない．

2 小学校には，前項に規定するもののほか，副校長，主幹教諭，指導教諭，栄養教諭その他必要な職員を置くことができる．

3 第 1 項の規定にかかわらず，副校長を置くときその他特別の事情のあるときは教頭を，養護をつかさどる主幹教諭を置くときは養護教諭を，特別の事情のあるときは事務職員を，それぞれ置かないことができる．

4 校長は，校務をつかさどり，所属職員を監督する．

5 副校長は，校長を助け，命を受けて校務を

つかさどる.

6　副校長は, 校長に事故があるときはその職務を代理し, 校長が欠けたときはその職務を行う. この場合において, 副校長が二人以上あるときは, あらかじめ校長が定めた順序で, その職務を代理し, 又は行う.

7　教頭は, 校長（副校長を置く小学校にあつては, 校長及び副校長）を助け, 校務を整理し, 及び必要に応じ児童の教育をつかさどる.

8　教頭は, 校長（副校長を置く小学校にあつては, 校長及び副校長）に事故があるときは校長の職務を代理し, 校長（副校長を置く小学校にあつては, 校長及び副校長）が欠けたときは校長の職務を行う. この場合において, 教頭が 2 人以上あるときは, あらかじめ校長が定めた順序で, 校長の職務を代理し, 又は行う.

9　主幹教諭は, 校長（副校長を置く小学校にあつては, 校長及び副校長）及び教頭を助け, 命を受けて校務の一部を整理し, 並びに児童の教育をつかさどる.

10　指導教諭は, 児童の教育をつかさどり, 並びに教諭その他の職員に対して, 教育指導の改善及び充実のために必要な指導及び助言を行う.

11　教諭は, 児童の教育をつかさどる.

12　養護教諭は, 児童の養護をつかさどる.

13　栄養教諭は, 児童の栄養の指導及び管理をつかさどる.

14　事務職員は, 事務に従事する.

15　助教諭は, 教諭の職務を助ける.

16　講師は, 教諭又は助教諭に準ずる職務に従事する.

17　養護助教諭は, 養護教諭の職務を助ける.

18　特別の事情のあるときは, 第 1 項の規定にかかわらず, 教諭に代えて助教諭又は講師を, 養護教諭に代えて養護助教諭を置くことができる.

19　学校の実情に照らし必要があると認めるときは, 第 9 項の規定にかかわらず, 校長（副校長を置く小学校にあつては, 校長及び副校長）及び教頭を助け, 命を受けて校務の一部を整理し, 並びに児童の養護又は栄養の指導及び管理をつかさどる主幹教諭を置くことができる.

（小学校の設置義務）

第38条　市町村は, その区域内にある学齢児童を就学させるに必要な小学校を設置しなければならない.

（学校評価）

第42条　小学校は, 文部科学大臣の定めるところにより当該小学校の教育活動その他の学校運営の状況について評価を行い, その結果に基づき学校運営の改善を図るため必要な措置を講ずることにより, その教育水準の向上に努めなければならない.

（情報の提供）

第43条　小学校は, 当該小学校に関する保護者及び地域住民その他の関係者の理解を深めるとともに, これらの者との連携及び協力の推進に資するため, 当該小学校の教育活動その他の学校運営の状況に関する情報を積極的に提供するものとする.

第5章　中学校

（教育の目的）

第45条　中学校は, 小学校における教育の基礎の上に, 心身の発達に応じて, 義務教育として行われる普通教育を施すことを目的とする.

（教育の目標）

第46条　中学校における教育は, 前条に規定する目的を実現するため, 第21条各号に掲げる目標を達成するよう行われるものとする.

（修業年限）

第47条　中学校の修業年限は, 3 年とする.

（教育課程）

第48条　中学校の教育課程に関する事項は, 第 45 条及び第 46 条の規定並びに次条において読み替えて準用する第 30 条第 2 項の規定に従い, 文部科学大臣が定める.

第6章　高等学校

（教育の目的）

第50条　高等学校は, 中学校における教育の基礎の上に, 心身の発達及び進路に応じて, 高度な普通教育及び専門教育を施すことを目的とする.

（教育の目標）

第51条　高等学校における教育は, 前条に規定する目的を実現するため, 次に掲げる目標を達成するよう行われるものとする.

一　義務教育として行われる普通教育の成果を更に発展拡充させて, 豊かな人間性, 創造性及び健やかな身体を養い, 国家及び社会の形成者として必要な資質を養うこと.

二　社会において果たさなければならない

使命の自覚に基づき，個性に応じて将来
の進路を決定させ，一般的な教養を高め，
専門的な知識，技術及び技能を習得させる
こと．

　三　個性の確立に努めるとともに，社会に
　　ついて，広く深い理解と健全な批判力を
　　養い，社会の発展に寄与する態度を養う
　　こと．

（学科・教育課程）

第 52 条　高等学校の学科及び教育課程に関す
る事項は，前 2 条の規定及び第 62 条におい
て読み替えて準用する第 30 条第 2 項の規定
に従い，文部科学大臣が定める．

（修業年限）

第 56 条　高等学校の修業年限は，全日制の課
程については，3 年とし，定時制の課程及び
通信制の課程については，3 年以上とする．

（高等学校の職員）

第 60 条　高等学校には，校長，教頭，教諭及
び事務職員を置かなければならない．

2　高等学校には，前項に規定するもののほか，
副校長，主幹教諭，指導教諭，養護教諭，栄
養教諭，養護助教諭，実習助手，技術職員そ
の他必要な職員を置くことができる．

3　第 1 項の規定にかかわらず，副校長を置く
ときは，教頭を置かないことができる．

4　実習助手は，実験又は実習について，教諭
の職務を助ける．

5　特別の事情のあるときは，第 1 項の規定に
かかわらず，教諭に代えて助教諭又は講師を
置くことができる．

6　技術職員は，技術に従事する．

第 7 章　中等教育学校

（教育の目的）

第 63 条　中等教育学校は，小学校における教
育の基礎の上に，心身の発達及び進路に応じ
て，義務教育として行われる普通教育並びに
高度な普通教育及び専門教育を一貫して施
すことを目的とする．

（教育の目標）

第 64 条　中等教育学校における教育は，前条
に規定する目的を実現するため，次に掲げる
目標を達成するよう行われるものとする．

　一　豊かな人間性，創造性及び健やかな身体
　　を養い，国家及び社会の形成者として必要
　　な資質を養うこと．

　二　社会において果たさなければならない
　　使命の自覚に基づき，個性に応じて将来

の進路を決定させ，一般的な教養を高め，
専門的な知識，技術及び技能を習得させる
こと．

　三　個性の確立に努めるとともに，社会に
　　ついて，広く深い理解と健全な批判力を
　　養い，社会の発展に寄与する態度を養う
　　こと．

（修業年限）

第 65 条　中等教育学校の修業年限は，6 年と
する．

（課程の区分）

第 66 条　中等教育学校の課程は，これを前期
3 年の前期課程及び後期 3 年の後期課程に区
分する．

（学科・教育課程）

第 68 条　中等教育学校の前期課程の教育課程
に関する事項並びに後期課程の学科及び教
育課程に関する事項は，第 63 条，第 64 条及
び前条の規定並びに第 70 条第 1 項において
読み替えて準用する第 30 条第 2 項の規定に
従い，文部科学大臣が定める．

（中高一貫教育）

第 71 条　同一の設置者が設置する中学校及び
高等学校においては，文部科学大臣の定める
ところにより，中等教育学校に準じて，中学
校における教育と高等学校における教育を
一貫して施すことができる．

●学校教育法施行規則（抄）

（昭和 22 年 5 月 23 日
　　文部省令第 11 号）

第 1 章　総則
第 2 節　校長及び教頭の資格

（校長の資格）

第 20 条　校長（学長及び高等専門学校の校長
を除く．）の資格は，次の各号のいずれかに
該当するものとする．

　一　教職員免許法（昭和 24 年法律第 147
　　号）による教諭の専修免許状又は一種免許
　　状（高等学校及び中等教育学校の校長に
　　あつては，専修免許状）を有し，かつ，次
　　に掲げる職（以下「教育に関する職」とい
　　う．）に 5 年以上あつたこと

　　イ　学校教育法第 1 条に規定する学校及
　　　び同法第 124 条に規定する専修学校の
　　　校長の職

　　ロ　学校教育法第 1 条に規定する学校の

教授, 准教授, 助教, 副校長, 教頭, 主幹教諭, 指導教諭, 教諭, 助教諭, 養護教諭, 養護助教諭, 栄養教諭, 講師（常時勤務の者に限る.）及び同法第 124 条に規定する専修学校の教員（以下本条中「教員」という.）の職

ハ　学校教育法第 1 条に規定する学校の事務職員（単純な労務に雇用される者を除く. 本条中以下同じ.）, 実習助手, 寄宿舎指導員及び学校栄養職員（学校給食法（昭和 29 年法律第 160 号）第 7 条に規定する職員のうち栄養教諭以外の者をいい, 同法第 6 条に規定する施設の当該職員を含む.）の職

ニ　学校教育等の一部を改正する法律（平成 19 年法律第 96 号）第一条の規定による改正前の学校教育法第 94 条の規定により廃止された従前の法令の規定による学校及び旧教員養成諸学校官制（昭和 21 年勅令第 208 号）第 1 条の規定による教員養成諸学校の長の職

ホ　ニに掲げる学校及び教員養成諸学校における教員及び事務職員に相当する者の職

ヘ　海外に在留する邦人の子女のための在外教育施設（以下「在外教育施設」という.）で, 文部科学大臣が小学校, 中学校又は高等学校の課程と同等の課程を有するものとして認定したものにおけるイからハまでに掲げる者に準ずるものの職

ト　ヘに規定する職のほか, 外国の学校におけるイからハまでに掲げる者に準ずるものの職

チ　少年院法（昭和 23 年法律第 169 号）による少年院又は児童福祉法（昭和 22 年法律第 164 号）による児童自立支援施設（児童福祉法等の一部を改正する法律（平成 9 年法律第 74 号）附則第 7 条第 1 項の規定により証明書を発行することができるもので, 同条第 2 項の規定によりその例によることとされた同法による改正前の児童福祉法第 48 条第 4 項ただし書の規定による指定を受けたものを除く.）において教育を担当する者の職

リ　イからチまでに掲げるもののほか, 国又は地方公共団体において教育事務又は教育を担当する国家公務員又は地方公務員（単純な労務に雇用される者を除く.）の職

ヌ　外国の官公庁におけるリに準ずる者の職

二　教育に関する職に 10 年以上あつたこと

（私立学校長の資格の特例）

第 21 条　私立学校の設置者は, 前条の規定により難い特別の事情のあるときは, 5 年以上教育に関する職又は教育, 学術に関する業務に従事し, かつ, 教育に関し高い識見を有する者を校長として採用することができる.

（免許状によらない校長の任用）

第 22 条　国立若しくは公立の学校の校長の任命権者又は私立学校の設置者は, 学校の運営上特に必要がある場合には, 前 2 条に規定するもののほか, 第 20 条各号に掲げる資格を有する者と同等の資質を有すると認める者を校長として任命し又は採用することができる.

第 4 章　小学校
第 1 節　設備編制

（小学校の設置基準）

第 40 条　小学校の設備, 編制その他設置に関する事項は, この節に定めるもののほか, 小学校設置基準（平成 14 年文部科学省令第 14 号）の定めるところによる.

（職員会議の設置）

第 48 条　小学校には, 設置者の定めるところにより, 校長の職務の円滑な執行に資するため, 職員会議を置くことができる.

2　職員会議は, 校長が主宰する.

（学校評議員の設置・運営参加）

第 49 条　小学校には, 設置者の定めるところにより, 学校評議員を置くことができる.

2　学校評議員は, 校長の求めに応じ, 学校運営に関し意見を述べることができる.

3　学校評議員は, 当該小学校の職員以外の者で教育に関する理解及び識見を有するもののうちから, 校長の推薦により, 当該小学校の設置者が委嘱する.

●小学校設置基準（抄）

> 平成 14 年 3 月 29 日
> 文部科学省令第 14 号

第 1 章　総則

（趣旨）

第 1 条　小学校は, 学校教育法（昭和 22 年法

律第 26 号）その他の法令の規定によるほか，この省令の定めるところにより設置するものとする．

2　この省令で定める設置基準は，小学校を設置するのに必要な最低の基準とする．

3　小学校の設置者は，小学校の編制，施設，設備等がこの省令で定める設置基準より低下した状態にならないようにすることはもとより，これらの水準の向上を図ることに努めなければならない．

第 2 章　編制

（1 学級の児童数）

第 4 条　1 学級の児童数は，法令に特別の定めがある場合を除き，40 人以下とする．ただし，特別の事情があり，かつ，教育上支障がない場合は，この限りでない．

（学級の編制）

第 5 条　小学校の学級は，同学年の児童で編制するものとする．ただし，特別の事情があるときは，数学年の児童を一学級に編制することができる．

（教諭の数等）

第 6 条　小学校に置く主幹教諭，指導教諭及び教諭（以下この条において「教諭等」という．）の数は，1 学級当たり 1 人以上とする．

2　教諭等は，特別の事情があり，かつ，教育上支障がない場合は，校長，副校長若しくは教頭が兼ね，又は助教諭若しくは講師をもって代えることができる．

3　小学校に置く教員等は，教育上必要と認められる場合は，他の学校の教員等と兼ねることができる．

●地方公務員法（抄）

> （昭和 25 年 12 月 13 日
> 　　　　法律第 261 号）

第 3 章　職員に適用される基準
第 6 節　服務

（服務の根本基準）

第 30 条　すべて職員は，全体の奉仕者として公共の利益のために勤務し，且つ，職務の遂行に当つては，全力を挙げてこれに専念しなければならない．

（服務の宣誓）

第 31 条　職員は，条例の定めるところにより，服務の宣誓をしなければならない．

（法令等及び上司の職務上の命令に従う義務）

第 32 条　職員は，その職務を遂行するに当つて，法令，条例，地方公共団体の規則及び地方公共団体の機関の定める規程に従い，且つ，上司の職務上の命令に忠実に従わなければならない．

（信用失墜行為の禁止）

第 33 条　職員は，その職の信用を傷つけ，又は職員の職全体の不名誉となるような行為をしてはならない．

（秘密を守る義務）

第 34 条　職員は，職務上知り得た秘密を漏らしてはならない．その職を退いた後も，また，同様とする．

2　法令による証人，鑑定人等となり，職務上の秘密に属する事項を発表する場合においては，任命権者（退職者については，その退職した職又はこれに相当する職に係る任命権者）の許可を受けなければならない．

3　前項の許可は，法律に特別の定がある場合を除く外，拒むことができない．

（職務に専念する義務）

第 35 条　職員は，法律又は条例に特別の定がある場合を除く外，その勤務時間及び職務上の注意力のすべてをその職責遂行のために用い，当該地方公共団体がなすべき責を有する職務にのみ従事しなければならない．

（政治的行為の制限）

第 36 条　職員は，政党その他の政治的団体の結成に関与し，若しくはこれらの団体の役員となつてはならず，又はこれらの団体の構成員となるように，若しくはならないように勧誘運動をしてはならない．

2　職員は，特定の政党その他の政治的団体又は特定の内閣若しくは地方公共団体の執行機関を支持し，又はこれに反対する目的をもつて，あるいは公の選挙又は投票において特定の人又は事件を支持し，又はこれに反対する目的をもつて，次に掲げる政治的行為をしてはならない．ただし，当該職員の属する地方公共団体の区域（当該職員が都道府県の支庁若しくは地方事務所又は地方自治法第 252 条の 19 第 1 項の指定都市の区に勤務する者であるときは，当該支庁若しくは地方事務所又は区の所管区域）外において，第 1 号から第 3 号まで及び第 5 号に掲げる政治的行為をすることができる．

一　公の選挙又は投票において投票をするように，又はしないように勧誘運動をする

こと．

二　署名運動を企画し，又は主宰する等これに積極的に関与すること．

三　寄附金その他の金品の募集に関与すること．

四　文書又は図画を地方公共団体又は特定地方独立行政法人の庁舎（特定地方独立行政法人にあつては，事務所．以下この号において同じ．），施設等に掲示し，又は掲示させ，その他地方公共団体又は特定地方独立行政法人の庁舎，施設，資材又は資金を利用し，又は利用させること．

五　前各号に定めるものを除く外，条例で定める政治的行為

3　何人も前2項に規定する政治的行為を行うよう職員に求め，職員をそそのかし，若しくはあおつてはならず，又は職員が前2項に規定する政治的行為をなし，若しくはなさないことに対する代償若しくは報復として，任用，職務，給与その他職員の地位に関してなんらかの利益若しくは不利益を与え，与えようと企て，若しくは約束してはならない．

4　職員は，前項に規定する違法な行為に応じなかつたことの故をもつて不利益な取扱を受けることはない．

5　本条の規定は，職員の政治的中立性を保障することにより，地方公共団体の行政及び特定地方独立行政法人の業務の公正な運営を確保するとともに職員の利益を保護することを目的とするものであるという趣旨において解釈され，及び運用されなければならない．

（争議行為等の禁止）

第37条　職員は，地方公共団体の機関が代表する使用者としての住民に対して同盟罷業，怠業その他の争議行為をし，又は地方公共団体の機関の活動能率を低下させる怠業的行為をしてはならない．又，何人も，このような違法な行為を企て，又はその遂行を共謀し，そそのかし，若しくはあおつてはならない．

2　職員で前項の規定に違反する行為をしたものは，その行為の開始とともに，地方公共団体に対し，法令又は条例，地方公共団体の規則若しくは地方公共団体の機関の定める規程に基いて保有する任命上又は雇用上の権利をもつて対抗することができなくなるものとする．

（営利企業等の従事制限）

第38条　職員は，任命権者の許可を受けなけ

れば，営利を目的とする私企業を営むことを目的とする会社その他の団体の役員その他人事委員会規則（人事委員会を置かない地方公共団体においては，地方公共団体の規則）で定める地位を兼ね，若しくは自ら営利を目的とする私企業を営み，又は報酬を得ていかなる事業若しくは事務にも従事してはならない．

2　人事委員会は，人事委員会規則により前項の場合における任命権者の許可の基準を定めることができる．

第7節　研修及び勤務成績の評定

（研修）

第39条　職員には，その勤務能率の発揮及び増進のために，研修を受ける機会が与えられなければならない．

2　前項の研修は，任命権者が行うものとする．

3　地方公共団体は，研修の目標，研修に関する計画の指針となるべき事項その他研修に関する基本的な方針を定めるものとする．

4　人事委員会は，研修に関する計画の立案その他研修の方法について任命権者に勧告することができる．

（勤務成績の評定）

第40条　任命権者は，職員の執務について定期的に勤務成績の評定を行い，その評定の結果に応じた措置を講じなければならない．

2　人事委員会は，勤務成績の評定に関する計画の立案その他勤務成績の評定に関し必要な事項について任命権者に勧告することができる．

●教育公務員特例法（抄）

（昭和24年1月12日　法律第1号）

第1章　総則

（この法律の趣旨）

第1条　この法律は，教育を通じて国民全体に奉仕する教育公務員の職務とその責任の特殊性に基づき，教育公務員の任免，給与，分限，懲戒，服務及び研修等について規定する．

第2章　任免，給与，分限及び懲戒

第2節　大学以外の公立学校の校長及び教員

（採用及び昇任の方法）

第11条　公立学校の校長の採用並びに教員の採用及び昇任は，選考によるものとし，その

選考は，大学附置の学校にあつては当該大学の学長，大学附置の学校以外の公立学校にあつてはその校長及び教員の任命権者である教育委員会の教育長が行う．

（条件附任用）

第12条 公立の小学校，中学校，高等学校，中等教育学校，特別支援学校及び幼稚園（以下「小学校等」という．）の教諭，助教諭及び講師（以下「教諭等」という．）に係る地方公務員法第22条第1項に規定する採用については，同項中「6月」とあるのは「1年」として同項の規定を適用する．

2　地方教育行政の組織及び運営に関する法律（昭和31年法律第162号）第40条に定める場合のほか，公立の小学校等の校長又は教員で地方公務員法第22条第1項（前項の規定において読み替えて適用する場合を含む．）の規定により正式任用になつている者が，引き続き同一都道府県内の公立の小学校等の校長又は教員に任用された場合には，その任用については，同条同項の規定は適用しない．

　第3節　教育長及び専門的教育職員

（採用及び昇任の方法）

第15条 専門的教育職員の採用及び昇任は，選考によるものとし，その選考は，当該教育委員会の教育長が行う．

　第3章　服務

（兼職及び他の事業等の従事）

第17条 教育公務員は，教育に関する他の職を兼ね，又は教育に関する他の事業若しくは事務に従事することが本務の遂行に支障がないと任命権者（地方教育行政の組織及び運営に関する法律第37条第1項に規定する県費負担教職員については，市町村（特別区を含む．以下同じ．）の教育委員会．第23条第2項及び第24条第2項において同じ．）において認める場合には，給与を受け，又は受けないで，その職を兼ね，又はその事業若しくは事務に従事することができる．

2　前項の場合においては，地方公務員法第38条第2項の規定により人事委員会が定める許可の基準によることを要しない．

（公立学校の教育公務員の政治的行為の制限）

第18条 公立学校の教育公務員の政治的行為の制限については，当分の間，地方公務員法第36条の規定にかかわらず，国家公務員の例による．

2　前項の規定は，政治的行為の制限に違反した者の処罰につき国家公務員法（昭和22年法律第120号）第110条第1項の例による趣旨を含むものと解してはならない．

　第4章　研修

（研修）

第21条 教育公務員は，その職責を遂行するために，絶えず研究と修養に努めなければならない．

2　教育公務員の任命権者は，教育公務員の研修について，それに要する施設，研修を奨励するための方途その他研修に関する計画を樹立し，その実施に努めなければならない．

（研修の機会）

第22条 教育公務員には，研修を受ける機会が与えられなければならない．

2　教員は，授業に支障のない限り，本属長の承認を受けて，勤務場所を離れて研修を行うことができる．

3　教育公務員は，任命権者の定めるところにより，現職のままで，長期にわたる研修を受けることができる．

（初任者研修）

第23条 公立の小学校等の教諭等の任命権者は，当該教諭等（政令で指定する者を除く．）に対して，その採用の日から1年間の教諭の職務の遂行に必要な事項に関する実践的な研修（以下「初任者研修」という．）を実施しなければならない．

2　任命権者は，初任者研修を受ける者（次項において「初任者」という．）の所属する学校の副校長，教頭，主幹教諭（養護又は栄養の指導及び管理をつかさどる主幹教諭を除く．），指導教諭，教諭又は講師のうちから，指導教員を命じるものとする．

3　指導教員は，初任者に対して教諭の職務の遂行に必要な事項について指導及び助言を行うものとする．

（10年経験者研修）

第24条 公立の小学校等の教諭等の任命権者は，当該教諭等に対して，その在職期間（公立学校以外の小学校等の教諭等としての在職期間を含む．）が10年（特別の事情がある場合には，10年を標準として任命権者が定める年数）に達した後相当の期間内に，個々の能力，適性等に応じて，教諭等としての資質の向上を図るために必要な事項に関する研修（以下「10年経験者研修」という．）を実施しなければならない．

2　任命権者は，10 年経験者研修を実施するに当たり，10 年経験者研修を受ける者の能力，適性等について評価を行い，その結果に基づき，当該者ごとに 10 年経験者研修に関する計画書を作成しなければならない．

3　第 1 項に規定する在職期間の計算方法，10 年経験者研修を実施する期間その他 10 年経験者研修の実施に関し必要な事項は，政令で定める．

（研修計画の体系的な樹立）

第 25 条　任命権者が定める初任者研修及び 10 年経験者研修に関する計画は，教員の経験に応じて実施する体系的な研修の一環をなすものとして樹立されなければならない．

（指導改善研修）

第 25 条の 2　公立の小学校等の教諭等の任命権者は，児童，生徒又は幼児（以下「児童等」という．）に対する指導が不適切であると認定した教諭等に対して，その能力，適性等に応じて，当該指導の改善を図るために必要な事項に関する研修（以下「指導改善研修」という．）を実施しなければならない．

2　指導改善研修の期間は，1 年を超えてはならない．ただし，特に必要があると認めるときは，任命権者は，指導改善研修を開始した日から引き続き 2 年を超えない範囲内で，これを延長することができる．

3　任命権者は，指導改善研修を実施するに当たり，指導改善研修を受ける者の能力，適性等に応じて，その者ごとに指導改善研修に関する計画書を作成しなければならない．

4　任命権者は，指導改善研修の終了時において，指導改善研修を受けた者の児童等に対する指導の改善の程度に関する認定を行わなければならない．

5　任命権者は，第 1 項及び前項の認定に当たつては，教育委員会規則で定めるところにより，教育学，医学，心理学その他の児童等に対する指導に関する専門的知識を有する者及び当該任命権者の属する都道府県又は市町村の区域内に居住する保護者（親権を行う者及び未成年後見人をいう．）である者の意見を聴かなければならない．

6　前項に定めるもののほか，事実の確認の方法その他第 1 項及び第 4 項の認定の手続に関し必要な事項は，教育委員会規則で定めるものとする．

7　前各項に規定するもののほか，指導改善研修の実施に関し必要な事項は，政令で定める．

（指導改善研修後の措置）

第 25 条の 3　任命権者は，前条第 4 項の認定において指導の改善が不十分でなお児童等に対する指導を適切に行うことができないと認める教諭等に対して，免職その他の必要な措置を講ずるものとする．

第 5 章　大学院修学休業

（大学院修学休業の許可及びその要件等）

第 26 条　公立の小学校等の主幹教諭，指導教諭，教諭，養護教諭，栄養教諭又は講師（以下「主幹教諭等」という．）で次の各号のいずれにも該当するものは，任命権者の許可を受けて，3 年を超えない範囲内で年を単位として定める期間，大学（短期大学を除く．）の大学院の課程若しくは専攻科の課程又はこれらの課程に相当する外国の大学の課程（次項及び第 28 条第 2 項において「大学院の課程等」という．）に在学してその課程を履修するための休業（以下「大学院修学休業」という．）をすることができる．

一　主幹教諭（養護又は栄養の指導及び管理をつかさどる主幹教諭を除く．），指導教諭，教諭又は講師にあつては教育職員免許法（昭和 24 年法律第 147 号）に規定する教諭の専修免許状，養護をつかさどる主幹教諭又は養護教諭にあつては同法に規定する養護教諭の専修免許状，栄養の指導及び管理をつかさどる主幹教諭又は栄養教諭にあつては同法に規定する栄養教諭の専修免許状の取得を目的としていること．

二　取得しようとする専修免許状に係る基礎となる免許状（教育職員免許法に規定する教諭の 1 種免許状若しくは特別免許状，養護教諭の 1 種免許状又は栄養教諭の 1 種免許状であつて，同法別表第 3，別表第 5，別表第 6，別表第 6 の 2 又は別表第 7 の規定により専修免許状の授与を受けようとする場合には有することを必要とされるものをいう．次号において同じ．）を有していること．

三　取得しようとする専修免許状に係る基礎となる免許状について，教育職員免許法別表第 3，別表第 5，別表第 6，別表第 6 の 2 又は別表第 7 に定める最低在職年数を満たしていること．

四　条件付採用期間中の者，臨時的に任用さ

れた者，初任者研修を受けている者その他
政令で定める者でないこと．

2 大学院修学休業の許可を受けようとする主
幹教諭等は，取得しようとする専修免許状の
種類，在学しようとする大学院の課程等及び
大学院修学休業をしようとする期間を明ら
かにして，任命権者に対し，その許可を申請
するものとする．

●児童の権利に関する条約（抄）

> （平成6年5月16日
> 　条約第2号）

第1部
第1条 （児童の定義）この条約の適用上，児
童とは，18歳未満のすべての者をいう．た
だし，当該児童で，その者に適用される法律
によりより早く成年に達したものを除く．
第2条 （差別の禁止）1 締約国は，その管
轄の下にある児童に対し，児童又はその父母
若しくは法定保護者の人種，皮膚の色，性，
言語，宗教，政治的意見その他の意見，国民
的，種族的若しくは社会的出身，財産，心身
障害，出生又は他の地位にかかわらず，いか
なる差別もなしにこの条約に定める権利を
尊重し，及び確保する．

2 締約国は，児童がその父母，法定保護者又
は家族の構成員の地位，活動，表明した意見
又は信念によるあらゆる形態の差別又は処
罰から保護されることを確保するためのす
べての適当な措置をとる．
第3条 （児童の最善の利益）1 児童に関す
るすべての措置をとるに当たっては，公的若
しくは私的な社会福祉施設，裁判所，行政当
局又は立法機関のいずれによって行われる
ものであっても，児童の最善の利益が主とし
て考慮されるものとする．

2 締約国は，児童の父母，法定保護者又は児
童について法的に責任を有する他の者の権
利及び義務を考慮に入れて，児童の福祉に必
要な保護及び養護を確保することを約束し，
このため，すべての適当な立法上及び行政上
の措置をとる．

3 締約国は，児童の養護又は保護のための施
設，役務の提供及び設備が，特に安全及び健
康の分野に関し並びにこれらの職員の数及
び適格性並びに適正な監督に関し権限のあ
る当局の設定した基準に適合することを確

保する．
第12条 （児童の意見の尊重）1 締約国は，
自己の意見を形成する能力のある児童がそ
の児童に影響を及ぼすすべての事項につい
て自由に自己の意見を表明する権利を確保
する．この場合において，児童の意見は，そ
の児童の年齢及び成熟度に従って相応に考
慮されるものとする．

2 このため，児童は，特に，自己に影響を及
ぼすあらゆる司法上及び行政上の手続にお
いて，国内法の手続規則に合致する方法によ
り直接に又は代理人若しくは適当な団体を
通じて聴取される機会を与えられる．
第13条 （表現・情報の自由）1 児童は，表
現の自由についての権利を有する．この権
利には，口頭，手書き若しくは印刷，芸術の
形態又は自ら選択する他の方法により，国境
とのかかわりなく，あらゆる種類の情報及び
考えを求め，受け及び伝える自由を含む．

2 1の権利の行使については，一定の制限を
課することができる．ただし，その制限は，
法律によって定められ，かつ，次の目的のた
めに必要とされるものに限る．
　(a) 他の者の権利又は信用の尊重
　(b) 国の安全，公の秩序又は公衆の健康若
　　しくは道徳の保護
第14条 （思想・良心・宗教の自由）1 締約
国は，思想，良心及び宗教の自由についての
児童の権利を尊重する．

2 締約国は，児童が1の権利を行使するに当
たり，父母及び場合により法定保護者が児童
に対しその発達しつつある能力に適合する方
法で指示を与える権利及び義務を尊重する．
第15条 （結社・集会の自由）1 締約国は，
結社の自由及び平和的な集会の自由につい
ての児童の権利を認める．

2 1の権利の行使については，法律で定める
制限であって国の安全若しくは公共の安全，
公の秩序，公衆の健康若しくは道徳の保護又
は他の者の権利及び自由の保護のため民主
的社会において必要なもの以外のいかなる
制限も課することができない．
第16条 （プライバシー・通信・名誉の保護）
1 いかなる児童も，その私生活，家族，住
居若しくは通信に対して恣意的に若しくは
不法に干渉され又は名誉及び信用を不法に
攻撃されない．

2 児童は，1の干渉又は攻撃に対する法律の

保護を受ける権利を有する．

第18条　（親の第一義的養育責任と国の援助）
1　締約国は，児童の養育及び発達について父母が共同の責任を有するという原則についての認識を確保するために最善の努力を払う．父母又は場合により法定保護者は，児童の養育及び発達についての第一義的な責任を有する．児童の最善の利益は，これらの者の基本的な関心事項となるものとする．

第19条　（親等による虐待・放任・搾取からの保護）1　締約国は，児童が父母，法定保護者又は児童を監護する他の者による監護を受けている間において，あらゆる形態の身体的若しくは精神的な暴力，傷害若しくは虐待，放置若しくは怠慢な取扱い，不当な取扱い又は搾取（性的虐待を含む．）からその児童を保護するためすべての適当な立法上，行政上，社会上及び教育上の措置をとる．

第28条　（教育への権利）1　締約国は，教育についての児童の権利を認めるものとし，この権利を漸進的にかつ機会の平等を基礎として達成するため，特に，
　(a) 初等教育を義務的なものとし，すべての者に対して無償のものとする．
　(b) 種々の形態の中等教育（一般教育及び職業教育を含む．）の発展を奨励し，すべての児童に対し，これらの中等教育が利用可能であり，かつ，これらを利用する機会が与えられるものとし，例えば，無償教育の導入，必要な場合における財政的援助の提供のような適当な措置をとる．
　(c) すべての適当な方法により，能力に応じ，すべての者に対して高等教育を利用する機会が与えられるものとする．
　(d) すべての児童に対し，教育及び職業に関する情報及び指導が利用可能であり，かつ，これらを利用する機会が与えられるものとする．

　(e) 定期的な登校及び中途退学率の減少を奨励するための措置をとる．
2　締約国は，学校の規律が児童の人間の尊厳に適合する方法で及びこの条約に従って運用されることを確保するためのすべての適当な措置をとる．
3　締約国は，特に全世界における無知及び非識字の廃絶に寄与し並びに科学上及び技術上の知識並びに最新の教育方法の利用を容易にするため，教育に関する事項についての国際協力を促進し，及び奨励する．これに関しては，特に，開発途上国の必要を考慮する．

第29条　（教育の目的）1　締約国は，児童の教育が次のことを指向すべきことに同意する．
　(a) 児童の人格，才能並びに精神的及び身体的な能力をその可能な最大限度まで発達させること．
　(b) 人権及び基本的自由並びに国際連合憲章にうたう原則の尊重を育成すること．
　(c) 児童の父母，児童の文化的同一性，言語及び価値観，児童の居住国及び出身国の国民的価値観並びに自己の文明と異なる文明に対する尊重を育成すること．
　(d) すべての人民の間の，種族的，国民的及び宗教的集団の間の並びに原住民である者の理解，平和，寛容，両性の平等及び友好の精神に従い，自由な社会における責任ある生活のために児童に準備させること．
　(e) 自然環境の尊重を育成すること．
2　この条又は前条のいかなる規定も，個人及び団体が教育機関を設置し及び管理する自由を妨げるものと解してはならない．ただし，常に，1に定める原則が遵守されること及び当該教育機関において行われる教育が国によって定められる最低限度の基準に適合することを条件とする．

さくいん

さ 行

執筆者紹介（執筆順）

堀内 孜（ほりうち つとむ）	兵庫教育大学特任教授	編者，1，2，3，4 章
木岡 一明（きおか かずあき）	名城大学教授	5，16 章
大林 正史（おおばやしまさふみ）	鳴門教育大学講師	6，7 章
福島 正行（ふくしま まさゆき）	盛岡大学准教授	8，9 章
浅田 昇平（あさだ しょうへい）	四天王寺大学准教授	10，14 章
藤村 祐子（ふじむら ゆうこ）	滋賀大学准教授	11，15 章
榊原 禎宏（さかきばらよしひろ）	京都教育大学教授	12，20 章
田中 真秀（たなか まほ）	川崎医療福祉大学助教	13，18 章
水本 徳明（みずもと のりあき）	同志社女子大学特任教授	17，19 章

公教育経営概説（こうきょういくけいえいがいせつ）［改訂版］

2014 年 4 月 1 日	第 1 版	第 1 刷	発行
2016 年 4 月 10 日	第 2 版	第 1 刷	印刷
2016 年 4 月 20 日	第 2 版	第 1 刷	発行

編　者　　堀内　　孜

発 行 者　　発田寿々子

発 行 所　　株式会社　学術図書出版社

〒113-0033　東京都文京区本郷 5 丁目 4 の 6
TEL 03-3811-0889　　振替 00110-4-28454
印刷　三松堂印刷（株）